好望角

在这里，看见新世界

DER KRIEG DER KRIEGE

1 6 1
1 6 4

战争的战争

欧洲的国家建构与和平追求

［德］约翰内斯·布克哈特 著

马 绎 译

孟钟捷 审校

浙江人民出版社

图书在版编目（CIP）数据

战争的战争 ：1618—1648 ：欧洲的国家建构与和平追求 /（德）约翰内斯·布克哈特著 ；马绎译. — 杭州 ：浙江人民出版社，2020.12

ISBN 978-7-213-09862-8

Ⅰ.①战… Ⅱ.①约… ②马… Ⅲ.①三十年战争（1618-1648）-研究 Ⅳ.①K503

中国版本图书馆 CIP 数据核字(2020)第 188391 号

浙江省版权局
著作权合同登记章
图字:11-2019-136号

地图审图号:GS(2020)5282 号

战争的战争(1618—1648):欧洲的国家建构与和平追求

[德]约翰内斯·布克哈特 著 马绎 译 孟钟捷 审校

出版发行:浙江人民出版社(杭州市体育场路 347 号 邮编 310006)
市场部电话:(0571)85061682 85176516

丛书策划:王利波
营销编辑:陈雯怡 陈芊如
责任编辑:汪 芳
责任校对:姚建国
责任印务:程 琳
封面设计:张庆锋
电脑制版:杭州大漠照排印刷有限公司
印 刷:浙江新华数码印务有限公司
开 本:880 毫米×1230 毫米 1/32
印 张:8.125
字 数:175 千字
插 页:6
版 次:2020 年 12 月第 1 版
印 次:2020 年 12 月第 1 次印刷
书 号:ISBN 978-7-213-09862-8
定 价:68.00 元

出版者言

当今的世界与中国正在经历巨大的转型与变迁，她们过去经历了什么、正在面对什么、将会走向哪里，是每一个活在当下的思考者都需要追问的问题，也是我们作为出版者应该努力回应、解答的问题。出版者应该成为文明的瞭望者和传播者，面对生活，应该永远在场，永远开放，永远创新。出版“好望角”书系，正是我们回应时代之问、历史之问，解答读者灵魂之惑、精神之惑、道路之惑的尝试和努力。

本书系所选书目经专家团队和出版者反复商讨、比较后确定。作者来自不同的文化背景，拥有不同的思维方式，我们希望通过“好望角”，让读者看见一个新的世界，打开新的视野，突破一隅之见。当然，书中的局限和偏见在所难免，相信读者自有判断。

非洲南部“好望角”本名“风暴角”，海浪汹涌，风暴不断。1488 年 2 月，当葡萄牙航海家迪亚士的船队抵达这片海域时，恰风和日丽，船员们惊异地凝望着这个隐藏了许多个世纪的壮美岬角，随船历史学家巴若斯记录了这一时刻：

“我们看见的不仅是一个海角，而且是一个新的世界！”

浙江人民出版社

佳评推荐

寻求和平是本书的重要议题。本书首次盛赞了1618年以来的各种和平倡议，它们对解决当今的种种冲突有着十分重要的意义。

——德国慕尼黑大学历史学系教授沃尔夫冈·布格多夫

本人多年来一直钦佩作者的双重才华，他既能将事实浓缩为贴切的表达，又不失风趣俏皮。

——德国埃尔朗根-纽伦堡大学历史学系教授阿克塞尔·戈特哈德

在2018年出版的众多有关三十年战争的专著中，本书以其全新视角而出类拔萃。……布克哈特不仅关注战争本身，而且将始终存在的和平尝试置于论述的中心。他不忘将其广为接受的观点即近代早期战争频仍（即黩武性）和“建构国家之战”的论点交织在一起，从而使本书以一个十分重要但迄今为止并不主流的视角脱颖而出。

——德国奥斯纳布吕克大学近代早期文化史研究中心阿恩克·福尔克尔博士

作者是“三十年战争”的专家，他并没有在这本“小书”中描述战争史，相反，他将战争视为反复推迟的和平。无须赘述也可以体会到这种方法的“解放作用”，而在此问题上的争执只会使问题越辩越明。作者实事求是、不掉书袋的文风也令人欣赏。

——《法兰克福汇报》

布克哈特教授并不致力于宏大叙事，而是追问八个主题，并将重点放在新的阐释路径上。他在书中指出，战争不是敌对国家之间竞争的结果，而是国家发展不足的结果。布克哈特的分析是以问题为导向的。《战争的战争(1618—1648)》包含了令人振奋的思想。

——瑞士弗里堡大学近代早期史教授克莱尔·冈泰

导　读

2018年是三十年战争（1618—1648）爆发400周年，欧洲各国文化界纷纷对此进行纪念，相关纪念文章、专著纷纷涌现，一时间洛阳纸贵。人们不禁要问，一场发生在400年前、早已时过境迁的战争为何至今还在被人们谈论？这要从三十年战争对欧洲历史乃至世界历史的重大意义说起。

三十年战争是20世纪两次世界大战之前，欧洲历史上最惨烈、人口伤亡比例最高的一场战争。它的导火索是1618年波希米亚等级为反抗皇帝的专制、将皇帝的大臣扔出城堡窗户的“布拉格掷出窗外”事件。这一事件打破了自1555年《奥格斯堡宗教和约》订立以来长达60多年的帝国和平。战火一触即发，燃遍德意志。德意志诸侯各自站队，西班牙、丹麦、瑞典、法国乃至英国、荷兰和俄国均介入进来，或暗中资助代理人战争，或直接参战，将一场原本只是帝国内部冲突的战争一步步升级为欧洲大战。通常情况下，根据主要参战方的变化，历史学家将三十年战争划分为四个阶段，即波希米亚-普法尔茨阶段（1618—1622/1623）、丹麦-尼德兰阶段（1625—1629）、瑞典阶段（1630—1635）和瑞典-法国阶段

（1635—1648），战争中涌现出瓦伦斯坦、古斯塔夫二世、蒂利等乱世枭雄。1644 年起，交战双方边打边谈，分别在相距不远的奥斯纳布吕克和明斯特举行谈判，直至 1648 年达成协议，即《威斯特伐利亚和约》。三十年战争战时和战后的一系列双边与多边条约构成了威斯特伐利亚体系，重新建构了欧洲的战后格局，且将主权国家等国际法概念应用于近代国际关系并影响至今。

约翰内斯·布克哈特（Johannes Burkhardt）教授的《战争的战争（1618—1648）：欧洲的国家建构与和平追求》恰在 2018 年问世。1943 年，布克哈特教授出生于德国德累斯顿，曾在汉堡和图宾根攻读历史学、日耳曼语言文学和哲学，1971 年获博士学位，1984 年获近现代史教授资格，主攻七年战争和教皇外交。此后，布克哈特先后在比勒菲尔德大学和波鸿大学担任客座教授，1991 年起担任奥格斯堡大学近代早期史教授，2008 年荣休。目前，布克哈特教授供职于欧洲文化史研究所，一如既往地活跃在史学研究一线。

在近代早期史领域，布克哈特教授笔耕不辍，著作等身，其代表专著有《告别宗教战争——七年战争和教皇外交》（1985）、《三十年战争》（1992）、《宗教改革之世纪——媒体革命和机构建构之间的德意志史（1571—1617）》（2002）、《前现代帝国的终结和新方向（1648—1763）》（2006）、《近代早期的德意志史》（2009）、《莱茵河即是易北河——理查德·瓦格纳的真实世界》（2013）等，大多关注近代早期的重大历史事件，更显研究的延续性和深厚功力。本书便是布克哈特教授继 1992 年的专著《三十年战争》后研究三十年战争的又一力作，在延续部分观点的基础上，聚焦三十年战争期间一次次的和平尝试和一个个无限接近和平的时刻，以“和平”为红线串起了这部战争史。

除开篇和终章外，本书共 7 章。

在开篇的引言中，作者首先沿着历史学家君特·弗朗茨提出的“毁灭对角线”历数三十年战争给德意志的城市和乡村带来的人口损失，人们被迫忍受着过境军队安营扎寨、烧杀抢掠之苦。接着，作者引用编年体史学家所记载的灾难细节和战场考古学的最新成果，描述了人们，尤其是儿童、妇女和士兵在战争中遭受的深渊般的苦难，而战争导致的暴力、饥荒和瘟疫则织成一张网，令所有人笼罩在死亡的阴影之下，成为整个德意志乃至欧洲文明的威胁。在此基础上，作者多次提出质问：难道真的没有人能够干涉并出手制止战争吗？三十年里，难道整个欧洲都“无人想到走出灾难之策”（原文第 52 页）吗？

第一章以 1618 年 5 月 23 日的“布拉格掷出窗外”事件切入。事发后，各方为阻止战争、维护和平作出了种种努力。当时的德意志强邦萨克森选帝侯国积极从中斡旋，以高超的外交技巧、娴熟的公务辞令使事件迎来了转机——皇帝同意在埃格尔举行和谈。然而，就在和谈开启前不久，皇帝马蒂亚斯驾崩，继任者费迪南二世是个热衷强权政治的狂热天主教徒，他断然拒绝和谈——之前的所有和平努力化为泡影。此时，1555 年的《奥格斯堡宗教和约》稳定且有效，从法律意义上赋予帝国和平，此后几十年间的几次宗教冲突均得到平息；新教联盟和天主教同盟更多的是防御型结盟，彼此间从未进行过基要主义意义上的宗教战争；在“聚合”（Komposition）的理念下，不同教派的帝国等级间不乏跨教派交流，和平至上成为他们共同的价值准则之一；新教强邦萨克森在调停失败后无奈放弃中立立场，加入皇帝及其天主教盟友的阵营里参战。这些事实，均驳斥了“三十年战争是一场宗教战争”的传统观点。然而，外国宗教势力、帝国内部的历史遗留问题以及几位和平倡导者的过早离世，触发了这场原本打不起来的战争。

第二章开篇即抛出三十年战争是一场“建构国家之战”的观点。16 世纪以来，欧洲对建构国家的方式尚无定论，在林林总总的政治构想中，建立大一统的欧洲和建立独立的主权国家是两种分庭抗礼的选项。而三十年战争的第一阶段——波希米亚起义，正是波希米亚等级率领摩拉维亚、西里西亚和卢萨蒂亚等邦试图从哈布斯堡王朝分离出去、建立“捷克联邦”的一场独立战争。另一方面，帝国之宿敌法国借助代理人战争或直接参战干预其中，使三十年战争成为一场强国争霸欧洲的大战。法国首相黎塞留一开始暗中支持丹麦、尼德兰和瑞典等一切反对哈布斯堡的力量，到了战争后半程，法国则正式参战，将一场德意志的战争扩大到了全欧洲的范围。欧洲在普世主义和分离主义之间摇摆，而德意志民族之帝国则找到了建构国家的第三条道路，即建立一个联邦制组织下的德意志民族帝国，在哈布斯王朝的选帝制度下给予小国更多的自治权。

第三章呈现了三十年战争名将瓦伦斯坦起起落落的一生。瓦伦斯坦出身贵族，两次迎娶富孀，他通过以战养战的战争融资方式供养军队，却对帝国的税收制度造成了极大的破坏。1629 年，瓦伦斯坦击退丹麦人、签订《吕贝克和约》，为帝国赢得了一年多的和平休整期。此后，遭到排挤的瓦伦斯坦平静隐退，但庞大的军队却没有被解散——这便是“常备军”的雏形。一年后，瑞典国王率军进犯，皇帝请求瓦伦斯坦出山，并赋予其对军队的绝对权力。1634 年

2 月，功高盖主的瓦伦斯坦遭到刺杀。他的军队被保留了下来并被收归国有，成为制度化的国家暴力组织；而在和平年代保留“常备军”的做法则被视为战争策动者瓦伦斯坦留下的军事遗产。

第四章的主角是瑞典国王古斯塔夫二世。1630 年 7 月 6 日，古斯塔夫·阿道夫在波罗的海沿岸登陆，给暂停了一年多的欧洲大战按下了重启键。瑞典大军骁勇善战，很快就横扫帝国，深入德意志南部的奥格斯堡、慕尼黑等地，直至瓦伦斯坦二度出山，帝国在军事上的颓势才得以扭转。不过，哈布斯堡家族普世君主的地位受到了挑战。此外，瑞典人还是媒体宣传的高手，精心策划了“传单战”：一方面，古斯塔夫二世自诩为民族大迁徙时代撼动罗马帝国的哥特民族之合法后代，有义务传承祖先的辉煌过去，更有角逐神圣罗马帝国皇位的权力；另一方面，瑞典人登陆之日恰逢 1530 年的《奥格斯堡信纲》诞生 100 周年纪念日，即福音派诞生的 100 周年庆典，新教思想家极力呼唤“救星”，而古斯塔夫二世则被包装成新教“救星”，并借助宗教宣传画将自己塑造为解救新教世界的天选之子。就这样，1630—1636 年，瑞典和帝国在战役中各有输赢，而它的真面目——一场各大普世强国在德意志领土上厮杀以争夺欧洲的斗争——则愈加公开地呈现在世人面前。

第五章围绕瓦伦斯坦的另一面，即身为“和平使徒”的瓦伦斯坦展开。作者开篇即历数三位穷兵黩武的历史人物转变为和平政治家的事例，即发动三次王朝战争的“铁血宰相”俾斯麦、挑起七年战争的弗里德里希大王和征伐土耳其的奥地利欧根亲王，而瓦伦斯坦的转变可与这三位相提并论。1629 年，瓦伦斯坦主导了一场妥协性的会谈——吕贝克和谈，展现了其杰出的外交才能：对外，他向丹麦人开出归还领土、重建丹麦的条件，以换取丹麦国王克里斯蒂安放弃对德意志事务的控制和主导；对内，他拉拢皇帝身边的人，争取蒂利将军的支持，劝服本方放弃利益最大化。最终，皇帝同意在和谈书上签字。一年后，瑞典人介入三十年战争，瓦伦斯坦于 1632 年复出。古斯塔夫二世阵亡后，瓦伦斯坦成功地遏制了瑞典人胜利的步伐，开始张罗与各方进行和谈，并预备了 A、B 两种计划，尝试谋求和平却未能成功，反而遭到维也纳的猜忌，各级军官宣誓效忠于他的《比尔森保证书》更是被解读为“叛变”的信号。总之，命运没有赐予这位战争策动者成为和平缔造者的幸运，而他追求和平的初心却是有目共睹的。

第六章将目光转向《布拉格和约》。1635 年，皇帝费迪南二世和萨克森选帝侯约翰·格奥尔格签订了《布拉格和约》。规定了“正常年”①，实际废除了《归还敕令》，试图通过宗教妥协恢复帝国的政治统一。然而，这份德意志内部和约没能结束战争，战争紧接着进入了最后一个毁灭性的阶段。1636 年，帝国军队在维特施托克战役中大败，获胜方瑞典公然接受法国支持，占领并肆意破坏德意志北部一半以上的领土长达 10 年之久，萨克森首当其冲地受到荼毒。战祸殃及整个德意志。在战争的最后阶段，哈布斯堡、法国、瑞典三巨头再度被激发出巨大的战争破坏力。幸而，战争导致的大规模战争移民，使得遭受重创、苦苦挣扎了三十年的文化得以幸存；除此之外，帝国的全套政治制度基本存续下来，在战争混乱中

---

① 1635 年的《布拉格和约》规定，搁置《归还敕令》40 年，按照在发生各种变化之前的 1627 年的状况规定教会财产的占有、信仰和礼拜，即确立 1627 年为“正常年”。但在最终的《威斯特伐利亚和约》中，“正常年”又被改定为 1624 年，各地的宗教信仰和教派财产均以这一年的状况为准。——译者注

继续运转，甚至在某些地方，邦国的组织、行政能力反而得到了增强。德意志文化的连续性得以维持。

第七章聚焦耗时四年的威斯特伐利亚和会。战争进入最后一个阶段以来，德意志诸侯已忍无可忍，他们愈加坚定地意识到不应把和平的希望寄托在大国谈判上，因而决意躬身入局，参加和谈。在明斯特，皇帝与法国和天主教国家谈判；在奥斯纳布吕克，皇帝的谈判对象则是瑞典人和新教国家；一个跨教派的第三方从中穿针引线，直至 1648 年 10 月 24 日真正缔结和约。在这一过程中，这场“建构国家之战”迎来了大结局——法国、瑞典和帝国各让一步，放弃对普世统治权的要求，承认国与国并立的合法国际秩序；德意志民族神圣罗马帝国找到了介于普世主义和小邦分立主义之间的另一条道路，建构起具有联邦性质的双重国家制度。“正常年”和“平等”两项政治法律规则则天才般地解决了宗教争端。

终章是对全书的总结，作者谈到三十年战争给人们带来的和平启示。这场惨烈的战争持续了三十年，其原因在于多个方面。首先，致力于和平的历史人物在和谈的关键时刻离世，穷兵黩武的领导人登上历史舞台是一部分原因。其次，战争的斡旋人萨克森选帝侯未能认识到，波希米亚起义以建构国家为目的，并非一场打着宗教旗号的地方政治叛乱。帝国在战后建立了普世主义政治屋檐下的小邦自治制度，对帝国具有重大意义。这场“战争的战争”涌现出的许多推动和平的创举值得人们怀念，如在政治活动中使用和平语言，“和平条款”“永久条款”和“遗忘条款”则为帝国赢得了和平的机会，而和平追求者出色的灵活性和创造性则推动了和平进程。而就《威斯特伐利亚和约》而言，在当世，它成了一个引起轰动的媒体事件；于后世而言，它提出种种解决方案，成了未来欧洲和约的模板。最后，作者不无欣慰地谈到，在生灵涂炭的大战期间，文明之火并没有熄灭，音乐、绘画和诗歌等方面的文化艺术成就阻止了欧洲的礼坏乐崩，而这场大战本身亦成为后世文学创作的素材。

事实上，在过去的400年间，有关三十年战争这一重大历史事件的经典著作层出不穷。早在三十年战争刚刚结束时，服务于瑞典宫廷的德意志史学家开姆尼茨的博吉斯拉夫·菲利普（Bogislaw Philipp von Chemnitz，1605—1678）便撰写了四卷本的《德意志战争中的瑞典国王》①；18世纪末，德国大文豪弗里德里希·席勒（Friedrich Schiller，1759—1805）以诗性的笔触谱写了《三十年战争史》② 和历史戏剧《瓦伦斯坦》三部曲；19世纪末20世纪初，波恩大学的历史学家莫里茨·里特尔（Moritz Ritter，1840—1923）耗时二十载，出版了三卷本《反宗教改革和三十年战争时代的德意志史（1555—1648）》③，影响深远；及至当代，三十年战争研究再次焕发出蓬勃的生机。在英语学界，牛津大学万灵学院战争史教授彼得·威尔逊（Peter H. Wilson，1963—　）的《欧洲之悲剧：三十年战争新史》④（2011）擅长从军事视角分析这场冲突，并指出，

① 该书前两卷分别于1648年、1653年问世，后两卷19世纪才出版。

② 该书德文名为 *Geschichte des Dreißigjährigen Krieges*，有中译本：［德］弗里德里希·席勒：《三十年战争史》，沈国琴、丁建宏译，丁建宏校，商务印书馆2009年版。

③ 该书德文名为 *Deutsche Geschichte im Zeitalter der Gegenreformation und des Dreißigjährigen Krieges (1555—1648)*，先后首发于1889年、1895年和1908年，尚无中译本。

④ 该书英文名为 *The Thirty Years War: Europe's Tragedy*，中译本尚未面世。威尔逊教授在“布拉格掷出窗外”事件纪念400周年之际发表了题为《三十年战争和第二次布拉格掷出窗外》［“The 30 Years' War (1618—48) and the Second Defenestration of Prague”］的演讲，有中译本，请参见 https://www.thepaper.cn/newsDetail_forward_2154015。该演讲对三十年战争的意义、起因、扩大和结束进行了梳理，有助于读者迅速了解三十年战争，作为阅读本书的铺垫。

宗教并非三十年战争的催化剂，而是引发冲突的政治、社会和王朝势力等致命原因中的一个要素，而战后建立的现代欧洲则让德国人付出了分裂两个多世纪和外交无能的惨痛代价，三十年战争本身则成为后世衡量战争惨烈程度的一杆标尺。在德语学界，耶拿大学历史系荣休教授格奥尔格·施密特（Georg Schmidt，1951—　）的小册子《三十年战争》用100多页的篇幅展现了这一重大危机的起因、过程和影响，并着重阐释了其对“德意志问题”之历史发展的效应，至今已再版8次；柏林洪堡大学政治学教授赫尔弗里德·明克勒（Herfried Münkler，1951—　）的《欧洲的灾难，德意志的噩梦：三十年战争（1618—1648）》[①]（2017）从三十年战争的开端和前史、波希米亚-普法尔茨战争、下萨克森-丹麦战争、意大利-波兰插曲、瑞典战争、强国衰落和《威斯特伐利亚和约》签订的艰难历程等几个方面叙述战争。值得一提的是，作为政治学家，明克勒将历史书写和政治学分析融为一体，始终关注当下，指出与此后所有的冲突相比，三十年战争能令今人更好地理解当下的战争。

然而，纵有诸多经典之作，布克哈特教授的《战争的战争（1618—1648）：欧洲的国家建构与和平追求》还是另辟蹊径，为读者打开了全新的视界。与作者1992年的专著《三十年战争》类似，本书并未平铺直叙地讲述三十年战争的前因后果、战役细节，也没有一一刻画战争人物肖像，可以说，本书在战役史上未着点墨。取而代之的是，作者“将和平置于所有论述的中心”“从头开始追踪战争进程中的和平尝试与和平机会”（原文第238页），并通篇将三

① 该书德文版名为 *Der Dreißigjährige Krieg. Europäische Katastrophe, Deutsches Trauma 1618—1648*，截至本导读截稿，中译本尚未面世。

十年战争比作建设和平的大工地，可谓以“战争史”书写“和平史”。因此，想要读懂本书，需要对欧洲近代早期史，尤其是17世纪上半叶的欧洲历史有一定的了解。整体而言，布克哈特教授在《战争的战争（1618—1648）》中有如下创见：

其一，布克哈特教授重申了三十年战争并非宗教战争的观点，认为这是一场“建构国家之战”。在17世纪初期，还没有现代意义上的国家，建构何种规模的国家、如何建构、是建构大一统的普世大国还是建立独立主权国家，这些问题均通过这场战争变得明晰起来。波希米亚素有强烈的民族独立倾向和反教会传统，拥有相对独立的宗教、财政、军队权。波希米亚起义实际上是波希米亚联合摩拉维亚、西里西亚、上下卢萨蒂亚等邦尝试脱离帝国，建立独立的“波希米亚联邦”的努力。然而，这种努力在胜利者书写的历史中，变成了“波希米亚叛乱”，未能肯定其在建构国家方面的成就。波希米亚起义失败后，战争进一步白热化，哈布斯堡王朝、法国、瑞典等国的真正目的在于追求欧洲霸权、一统欧洲建立普世大国。

其二，本书肯定了萨克森选帝侯格奥尔格一世和平斡旋人的历史地位。此前不少研究认为萨克森选帝侯首鼠两端、立场不坚，身为新教选帝侯竟帮助天主教皇帝作战，后一度与瑞典国王结盟，古斯塔夫二世死后又回归帝国。本书则摹写了萨克森选帝侯的另一个侧面。“布拉格掷出窗外”事件发生后，新教典范之邦萨克森一度在新教波希米亚的求援和对天主教皇帝的忠诚之间左右为难，然而，萨克森的幕僚们很快判定这绝非宗教冲突，而是一场政治叛乱。于是，格奥尔格一世保持中立，在帝国范围内主持调停活动；埃格尔和谈未能成行，调停失败，萨克森不得不作为帝国诸侯加入皇帝的阵营，但即便如此，选帝侯依然尽己所能到处实行宽恕和大赦，庇护战败的新教“叛乱”分子。

其三，本书承认了瓦伦斯坦对推动和平作出的历史贡献。围绕这位在三十年战争中多次挺身而出、力挽狂澜的将军，一直有很多争议，比如他是否是德意志的民族英雄，他是否有背叛帝国之心，还有他的为人处世和暴力军事行为。然而，没有争议的是，瓦伦斯坦目光远大，心怀一统德意志的抱负，在布克哈特教授的笔下，体现为他对和平的追求，而“常备军”这一军事形式作为瓦伦斯坦的军事遗产，亦成为和平的保障。

《战争的战争（1618—1648）》是国内第一本由德文译入、从和平史视角深入解读三十年战争历程的史学著作。从这个意义上来说，本书看似是一部战争史，实则是一部和平史。本书主标题是“战争的战争”（Der Krieg der Kriege，即“一切战争的战争”），这一概念贯穿整本书的论述，而在“终章”部分，出现了对应的概念，作者将《威斯特伐利亚和约》誉为“一切和约的和约”，将最终的和平称为“一切和平的和平”。

三十年战争的硝烟随着《威斯特伐利亚和约》而散去，它不仅催生了荷兰、瑞士等独立主权国家，而且形成了一个新的国际体系。而对于三十年战争中损失最为惨重的德意志而言，三十年的苦难和求索，让它找到了一条建构国家的德意志特殊道路。观照当下，布克哈特教授也提出，缔结联邦制国家或许是和平解决中东问题的一个选项。

考虑到本书的阅读难度，特此撰写了以上详细的导读，并在译文中加上了一定的注释。本书的翻译、校对工作前后耗时近两年，一方面，我们希望中国读者能从全新视角深入细致地了解三十年战争；另一方面，也希望本书的引入，能对我国的世界近代早期史研究有所启发和帮助。由于自身水平限制，定有疏漏和不当之处，欢迎各界同仁不吝赐教。

布克哈特教授对本书被译为中文表示高兴，并专门为中译本撰写了前言。华东师范大学历史学系的孟钟捷教授审读了译稿全文，并对文中的历史学概念严格把关。浙江人民出版社的汪芳编辑完成了全书的编辑工作，她对译文一字一句地精心校订，令人感动。在此一并表示感谢。

译者

2020 年 4 月

中译本序言

就宏大的文化空间即东亚和欧洲而言，建构国家（Staatsbildung）是一个共同的基本政治秩序问题。在漫长的历史进程中，两种文化均曾徘徊在统一和多样化的政治组织形式之间。经过漫长的预热阶段后，两者均在近代早期（在欧洲语境下，这是指16—18世纪）找到了各自独特的解决方案。中华帝国历经蒙古人的元朝、汉民族建立的明朝、被汉化的清朝，最终汇成一个大一统国家；而与此同时，疆域大小与中国相近的欧洲却发展成为一个由多个国家构成的大洲。这绝非预设好的——公元800年，当统治欧洲的法兰克国王查理大帝戴上“罗马人的皇帝”这一桂冠，并将其移交给德意志帝国时，普世主义的理想依旧鲜活。因此，在欧洲跨入近代早期之初，人们尚未决定，建构国家的发展路径将通向一个统一抑或是多国制的欧洲。这种方向上的不确定性为政治人物所利用，给欧洲带来了一系列密集到可怕的战争。这些战争尚不是国与国之间的战争，而是建构国家的战争。

欧洲也曾有过建立大一统国家的绝佳机会，即哈布斯堡王朝。查理五世（Karl V.，1500—1558）已经统治着半个欧洲，他拥有皇帝头衔并提出了“普世君主国”（monarchia universalis）这一纲领性概念，也曾力争过统治当时欧洲世界的普世政权。查理五世曾五度与法兰西国王弗朗索瓦一世（François Ⅰ.，1494—1547）交战，因为后者也要求获得普世主义之遗产。德国史学界往往未能正确地理解其背后潜藏的、建构国家的选项，仅仅将其描述为传统的哈布斯堡-法国对抗，而这一对抗，则在1600年前后再次兴起。一方面，整个哈布斯堡王室，即德意志皇帝支系和西班牙-大西洋支系精诚合作；另一方面，在亨利四世（Heinrich Ⅳ.）和枢机主教黎塞留首相（Kardinalpremier Richelieu）等伟大人物的带领下，法兰西王国的统治在数场内战中得到了巩固，也产生了问鼎欧洲的诉求。这一政治秩序上竞争、冲突的局势，则构成了三十年战争的基本框架。

这场“战争的战争”，正如笔者在1992年首次描述的那样，是欧洲近代早期“黩武性”的巅峰，或者更确切地说，是时代的深渊。三十年战争由四场战争构成。同时，由于其时间跨度过长，它又是一场包罗万象的典范战争，在欧洲建构国家的进程中，作出了建构一个多元欧洲的重要抉择。本书亦阐释了在帝国与瑞典国王古斯塔夫·阿道夫的关键冲突中，法国是如何横加干预的，三大普世强国为何无人胜出且均被迫在《威斯特伐利亚和约》中压抑自己对权力的渴求。而与此同时，在这场“建构国家之战”中，建构单个国家的分离主义战争亦此起彼伏——始于被镇压的布拉格波希米亚起义，以尼德兰独立战争的胜利而告终。“威斯特伐利亚体系”这一国际性的概念则确立了主权国家自此平等并立的政治秩序体系，并广受认可。

一种特殊的建构国家的形式在欧洲中心的“德意志民族神圣罗马帝国”获得成功，这一点值得更多的关注。其众多诸侯的领地和政权实在太小，成不了独立的欧洲国家，而整个帝国又太过庞大，无法成为欧洲的大一统国家。帝国的解决方式是独一无二的：几百年来，帝国造就出一个具有联邦性质的双重国家制。各邦的邦君或众多弱邦构成的“帝国大区”履行部分国家的任务，而按宪法选举出来的皇帝则代表整个国家，并得到帝国会议、最高法院等帝国机构的支持。德意志联邦制的特殊之处在于，全国性的帝国机构由地方邦君的暴力机构共同承担。在三十年战争期间，皇帝倾向于加强皇权，而不少帝国诸侯则威胁要退出帝国，但最终，大家还是握手言和，重新凝结成一个新的联邦制组织——其影响则持续至当代。

追寻正确的建构国家之路的主要冲突层出不穷，而大量次要冲突则缠绕其间：继承战争、边境冲突、贸易利益、军事暗流等。其中，最重要且最受瞩目的则是宗教问题。欧洲宗教主张追求真理，其教产亦富有争议，因此，其行为方式比东亚的宗教体系更加激进。虽说宗教问题并非是主要冲突，但仍应作为“主要的次要冲突”受到特别关注。在德国乃至欧洲，新教教派化及其变体始于马丁·路德，而与之对立的罗马天主教的教派化则由耶稣会士主导。两者在结构上互不容忍由来已久，最终酿成了多场宗教战争。长期以来，人们普遍认为三十年战争主要是一场宗教战争，但这种阐释方法再也站不住脚：本书着眼于1555年《奥格斯堡宗教和约》以来帝国的跨教派政治管理，亦洞察到战争伊始便势同水火的结盟情况——这些都有力地驳斥了“三十年战争主要是宗教战争”的说法。《威斯特伐利亚和约》重新规定了政治和法律制度，使德国最终避开了一场宗教战争。

本书将主要问题抽丝剥茧，解释了战争为何如此漫长而艰难。本书开篇即描述了人们的恐惧和人口统计学上的后果，这不禁令一些编年史学家怀疑，德意志人是否还能够留下后代。在这场“战争的战争”中，一个高度发达的文化在毁灭的边缘岌岌可危。于是，书中提出了一个此前尚无人探究的问题：难道没有人预见到这场灾难并知晓如何制止它吗？

事实上，绝对有人尝试过。一个全新的视角令人们认识到至今被忽视的和平机会以及制止、缩短战争的备选方案。“布拉格掷出窗外”事件并未直接触发战争，而是差点促成一场成功的和谈与国会外交。即便是瓦伦斯坦这位滔天战火中的战争策动者，也意识到有胜过战争的更优解。化身和平使徒后，若非瓦伦斯坦早了几天被残忍杀害，他几乎能达成自己的和平目标（这一点尚不为人所知）。而就在这场战争灾难中，各地区的联邦制机构——独立行事的帝国诸侯、帝国大区和城镇均能维持其管理，提供生存援助，并在保护其自由权利的情况下，在和平谈判中起到了至关重要的作用。以上观察视角促使笔者写下了本书，将这场旷日持久的“战争的战争”概括为一个独特的和平大工地，最后总结出结论。因为三十年战争不只有战争的硝烟和纷扰，它更是一次对和平的追求，至今仍有一些内容要向我们诉说，且不仅仅局限于欧洲。

笔者对所有推动和促成本书翻译之人表示谢忱，他们是奥格斯堡大学的尤塔·舒曼（Dr. Jutta Schumann）博士、我的史学界同仁孟钟捷教授和译者马绎博士。我也要向我的中国读者致以谢意，感谢他们有兴趣从全新的视角领略这一德国史和欧洲史上的重大历史事件。人们或许能在跨文化语境下找到可与三十年战争类比的选项，因为和平的政治机制是一项世界性的任务，拥有着悠久的历史。

约翰内斯・布克哈特

2019年9月于德国奥格斯堡

目　录

前言

1618—1648年间的三十年战争曾令德国和欧洲摇摇欲坠。在欧洲人的历史记忆中，三十年战争始终有着特殊的地位和近乎神话般的色彩。这场战争，注定涌现出瓦伦斯坦（Wallenstein）、古斯塔夫·阿道夫（Gustav Adolf）等传奇战争英雄，亦不乏令人难以想象的大规模暴力和战争疾苦。诸位编年史学家和作家流传下来的相关作品则汇成一条宽阔的大河——格里美尔斯豪森（Grimmelshausen）在《痴儿西木传》（*Simplicissimus*）、弗里德里希·席勒在其三部曲戏剧《瓦伦斯坦》（*Wallenstein*）、贝尔托特·布莱希特（Bertolt Brecht）在《大胆妈妈和她的孩子们》（*Mutter Courage*）、君特·格拉斯（Günter Grass）在《相聚在特尔格特》（*Das Treffen in Telgte*）等世界文学名著中均纪念了这场战争，这些名著亦成为数百部有关三十年战争的叙事作品和戏剧文学作品中的翘楚。更不用提诞生于19世纪和20世纪、尤为关注三十年战争的历史书写：这些历史书写既有对战争的整体呈现，又有偶像人物的传记，也有一系列对地方志感兴趣以及地区史方面的专业著作。由于战争现场和涉及的地区、地点数不胜数，人们尚无法一窥此类著作的全貌。

一大批研究近代早期史的现当代史学家已经按照不同主题分册著书立说，表达对三十年战争这一时代重大事件的观点，或是自行
10 从不同侧重点出发，对其进行全景式展现，或是将其凝结成一段始于 1618 年的战争记忆。笔者曾在 1992 年撰写了某德国史系列丛书中有关三十年战争的小册子，那本书的侧重点所引发的讨论一直持续到了今天。

一个 400 多年前的事件如此密集、持续地出现，令人们清楚地认识到：这不是一场普通的战争，这完全是一场“战争的战争”。原因是双重的，很难讲清楚它是好是坏。之所以被称为“战争的战争”，首先是因为在记忆文化中，这场战争持续的时间之长令人无法理解。在德国和欧洲，还没有哪场同一档次的战争持续了这么长的时间——14—15 世纪的“百年”战争是文学虚构，尼德兰的“八十年”战争始于 16 世纪，后成为三十年战争的一部分，后来爆发的破坏力毫不逊色的普法尔茨“九年战争”以及弗里德里希大王①的“七年战争”，甚至 20 世纪的两场世界大战在时长上都没有超越这个范畴。与同时代人的感知一致——一些政论家甚至在那个年代就已经将战争的年限计算进去——这场“战争的战争”已作为一段不同寻常的历程被载入史册，即在德意志民族之帝国及与之接壤的地区所构成的战场上，充斥着暴力，且久久不愿结束。

其次，称其为“战争的战争”，也是从单场战争的累积这一意义来说的。皇帝的主要对手一直在变换，据此这些战争被命名为波

① 原来译为“腓特烈大帝”。——译者注

希米亚-普法尔茨战争、丹麦-尼德兰战争、瑞典战争和瑞典-法国 11
战争等，它们将欧洲秩序带入了更加广泛的冲突中。如果我们追问这场战争的主要特征的话，会得出更多结论。传统上三十年战争被视为宗教战争，现在依旧有人这么认为，但同时，它应当更多地被视为欧洲的建构国家之战（Staatsbildungskrieg），有时也作为德意志的立宪战争（Verfassungskrieg）而凸显其重要性。三十年战争的各个阶段和不同的冲突领域令其全然成为一场战争的模板。

然而，为什么我们需要一部新的、也许是别样的历史呢？事实上，这场大战提供了绝无仅有的、应得到全面利用的认知机会，即重新估量和平问题。因为正是其怪物般的时长和幅员辽阔到可怕的战场，为战争起因留下了最广阔的研究领域。大量互相扭结在一起的单场战争对于冲突分析、战争各阵营的动机、主要利益评估等方面提出了特别的挑战。许多领域尚待探索，一些领域已有研究涉及，但有待更新。因此，除去对其突出且多元的理解，三十年战争依然发展成为研究近代早期黩武性（Bellizität）及其缘由的范例。

有必要再度澄清的是，本书主要是为了帮助人们在拓宽视野方面有所突破。它不仅是为了厘清战争的起因，也是为了搞清楚有哪些可能的和平选项。近年来，《威斯特伐利亚和约》获得诸多赞誉，
原因是缔结和约的各方成功化解了三十年的战争混乱，并将其引入 12
帝国和全欧洲都能接受的秩序中。不过，之前也曾有过战争间歇的和谈停火，签署过十几份局部和约，也有过一些鲜为人重视的外交活动。如果说为了建立包含欧洲多个国家的所谓“威斯特伐利亚体系”，为了更新德意志的宪法和宗教教义，真正花了 4 年时间协商，那么有必要打 30 年的仗吗？相关人员自己怎么看呢？他们和主政

者都采取了什么措施？无论这场“战争的战争”多么漫长、如何多样，或许它只是一个建设和平的大工地。

纪念这一战争爆发 400 周年或许亦促进了从史学角度重新进行和平研究。2016 年，时任外交部部长的现任德国总统瓦尔特·施泰因迈尔（Walter Steinmeier）在一次学术会议上向历史学家呼吁，在当今和平外交步履维艰的情况下，应主动寻求和平、协商策略，并借鉴成功的历史经验。施泰因迈尔在演讲中突出强调了《威斯特伐利亚和约》，显然也在此意义上把整个战争视为制造和平的车间，其成败能够“为今天的和平努力提供历史研究方面的实践之利”。

13 本书的历史呈现，尽量让这场战争保持其与众不同的历史语境，但在讲述这场战争时，又让人们寻找的“新观点、新思路”有迹可循。以上目标也许不能一一实现，但与这样一段过往对话亦能够服务于基于历史信息的政治咨询机构。最后，本书将肩负如下任务：厘清人们今天能从这场“战争的战争”中汲取哪些有益养分。

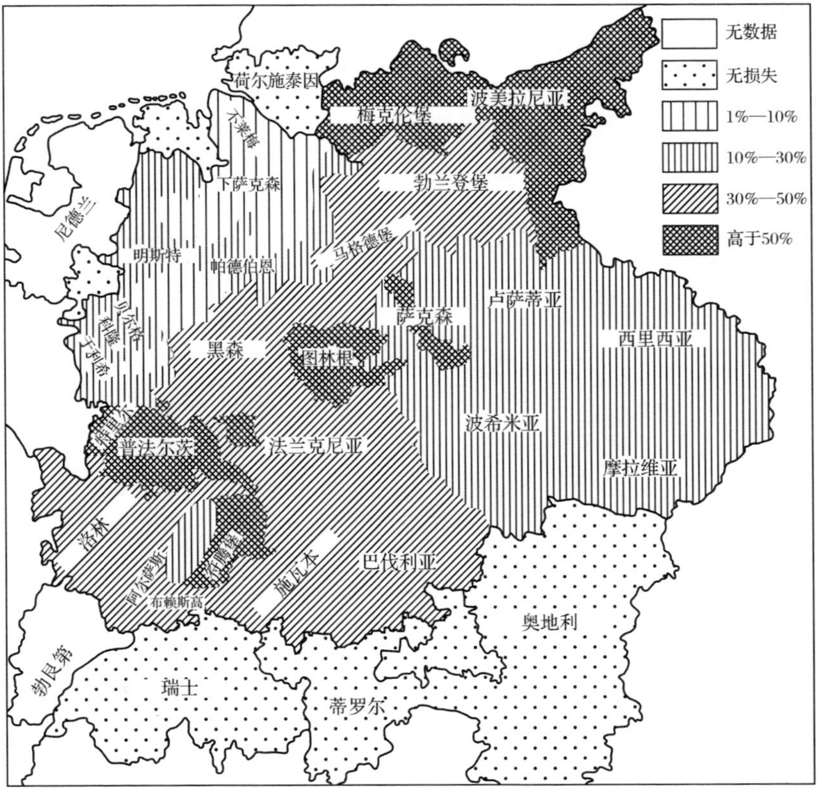

注：此地图系原文插附地图。

▶三十年战争人口损失示意图

原始地图由君特·弗朗茨（Günther Franz）绘制，上图是 1979 年的最后修订版本。从中可以很清楚地看到，由波罗的海到德意志西南部形成的“摧毁对角线”（Zerstörungsdiagonale），也有一些很少或有可能没有受损失的“未受影响地区”。这些先驱性成果记载着不可更改的客观情况，但也存在一些问题，本文会进行纠正，并做补充。

从数字上来说，这场“战争的战争”足以令人惊愕。三十年的 17
连年战争彻底肆虐，从种种维度上看，这是德意志土地上一场空前绝后的战争。冷静的人口统计学家估计，战争结束时，德意志人口由战前的 1800 万下降到 1100 万，就当时的情况而言，这意味着：三分之一以上、在极端情况下将近二分之一的人口，直接或间接地因这场战争而死去。幸存者和死者遗属亦是九死一生，他们蒙受重大损失且必须克服更多的困难，正如流传很广的传说所证明的那样。

它可能波及当时的每一个人。除此之外，在衡量战争的恐惧时，有三点令人尤为震惊，甚至成为整个欧洲文明的威胁。首先是战争暴力在空间上的蔓延及其后果，人们不得不向当时一些纯粹想四处游历的潜在游客发出旅行警告；其次，更有甚者，持续的死亡令人越发恐慌，其原因是由暴力、饥荒和瘟疫所造成的危害构成了死亡三角，三者间交互影响，情况已然失去控制；最后，如果最终将特定的高危群体纳入考量范畴，那么，有关儿童不幸、长期性暴力和战场万人坑的消息，则给了人们尽快终止战争的足够理由。一
场发生在高度发达文化身上的战争是怎样被引向自我毁灭的边缘 18
的？在这场复合型灾难的多重视角下，回答该问题显得越发迫切。

恐怖的地理分布

——人口锐减对角线和灾难地区

“我们已经完全，完完全全地被毁灭了！”[1] 安德烈亚斯·格吕

① 诗句译文部分引用了安书祉教授的翻译，参见安书祉：《德国文学史·第一卷》，译林出版社 2006 年版，第 258 页。该诗句出自格吕菲乌斯的名诗《祖国之泪，写于 1636 年》(*Tränen des Vaterlandes. Anno 1636*)，诗中讲述了战争的恐怖和造成的后果。——译者注

菲乌斯[①]（Andreas Gryphius）在这首或许是他最著名的战争诗歌中，用一个在这场战争中出现的词语来哀叹军队的无所不在及其“毁灭性的”（verheerend）后果。同时代的诗人马丁·奥皮茨[②]（Martin Opitz）则反问道：是否还有一个地方没有被战争侵袭？如果回答“有”，不过是随心所欲的答案，而如果回答“没有”，那说明人们对战争的到来并非“无所畏惧”。在德意志战场的边缘地区，确实有未受侵害的地带，然而在帝国的核心地区，编年史学家们哀叹着，军队的破坏力巨大，并带来了无休无止的战争负担。有时，即使是短短几年的战事，便足以给当地造成巨大的破坏。其后果是灾难性的，在很多地方甚至更加可怕。

20 世纪中叶，历史学家君特·弗朗茨尝试借助散落在德国各地的资料，呈现出战争中人口损失的全貌。于是，从波罗的海沿岸到
19 帝国西南部，受害尤为严重的地区绵延成一条“摧毁对角线”，贯穿整个德意志境内。其中，损失最巨即损失半数以上人口的邦国，当属波罗的海沿岸的两个邻邦梅克伦堡和波美拉尼亚，中部从图林根直抵萨克森，南部有普法尔茨和符腾堡。不过，北部的勃兰登堡、中部的黑森和法兰克福以及整个施瓦本地区都不得不承受超过三分之一的人口损失。除去这条超宽的“摧毁对角线”之外，西北部和东南部还留有少许受损很小的“未受影响地区”。

首次进行这样的划分并对战争的恐怖程度进行分级是在 1940 年，这就带来一个双重可信度的问题。首先，作者是一位被誉为

① 安德烈亚斯·格吕菲乌斯（1616—1664）：17 世纪德国剧作家、诗人。其作品具有民主思想，反对战争。——译者注

② 马丁·奥皮茨（1597—1639）：17 世纪德国诗学理论家，被誉为“巴洛克文学之父”。——译者注

“农民弗朗茨”的历史学家，以其值得称赞的特别研究而闻名，曾活跃在纳粹的科研组织及其项目中。在其著作的第一版中，没有历史学论断，而是主要论述三十年战争的影响，且充斥着粗鲁的种族意识形态式臆想。在去纳粹化的战后新版中，这部包含简单评价和比较的地方史则因缺少各种统计方法，再度引起学界质疑。但令人难以置信的是，尽管弗朗茨曾经是纳粹且在人口统计学方面一直是个半吊子，但他是正确的，甚至比他自己认为的还要正确。诚然，首位全面测量者尴尬的意识形态和方法论将战争的恐怖程度相对弱化了，这确有几分荒谬。在借助更多信息和现代方法进行验证时，死亡率、损失率等仍须大幅上调：无论是地理上的广度，还是区域 20
内的激烈程度，实际情况均比弗朗茨的统计结果严重得多。

《生死施瓦本》（*Leben und Sterben in Schwaben*）一书专门讲述了施瓦本这一如今已被并入巴伐利亚的地区。作者维尔纳·伦格（Werner Lengger）精通现代标准，进一步拓展了这项研究，令读者获得了更多、更确切的情况。就“死亡”而言，整个施瓦本地区属于在战争中遭到严重损失的区域，人口损失约40%——高于弗朗茨的估计——再延伸至巴伐利亚境内的多瑙河流域，甚至高达60%。然而，“对角线”仍需延伸，并向东南方向改道，因为对奥地利世袭领地受战争损失较小的估计，受到了对当地情况更为熟悉之人的有力反驳。对于有过多番交战的波希米亚和西里西亚，上述情况并不适用，但就整个下奥地利而言，篇首的地图也需要修改。该邦战争开始时有60万人口，大战中损失了近四分之一，且在损失最为严重地区，那些战前还有能力纳税的所谓的“能支撑的人家”中，三分之二在战争结束时都已经不能指望了。

再向北看，作为主战场之一的整个萨克森是帝国受侵袭最惨烈的地区之一。尤其糟糕的是，在战争的后半程，在政治上巧妙规避风险的萨克森选帝侯领地（Kursachsen）交替或同时被交战双方占领，受蹂躏最惨烈的是在“痛苦之年”（Qualjahr）——1640 年。
21 整个邦在战争中失去了半数人口，沿易北河方向贯穿该邦的一块宽阔的带状区域中，甚至丧失了其人口的三分之二。卢萨蒂亚（die Lausitzen）的损失应当是“巨大的”，但具体数额尚有待进一步确定。甚至维特施托克战役中双方军队列队交战的战场勃兰登堡，其受损等级也必须调高。这样看来，未受影响地区越来越小，遭受重大损失的规模则越来越大。

从空间上衡量战争恐怖程度的另一个问题是，是城市人口还是农村人口遭遇的情况更为糟糕。当然是农村，因为村子里没有城墙保卫——这是一个容易想到且广为传播的正确答案。村庄依然是当时最重要的聚居形式，编年史中记载的一连串疯狂暴力行为正是发生在毫无戍卫的乡村。有能力的人试图在固若金汤的城墙之后或在军队前的树林里为自己找到安全的庇护，而一位逃难的编年史学家汉斯·黑贝勒（Hans Heberle）则不得不从乌尔姆（Ulm）郊区的内宁根（Nenningen）这个小地方逃出来 30 次，这一数据创了纪录。受灾最严重的则是军用道路沿线地区、被争夺的城市及战场的周边地带。在勃兰登堡，承受巨大军事压力的乡村地区普里克尼茨（Prignitz）损失了近 70% 的家庭，是帝国受损失最严重的地区之一。各邦等级会议代表哀叹着村庄惨遭蹂躏、荒无人烟，且多数在大火中毁于一旦。有 33 个教区在战火后仅剩一两户人家。平原地区人口锐减至此，其后果对于基本农业供给而言是毁灭性的，且这

绝不是某个地区的个别情况。然而，城市遭受的灾难远不输给 22
乡村。

最早被摧毁的城市之一是一座小而尊贵的帝国城市——温普芬（Wimpfen）[1]。它因建有皇帝行宫而修建了防御工事，一度是帝国法院所在地，却遭逢不幸。在 1622 年 5 月攻入行宫的战争中，一场用其名字命名的战役在温普芬城门前打响，战役令小城饱受摧残。最终，山谷里的郊区彻底沦为废墟，12 座居民们赖以生存的磨坊中有 10 座毁于一旦，134 座房屋仅剩瓦砾或者完全被夷为平地，内城中心的残垣断壁被飞廉草灌木覆盖，几乎难以被发现，原有的 300 名市民仅剩 37 名。

在萨克森，除了村庄外，无数城市被反复包围和占领，遭到帝国军队及瑞典军队的摧毁、焚烧和蹂躏。首先是鲍岑（Bautzen），在被萨克森人占领后又两度被围攻并进一步被摧毁；接下来是埃尔茨山脉的矿业城市及经济中心开姆尼茨（Chemnitz）和茨维考（Zwickau），它们被多次包围和占领，损毁严重。莱比锡亦三度被占领，最终不得不长期忍受被占领之苦。幸免于难的邦都德累斯顿（Dresden）虽未遭兵祸，却在两年内有近 8000 名居民死于瘟疫，另有大量市民远走他乡。

对于帝国城市奥格斯堡（Augsburg）来说，战争及其后果则尤为悲剧。奥格斯堡曾经见证了众多皇帝的统治和数届帝国等级会议，亦曾以己之名命名了诸多宪法和宗教法规，因此，在最辉煌的

① 即巴特温普芬（Bad Wimpfen）：中世纪时是斯陶芬王朝行宫，1803 年前是德意志帝国直辖市。今属斯图加特市。——译者注

岁月里，它一度被视为帝国的隐形首都，被富格尔（Fugger）家
23 族①和威尔赛（Welser）家族②等商行视为财政首都。这座允许天主教会和新教会同时存在的城市却饱受涌入奥城的、不停变化的交战势力之苦，但更糟糕的还是因外人传入或因饥荒而爆发的瘟疫——1627—1628 年间有 9000 人、1632—1635 年间又有 18000 人命丧于此。这一数字已远远超过了奥格斯堡曾引以为傲的、一度增至 40000 的城市人口数的一半。新的研究表明，在其他城市甚至像慕尼黑这样的大城市，其遭受的损失要比农村地区惨重得多——这一点与人们迄今为止的设想不同。

受灾最惨烈、进而成为战争暴力之象征的城市，是马格德堡（Magdeburg）。这座不肯投降或太晚才投诚的城市被蒂利（Tilly）麾下的天主教同盟军攻陷，其时，数千名居民在胜利者烧杀抢掠的暴行下，在一场将这个城市化为灰烬的漫天大火中死去。根据当时的战争法规，如果围攻者和被围攻者之间未达成协议且某地已被攻占，那么，暴力掠夺和缴获战利品则完全是胜者的权利，即使妇女和儿童也不例外——他们本应是被保护的对象。这绝不是个案，因为像多瑙河畔的诺伊堡（Neuburg）、内卡尔格明德（Neckargmünd）等一系列其他城市均曾被攻破，给居民带来了深重的灾难。不过，马格德堡的受损情况已经超出了以上任意一次，交战双方和唯恐天下不乱的出版界则格外关注这场灾难，鼓励将其
24 与索多玛和蛾摩拉、耶路撒冷的毁灭或者特洛伊的灭亡相提并论，

① 富格尔家族：来自施瓦本的商人家族，自 1367 年起在奥格斯堡定居。——译者注

② 威尔赛家族：来自奥格斯堡、纽伦堡的贵族商人世家，1246 年起该家族就在奥格斯堡有迹可循。——译者注

甚至反复从其城市名“Magdeburg”[①]往外延伸，说它丧失了“童贞”，仿佛有事实给这个类比撑腰。与此同时，对“马格德堡化”的恐惧则轰开了一些城市的城门，人们主动献上赎罪金以换取对方放弃放火烧城，即当时所说的“放火勒索”，只不过，这样只能救下市民的性命，却因而摧毁了他们赖以生存的基础和养家糊口的机会。

当然，极乐之岛还是存在的，那就是被水和城墙戍卫的、位于易北河入海口的汉萨同盟[②]城市汉堡。即便如此，也没有人真正为之欣喜。原因显而易见：人们心怀巨大的恐惧和对易北河下游的新教姐妹城市马格德堡的深切同情，尤其在教会中，这更是一个令人忧心的话题。不过，汉萨城市也为皇帝和天主教提供军队补给，并锻造武器。在马格德堡被攻占的过程中，这些武器有没有用上呢？市政府无论如何也不想毁了自己的生意，于是他们警告传教士闭嘴，对来自马格德堡的难民采取并非完全拒绝但十分严格的政策。在本书面世的今天，这听起来仿佛是带有倾向性的含沙射影[③]。事实的确如此。

所以，总存在一些例外之人，他们没成为牺牲品，而是狠发一笔战争财。这些人根本搞不清楚战争暴力的全貌。从北到南，从城市到乡村，从历史重镇到经济强邦，战争将整个帝国带到了深渊的边缘。

---

① 马格德堡的德语为 Magdeburg，Magd 有“处女、纯洁的少女”之意，Burg 意为城堡。——译者注

② 汉萨同盟：13—17 世纪北欧城市结成的商业、政治同盟，以德意志北部诸城市为主。德国著名的汉萨同盟城市有汉堡、不莱梅、吕贝克等。——译者注

③ 指的是“阿拉伯之春”后，大量中东难民涌入欧洲；2015 年八九月以来，德国政府放开接纳难民，形成一波难民潮。——译者注

25 编年史学家和当地行政官员目睹了这一切。许多地区这样记载：人们因部队安营扎寨或军队过境、士兵掠夺施暴而叫苦不迭，他们不是偶尔，而是持续地承受战争暴力之苦。时人常说，敌友难分被视为当时市民的第一个基本体验。人们如果密切关注并重新组合这些当地史学家和报道中反复出现的陈述，就会得出一个有关战争体验和战争后果的整体形象——恐怖。我们从富格尔家族统治下的一位管家的公务手记中可以了解到，奥格斯堡城区及附近地区的三支军队对当地造成了什么损害：仆人再也没法取出粮食和牲口，房屋被闯入、放火、洗劫。“那时候施瓦本和阿尔高地区再无家族联盟可以忍受这一切”，这位管家这样认为，且这一情况绝不仅限于当地。另一位管家的统计显示，一切谷粒、马匹、家什“尽数被敌方或己方军队抢走，在战争期间，人们要么迁徙，要么死于饥荒，要么被射杀”。“一切都被毁坏殆尽”，一份官方小结如是写道，这也印证了诗人的话。为什么事情会走到这步田地？难道没有人能够制止吗？

26 死亡的“三位一体”
——暴力、饥荒和瘟疫

从空间上看，对战争的恐怖程度进行人口统计学的衡量距离死者依然太过遥远，但报道者的自述却拉近了我们和死者间的距离，那些惊魂未定的文字令人心生恐惧。这些日积月累下来的自述中内含大量的灾难经历，一方面，面对可怕的细节，令人会产生窥探隐私般的凄惨之感；另一方面，当代研究中尚有诸多分歧，因而现在并不是让这些经历消失在视野中的时候。基数庞大的战争记录使人们认识到这一危害体系的整体规模和运作方式。事实上，人们在日记、编年体史书和档案中，以及格里美尔斯豪森反映当时情形的文学改编以及古斯塔夫·弗赖塔格（Gustav Freytag）[1] 后来的文化史改写中，总能读到同样的内容。在音乐界，作曲家维瓦尔第（Vivaldi）一度饱受同行嘲讽，因为他把同一段协奏曲写了百来遍，但是，（当人们认识到）它不是一种空转的风格，而是指涉一件很糟糕的事情时，（人们便会发现）该曲调持续重复并带有变化，展现了持续的战争暴力所带来的典型危害，即许多人丧命。

在编年史和教会的损失登记簿中，人们会反复碰上一种不祥的“三位一体”，从而联想到传统连祷中的请求：“主啊，请保佑我们远离瘟疫、饥荒和战争！”上巴伐利亚安德希斯本笃会修道院院长毛鲁斯·弗里泽内格（Maurus Friesenegger）就曾问过自己这个问题：为什么在战争这一上帝的惩罚之后还紧跟着饥荒和瘟疫？他得 27
出结论：“因为人们用各种各样的方式违背上帝的意愿行事，于是上帝便以牙还牙，也用各种各样的方式予以还击。”将苦难阐释为上帝的惩罚是帮助人们走出战争阴影的策略之一，上帝的“三位一体”似乎是用不祥的“三位一体”进行惩罚的，即悬在人们头上的死亡威胁。一本牧师登记簿记载道：“如果此时在我们的国家充斥着这样那样的悲伤、恐惧、贫困和愁苦，那是因为上帝不仅仅用战争、用敌人的刀剑，而且用瘟疫”和“大饥荒打击了我们”——这份记录迅速得出这样的结论。接地气点儿说，三重灾难的侵袭宣告

---

[1] 古斯塔夫·弗赖塔格（1816—1895）：德国作家。其文化史方面的代表作是四卷本的《德意志过去的图像》（*Bilder aus der deutschen Vergangenheit*），该书在丰富史料的基础上描绘了德意志历史。自1859—1867年陆续问世以来，截至1909年，该著作再版了27—32次（不同卷本），是19世纪最受欢迎的德国史著作。——译者注

了邦国的彻底凋敝，“因为敌人尚未屠戮的、瘟疫尚未杀死的，都被饥荒从这片土地上赶走了”。即使是行政官员哈佩（Happe）这样的世俗编年史学家，也认为“三大主要惩罚”应对巨大的死亡人数负责，早在1626年他就写道，人们“现在正不幸地遭受着战争、物价飙升和瘟疫等所有的主要惩罚”。自那以后，时不时地出现或相互关联或单独的有关三大折磨所造成的最糟糕情况的描述。其他编年史学家也感知到了这一情况。女历史学家、克鲁森斯滕的贝尼希娜（Benigna von Krusenstjern）编撰的目录列出了百余篇有关三十年战争的自述，如果通过主题提示浏览下来，会发现任何一位时代见证者都记录了战争中所受的折磨，更多的人往往记载了全部三项，抑或是亲身经历。而整个威胁体系则是从一个灾难三角的致命尖角发展而来的。

28 处在所有灾难的金字塔尖的，是直接的战争暴力。这在战争中不足为奇，它对人们的身家性命和家庭财产所造成的伤害几乎是对战争全部的感知。除了这些某种程度上的常规负担外，多种极端的痛苦折磨带来了多重致命侵袭，展现出战争最恐怖的一面。其中比较典型的是因弗赖塔格而扬名的上法兰克牧师马丁·伯岑格（Martin Bötzinger）的一生。一开始，他先后遭到帝国军、瑞典军洗劫，在身陷囹圄、性命攸关之际出逃后又被抓住，剥光衣服，饱受刀砍的凌虐，所幸再次逃生。当他回到自己的牧区时，碰上一座多人墓穴，里面埋葬着17位被打死的民众，其中一位死者是他的岳父，而他的岳母则被人用手枪和螺丝施刑并被画上记号，折磨致死，而他的妻子则完全靠侥幸才得以两次自救于极端的险境。事后，伯岑格写道：“1634 年，怒火更甚。”为什么呢？没错，“瑞典饮料”[①] 出场了。在被人粗暴地灌入粪水的过程中，他所有的牙齿被打断；此外，还被施以特殊的水刑（Wasserfolter），这位神职人员被捆着双脚在水里拉上拉下，直到将他折磨得半死。他再次死里逃生，但回家后发现，他那个教区连藏起来的最后一批豌豆都被抢光了，村民大多饿死。“残存的八九个灵魂，1636 年后完全丧命或是逃走。”情况就这样往下发展，于是那里再也没有瘟疫什么事儿了。

这些疯狂的暴力行为在三十年战争期间所有流传下来的地方志 29
中随处可见。把来自纽伦堡旁小县城的罗特（Roth）的恐怖报告进行重新编排对比后可以证明，弗赖塔格笔下的主要证人是多么地具有代表性。科恩贝格尔牧师（Pfarrer Kornberger）正是一个人及其家庭所能够遭遇到的一切厄运的受害者代表。首先，他像一般人那样，失去了军队逼近时藏好的家财，包括牲口和储存的粮食。第二年，他被打得浑身青紫，“用土耳其的方法”从脚或脖子处吊起来，并且用上了旋钮战争刑具，即用旋转可致肢体残废的麻绳折磨他。后来，他逃走了，但在逃跑的路上，他的妻子被骑兵抓住，骑兵拖着她的头发穿过田地，用靴子和武器残忍地将她打伤。在继续逃难的途中，这个新教家庭在天主教地区的罅隙里暂时找到了一个容身之所，最后得以在罗特接管了一个空缺的新教牧师的职位。结果好，一切就都好吗？并非如此，他最终在罗特死于瘟疫。很多人的情况并不比他好：他的邻居是一位校长，报告了自己染上瘟疫的消

---

①“瑞典饮料”是三十年战争期间常用的一种用刑方法。将混有尿液、粪便和脏水的液体直接用桶或漏斗灌入受害者口中，引起受害者恶心、呕吐及细菌感染，导致窒息、肠胃疼痛甚至肺炎。——译者注

息；市政厅书记员①约翰·雅各布·菲克勒（Johann Jakob Fickler）在其妻子被鞭打致死后，自己也死于毒打；在附近的格雷丁（Greding），短短几天内就有 18 名市民被杀，包括市长在内。这样的情况并未停止，且蔓延到其他许多地区。肇事者是到处抢劫、来自各路军队的正规士兵，当然也有可怜的战争魔鬼，他们为生存而战，压榨勒索存粮，但很显然，接连不停的战局也释放出了人们对暴力的过剩欲望。

30 尽管这些报告的流传背景不太清楚，但其可信度无须怀疑，文书卷宗和档案室可以给它们作证。在某些几乎令人难以置信的案例中，极端暴行被精确地记录下来，包括名字、亲属、出生地和受害者的死亡方式，从而印证了一整套传言的真实性。比如在黑森的一个小地方，士兵们猖獗地用刑，导致 6 位女性和 12 位男性命丧黄泉。而在一份损失列表中，先是众多妇女被强奸，接着士兵们将数名男子从其外生殖器处吊起，最后将所有人拖曳致死。人们在和平时期曾目睹女巫审判等迫害行为，因此，这个时代的人们早已习惯了暴力。但即便如此，报告中依然流露出人们对战争暴力的恐惧。法兰克地区的最新史料将其他时代的犯罪称为战争犯罪，但此处迫切需要解决的问题是，搞清楚什么违背了准则、什么已成为战争常态。一位观察者作出了如下概括："那些横行霸道的兵痞用旋转麻绳、'瑞典饮料'和夹手指的方法给被逼无奈的可怜人带来痛苦，愤怒则成了他们的帮凶。可他们中的有些人，曾经是正直有礼的小伙子和绅士，更别提做出侮辱妇女这样的事。"这一概括实际上颇

① 中世纪及近代早期市政厅的领导，居于城市管理层之首。——译者注

为讽刺地宣告了对市民施加战争暴力已经成为新的行为习惯。

在死亡三角上，相比令人惊恐万分的战争暴力这一角，饥荒和
瘟疫这两点似乎更严重地威胁到整个文化和社会。尤其是饥荒，它 31
并不只是一种附加的痛苦折磨，而是战争暴力的直接后果。相关报告往往将财物损失和人员伤亡置于完全同等重要的地位，如果这样的话，掠夺和压榨赖以生存的最后的粮食与钱财，则与凌虐肉体一样，会产生致命的后果。然而，这背后则完全是一场有意识的、应归因于战争的粮食危机。本笃会修士约翰·伯岑哈特（Johann Botzenhart）是他所在的乌尔姆附近的埃尔兴根（Elchingen）[①] 修道院的厨房主管和酒窖技师，负责置办食品，因此他对当时每况愈下的粮食状况有一定的认识。“在穷人中间，嗜血的饥荒一日强过一日，因此每天都有很多人死去”，这是对饥荒的一个小结。不过，这不仅仅适用于穷人，也适用于客观上没有磨坊而缺少面粉的富人；人们不仅仅会饿死，也会被冻死。饥饿和冻伤往往被并称为两大致命杀手。

此时，“小冰期”似乎获得了机会——这一论点认为，17 世纪普遍的气候变冷缩小了粮食供给的回旋余地，饥荒触发了分配冲突。事实上，这位厨房主管观察到了经常出现的气候变化现象：那时候，“基督圣体节”[②] 还会下雪，或者秋天像“人类有记忆”以来从未有过的暖和，于是，越冬作物的秧苗或许能安然过冬。不
过，没有人将粮食供给紧张归咎于整体气候变差。因为当土地无人 32

---

① 埃尔兴根属巴伐利亚州，位于多瑙河沿岸、乌尔姆以东 7 千米处。——译者注

② 基督圣体节（Fronleichnam）：天主教节日，圣灵降临节后第一个周日后的星期四，其日期随复活节的变化而变化，最早在 5 月 21 日，最迟是 6 月 24 日。——译者注

耕作、役畜征作军用、磨坊毁坏无法磨面时，其他的解释都是多余的。有人死去，是因为他冬天不得不“光着膀子”逃命而冻死，他的死因在于天气或战争状况，不会怪到“小冰期”的头上。“小冰期”或许存在，但它只是在时间上模糊地与三十年战争同步，这也是有争议的。然而，人为造成、或许也会由人类终结的暴力及其后果，足以解释这样的灾难。我们从巴特克罗伊茨纳赫（Bad Kreuznach）附近的农民、葡萄园主塞巴斯蒂安·文德尔（Sebastian Wendell）的家庭收支账簿这一第一手材料中可以知道，农田耕种和粮食收获是如何在军队横扫及其进攻下被迫中断，又是如何在农民重伤而丧失大量劳动力的情况下走向完全停滞的。在这种情境下，没有人人饿死反倒令人惊讶。

哈佩全面的战争编年史也对饥荒给予了特别的关注。如果把那些声声泣血的消息连成报纸的头条的话，那么从字面上便能了解到1626年的大致情况：“人们因饥荒从哈勒（Halle）逃往吕内堡（Lüneburg）”“伯爵领地施瓦茨堡（Schwarzburg）饿殍遍野”，最后是“从未经历的物价上涨和饥荒”。其后果是请愿民众“每天有500人聚集在宫殿前”。在17世纪30年代的危机中，“法兰克尼亚地区发生了可怕的饥荒，使妇女和小孩、天主教徒和新教徒为了面包逃往图林根”，但噩耗又来了，“数千人因饥荒死于图林根”。编年史中
33 还有吃人的可怕细节，食用那些现在看来很恶心的腐烂食物和昆虫，饿死的人像俗语中说的那样，真的被“咬进了草里”[1]，再也无法开口。此时，出版业和印刷业正日益兴起。或许，这位真正忧心

① 此处作者使用了德语俗语“ins Gras beißen”，指人死去。——译者注

忡忡且心怀善意的、身处管理岗位的编年史学家应当刊登一些号召力强的大字标题，敦促政客们有所行动。事实上，他自己也时而从报纸中获得消息，身处政界的他深知，如果这么做于事无补的话，那么也没有更好的方法了。

第三重恐怖即死亡三角底边上的另一角则是瘟疫，其中首推“鼠疫”，也包括其他致命的传染病，或是能叫出名字的红痢疾。瘟疫的痛苦闯入人们的生活，它是如何逼近、侵袭编年史学家们及其周围的人，如何使一部分人虔诚地屈膝投降、一部分人暴怒得不知所措的，读来令人动容。着眼于世界的史学家哈佩不得不经历亲友一个接一个地染上这种令人不适、厌恶又残酷无情的疫病而死去，他给他们记下名字、亲属关系和职业，留作纪念。哈佩携妻儿出逃，瘟疫过后，他们返回家乡，“看看我那些最爱的朋友们是否还在人世”。1626 年，在小小的格罗伊森（Greußen），最糟糕的一个月里死去了 344 人，全年有 843 人丧命，这丝毫不奇怪。17 世纪 30
年代，图林根附近的其他村庄也受到几波瘟疫的侵袭，直到最后， 34
哈佩本人在听到接二连三的死讯后也宿命般地染上了瘟疫。其中最可怕的是施瓦本的一个小地方比贝豪（Biberau），一场时疫过后，300 多名居民中仅 25 人被有名有姓地记载下来，但是，记载下来的不是死者姓名，而是仅有的幸存者。由瘟疫引起的大规模死亡，也曾在奥格斯堡、莱比锡和德累斯顿等大城市肆虐，人口成片地锐减。瘟疫带来的死亡风险与战争暴力相比，似乎也不遑多让。

然而，这些致命的疫病受到战争影响，应将其爆发归咎于战争。原因是：一方面，瘟疫通过军队的持续行军而四处传播。当符腾堡的神职人员还在尝试说服市民瘟疫是上帝的惩罚时，像哈佩这样的历史学家已经认识到，只有当夺人性命的军队自己碰上惩罚时，才会近乎讽刺地请出上帝来利用一番。另一方面，由于灾民涌向敌后安全地区，敌后狭小的空间和糟糕的卫生状况必须负一部分责任。“那里民不聊生，饿殍遍野。我们在痛苦中互相枕藉。物价飞涨，饥肠辘辘不期而至，随之而来的是邪恶的病痛和瘟疫。于是，数百人死去。”关于传染病、食物短缺造成的疾病和死亡的情况，上文提到的、被迫逃亡的记录者黑尔勒如是说。下面主要谈谈食物短缺和传染病之间饱受诟病的相互影响：因为常年营养不良、
35 丧失体力的人几乎没有抵御疾病的抵抗力，所以，他们事实上是死于战争导致的饥荒。这位编年史学家提到，“由于这场大饥荒造成了大规模的死亡和瘟疫，数千人死去”。事实上，1632—1635 年的大规模瘟疫导致大量人员死亡，这样的情况在 14 世纪中叶的中欧黑死病之后还是首次出现。这场瘟疫前后均有过短暂的疫病感染，但其杀伤力证明了这场大规模传染病成为三十年战争中的最后一次瘟疫并非偶然。

因此，将暴力、饥荒和瘟疫织成一张死亡之网的源头，自始至终都是战争。概括起来说，有些细节依然明晰：如果资源被因发动战争而进行的征召、烧杀抢掠而消耗了的话，那么这首先应归咎于战争暴力，而不是怪到经济、气候等其他因素头上。由此产生的食物危机和饥荒让人们对传染病失去了抵抗力。各路军队以及逃离军队、躲到安全城墙后的人群造成的拥挤则催生了疫病的蔓延。为争夺最后的粮食库存，民兵和军队都准备好了使用暴力，饥饿则使得这一情况进一步尖锐化。这是一个应归罪于战争的危害体系，人成了它的牺牲品，并用暴力、饥荒和瘟疫构成的死亡三角敲响“丧钟

三连”，威胁着整个社会及其文化。

末了，一位编年史学家作出如下判断：“这场战争、瘟疫、物价飞涨和大饥荒让邦国的人口急剧下降，少到令后人难以置信。” 36
另一位编年史学家则对这样一场前所未有的战争过后是否还会留下后人感到怀疑。难道这样的担忧不是终止战争和持续摧毁文化的死亡三角的绝佳理由吗？

也许，此时应对神学家提出要求。从跨教派的宗教角度将战争疾苦解读为上帝的三重惩罚，有利于向民众解释并帮助他们克服心理障碍，但亦减轻了其忍受度。当时是一个神鬼之说横行的时代，是否有可能将战争解释为撒旦的三重杰作而非上帝的作品，并赋予背负责任之人与恐怖的“三位一体”作斗争这一基督徒的使命？事实上，沃尔夫冈·E. J. 韦伯（Wolfgang E. J. Weber）考据出的神学战争批判甚至大量使用上帝之惩罚威胁当权者，结果却完全背道而驰——它没有从战争中拯救人们的性命，而是妄图索取牧师的供养费，理由是战争导致的牧师缺位会影响到信众灵魂的救赎。直到1644年才有一位牧师站出来，指责其同僚“不仅没有反对战争，反而助长了嗜血的战争”，而彼时救世主已恩赐了和平。如果神学失灵了且将战争责任推卸到上帝头上，那么，就没有人能够承担战争的责任，并用仅存的理智去阻止这三重罪恶交织的疯狂。于是，我们再度且愈加迫切地提出如下问题：当时就真的没有人能够干涉一下吗？

孩童、妇女和士兵的生存威胁 37

当人们不仅仅考虑死亡方式，而且将棘手的生命阶段和受威胁群体纳入考虑范畴之时，上述问题便显得越发紧急。一方面，童年是一个人生命中最初的岁月，另一方面，妇女和打仗的士兵受到特殊的潜在威胁。还有一个原因是，儿童、妇女和士兵生活的世界及他们各自在战争中遭受的深渊般的苦难直到最近才进入战争研究的视阈中。

战火中的孩童在格里美尔斯豪森的成长小说《痴儿西木传》中受到了特别的关注，该书将主人公西木设计为战争孤儿和童子军并开启其一生不是没有理由的。同样，这种在今天令人备受煎熬的战争题材促使人们对过去提出质问，但很遗憾，三十年战争却是儿童不幸的渊薮。诚然，近代早期的儿童死亡率本就居高不下，且前现代（Vormoderne）的童年颇为艰苦，但是对于尚处于需要保护年龄的社会弱势群体而言，战争给他们带来的生存危机更是大得多。首先，孩子们饿到极点，瘟疫带走了他们的兄弟姐妹。战争暴力降临到最亲近的亲人头上，留下了孤苦无依的孤儿。一个个家庭在战争和瘟疫的打击下支离破碎，就像著名的图宾根数学家、天文学家威廉·席克哈特（Wilhelm Schickhardt）那样，最终守着自己仅存的儿子双双死于瘟疫。若是有人侥幸活下来，他都不知道是否应该真心感谢上帝。“上帝赐予他一次幸福的重生”，雇佣兵彼得·黑根多夫（Peter Hagendorf）在每一篇日记之后写道。他在日记中记录了随军带到辎重队的一个孩子之死，但是在被上帝抛弃的情况下，这样的语句能否带给他一丝安慰，则是令人怀疑的。即使是代代相传的十分动人的救赎故事也无法回避的是，幸存者始终被理解为上帝手下留情的例外，未获得救赎的亡人才是沉默的大多数。

38

针对这一时期儿童的最新研究初步表明，儿童在编年体史书中出现的频率相当可观，几乎始终与三十年战争如影随形。不过，这也意味着“正常”的童年根本不存在。在复杂的安全形势之下，即便是洗礼和往往紧随其后的葬礼亦颇为艰难——这是牧师和父母值得一提的一项请求。通常是死里逃生之人回首自己或子女的童年、少年时期的记忆，明确记录下来，传之后世。伯岑格牧师甚至直接以一个小孩的口吻提起了这段记忆：“你米夏埃尔，一岁半，你的长姐 5 岁”，在他们的母亲遭到性侵的时候，他们恰恰在场。另一位牧师则扼要重述了自己的一生，“给我的孩子们特别的慰藉和陪伴”。但愿孩子们不要走他的老路，因为他一生参加过 12 场大型战役、无数次小 39
战斗和 75 次攻城战。事实上，人们最近在思考的问题是，经历过战火的儿童和战后一代在多大程度上受到精神创伤或有暴力倾向。两者或许都不好，但世上哪有十全十美之事。儿童兵令当代人感到震惊，但需要指出的是，那时候的“辎重队男孩”（Trossbuben）和“士兵少年”（Soldatenjungen）还没有上场杀敌，只是承担擦拭武器兼战地服务的工作，而不是去危险的家族联盟护卫队打仗——随军工作至少给了儿童另一种融入社会的机会。然而，如果这些年轻的牺牲品成了肇事者，连最基本的教育都接受不到，又谈何社会化？伟大的教育家约翰·阿姆斯·夸美纽斯（Johann Amos Comenius）[①] 就生活在那个时代，曾在海德堡（Heidelberg）和赫尔伯恩（Herborn）一带活动。打仗时，夸美纽斯转移到了帝国之外的安全地区，并在那里提出形象生动的课堂改革和学校组织改革，日后影响深远。这位《世界图解》（*Orbis pictus*）和 1632 年版《大教学论》（*Didactica magna*）的作者

① 夸美纽斯（1592—1670）：捷克教育家、新教哲学家、神学家、波希米亚兄弟会主教，西方近代教育理论的奠基人。——译者注

在流亡途中著书立说，对德意志战争地区的教育政治状况多有述评。即使是格里美尔斯豪森也不得不在丛林中安排一位受过良好教育的隐士，这样他的战争孤儿才不会始终是纯朴无知的痴儿。布莱希特则发明了哑女（或是因战争而喑哑）卡特琳这一具有象征意义的形象，她对人生的安排与擅长经商的大胆妈妈大相径庭，卡特琳用擂鼓报信的方法唤醒危机四伏的城市——这来自对孩子们的同情心。那么在现实中，真的没有人敲响战鼓吗？

40 富有预见性的文学作品可以照进现实世界。《痴儿西木传》是一部宏大的男性历险记，里边的女性只是边缘角色。不过，其中一个边缘角色却有一本专门写她的书[①]流传下来，她在书中抱怨《痴儿西木传》只有一章讲到她实在太少且讲的还都是错的，于是她自己讲述了自己的一生。这就是“女流浪者库拉舍”（Landstörzerinne Courage），后来还激发了布莱希特创作戏剧的灵感。格里美尔斯豪森创作的故事仿佛在给后人使眼色，今天读来有如一本影射真人真事的小说，里面的女性出场较晚，但彻底成为这场战争的主角。其一，如在适用于文学创作或媒体报道的流动妓女淫秽案例中，女性完全是主体，有关她们的情况，我们只能通过真实记载中的间接信息窥见一斑，即心情烦躁的居民或修道院的住客对借宿的“游手好闲之徒”惹出的“风流韵事”写下的一些总括性文字；其二，部队的随行人员还包括擅长经商的随军女贩和士兵的妻子，正如彼得·哈根多夫在他著名的日记中所描述的那样，她们

① 即格里美尔斯豪森的《女骗子和女流浪者库拉舍一生的描述》，目前无中译本，德语版参见：Grimmelshausen，*Lebensbeschreibung der Ertzbetrügerin und Landstörtzerin Courasche* [*Trutz Simplex*]，hrsg. von Wolfgang Bender，Tübingen：Max Niemeyer Verlag，1967。——译者注

积极参加收缴战利品，并事实上跟着部队为四处漂泊的男人和孩子们操持家务。此外，还有能识文断字的女修道院院长和修女们，她们中的一些人，比如艾希施泰特（Eichstätt）附近的玛丽亚施坦因（Mariastein）修道院院长克拉拉·施泰格尔（Clara Steiger）也写下了日记。她们的日记和男性神职人员一样，深深打上了各种战争消息和恐怖经历的烙印。

女性主要作为战争暴力的受害者而出现，这必然符合事实。把多个地区存续多年的、危及众多女性的女巫审判解释为受尽战争折 41
磨的民众摊派罪责，这样解释是否有意义本就存疑，但也没有必要这么解释。与处决类似，追捕女巫带有暴力的时代烙印，但在战争的进程中则可退而居其次。其他受罪和送命的可能性多得是，尤其是对女性而言。比如借宿百姓家里的士兵常常对主人家的女性实施强奸，有如带有侮辱性质的军事暴力，只有女性用惊人的极端手段进行反抗，强奸才有所减少。当时的史书读起来就好像刑事案件报告，其中充斥着对单个女性进行集体性侵、对“未成年少女”进行性犯罪或者提到残缺的乳房等露骨的案例。

可靠的史学权威哈佩提供了饥荒和瘟疫灾难的情况，他记载了各种“侮辱”，其结局往往是死亡，比如仅 17 世纪 30 年代就有两打案例。其行文多用复数，如：“所有女人都被可怕地玷污了”，村子里所有被抓住的“女人”都受到了侮辱，或者几乎是理所当然地，“妇女和女孩都被奸污了”。如果一旁有目击者，记载常常较为详尽：妇女遭强暴后紧接着被打死，“一个可怜的 10 岁小姑娘被蹂躏至死”，或是一个被凌辱而死的女人立刻被“剥光衣服并扔进牲口的饮水槽”。显然，这些暴行与压榨存粮没什么干系，它与强迫性

交有一定关系，或许只能被部分解释为贫困导致的社会报复——事
42 实上，它纯粹源自对残暴的欲望。当人们开始研究历史长河中被掩盖的性多样化、殉道者故事中受尽折磨的躯体以及其他被宗教粉饰的、因暴力幻想和暴力经历而产生的性冲动等内容时，此类研究便止步不前了。正如女巫研究因破译性虐待而停止，山本-威尔逊（Yamamoto-Wilson）① 开始研究 17 世纪英格兰话语时也遇到类似情况。当今这个媒体时代对这一点尤为关注，而历史学界对这个问题则持观望态度，但“性别”却再一次让人们有理由为战争的残酷感到惊异。

这是因为在方方面面信条主义化和规制化的过程中，渐渐出现了尴尬界限和限制，从而把充满情欲意味的性行为列为禁忌，直至诡异地重新遮盖裸体——从梵蒂冈到新教牧师的家中、油画上，然后才到现实中。人们提议普通牧师应遵从正当的基督教行为准则，并将坚守“贞洁”的礼教习俗置于中心地位，后又被战争的行为现实席卷而过。在沃尔夫冈·E. J. 韦伯新近发现的职业手册中，新教牧师须教导女性婚前和婚内的贞洁行为，并警告她们只能露出脖子或肩膀；而正是同一拨人，却必须经历自己的妻子和女儿被剥光衣服、失去贞操的苦痛。违反婚前和婚外性交禁令的女性会受到严
43 厉的惩戒，然而，接二连三的公然强奸行为让该禁令沦为笑柄，但是，逃过一劫的无罪者却因为这种毫无意义的贞操指责背负上了额外的社会负担。有人跳进水里来逃避失贞，有人遭强奸未遂得以脱

---

① 山本-威尔逊（1952— ）：出生于英国纽卡斯尔，剑桥大学博士。在日本上智大学教授英国文学。主要研究方向是现代早期天主教和新教徒话语。文中作者提到的是其代表作之一《痛苦、愉悦与反常：17 世纪英格兰的苦难话语》（*Pain, Pleasure and Perversity: Discourses of Suffering in Seventeenth-Century England*）。——译者注

险，后世之人必须在略微偏离礼俗标准的情况下来解读她们的故事。长期冒犯那个时代认为神圣的一切，如女性的贞操，令人扼腕。这能否激起男性奋起反抗，在牧师的帮助下阻止这场战争？

即便是那些投宿的士兵也有表现相对良好的时候，“但人们想要离他们越远越好”，修道院的厨房主管如是说。他很确定地知道这帮人在哪里，并引用了这句海外贸易时代的流行语去讽刺那些令人敬而远之的人。平民社会和军方之间的对立贯穿了所有的史书，在三十年战争时期完全决定了人们的行为。年轻的西木记录下这一情况，他简直无法想象农民和士兵的祖先都是亚当，他把他们看作“世界上的两种人”，或是彼此争斗的狂野和温顺的两种动物。最近，当时和后世对兵痞们旗帜鲜明的厌弃被认为太过片面。这一印象主要是通过弗赖塔格的《德意志过去的图像》传播的，但其基础则是对平民社会所经历的暴力和压抑的描述，难以磨灭。不过，这 44
些自述或史书主要出自能识文断字的牧师家庭、修道院或者地区管理部门之手，描述了他们和受其庇护之人所经历的苦难，仅在例外情况下会听取另一方的意见。至少随军的耶稣会神父在第一次远征波希米亚时，对饥饿和瘟疫给士兵造成的痛苦作了极其可怕的描写，以至于人们惊呼这样的战争不会再有。而衣衫褴褛、骨瘦如柴的士兵及其仆从的状态则令充满正义思想的安德希斯修道院院长感到震惊。当然，只有当士兵与百姓承受一样的痛苦时，人们才能从史书中读出作案人也是受害者的思想。几年前发现了一本独特的士兵日记，作者是彼得·哈根多夫，日记道出了士兵的遭遇，唤起了人们对拖家带口的普通步兵之处境的理解，即便这些打家劫舍的暴力举动无法修正市民对他们的偏见。不过，我们对士兵之死知之甚少，因为哈根多夫之流属于总能死里逃生的那拨人，记载下来的通常是他自己受伤和得救的经历，而对周围的战友之死兴趣不大。从严格意义上来讲，自述不可能见证自己是怎么死的，除非提前下笔或者是记下自己已然逃过一劫的死亡方式。士兵的死亡具有职业特殊性，在其他文献中我们可以窥见一斑。

45 士兵这一职业的危险在于打仗，打完仗后很快会有内容丰富且神乎其神的战役报告，以书信形式或印刷形式面世。战役报告主要涉及最富争议的战役过程，探讨谁输谁赢的问题。如果输赢分明，那么战役报告则涉及有竞争关系的本方不同统帅部队之间论功行赏的问题。阵亡军官的名字会被记载下来，受到悼念，而千千万万在三十年战争战场上捐躯的士兵则会被清点、估算人数。为了赢得紧随其后的宣传战，人们会夸大对手的损失，人为缩小本方伤亡。就像一开始提到的民事伤亡统计那样，大量的不具名死亡人数十分惊人。如在 1636 年的维特施托克战役中，获胜方瑞典估算出本国死亡人数是 1000 人，而战败方帝国-萨克森联军则死亡 8000 人。为了让数据开口说话，瑞典科研人员借助士兵的入伍体检表进行了统计，结果令人震惊。如在瑞典北部某省，有 254 位男丁被送往德意志战场，其中只有 38 人生还。整体估算下来，瑞典士兵的生还率约为 10%。瑞典人用军事力量荡平了德意志，与此同时，却让自己国家的人口急剧下降。10 万苏格兰和爱尔兰大军也概莫能外，有的士兵得以回国，不过是为了继续参加不列颠内战，而大部分人则埋骨疆场。在德意志土地上进行的欧洲战争令士兵的母
46 国人口骤减。“告诉我男人们何在？”有人在战争中拷问道，“他们曾在何处？”

另一个完全不同的信息源则知道这个问题的答案，并可以就此以及个体命运的走向给出精确到令人震惊的答复：“骑兵手枪从右边击中了这个男人。这粒铅弹卡在了右上臂的骨头里。在X射线下，弹头的铅粒清晰可见。子弹碰撞的冲击力除了造成软组织挫伤外，还导致多处骨头裂开，炸成许多碎片。尽管身受重伤，这名士兵很快又被卷入一场近身肉搏之中。也许是斧枪重重砍下来，砍穿了太阳穴附近的头骨，力量很大，右侧头盖骨裂开了一条长长的伤口。头盖骨-大脑上的开口令他立刻失去意识，但并没有直接致死。受伤的士兵因为头伤严重瞬间倒在地上，仰面朝天，接着被一把匕首刺穿了咽喉。匕首从前面穿过脖子，切开气管和食管，在第二颈椎处将位于中间的脊椎突起戳裂。这样的伤定然是致命的。”或许有人会想，这恐怕是某个热播的侦探剧集里的尸检报告，因为骑兵手枪和斧枪不会被认为是历史上的射杀与劈杀武器。事实上，这是对一项战场考古学（Schlachtfeldarchäologie）新发现进行科学鉴定的报告节选，该报告从一名士兵的遗骸中读出了许多有关他悲惨一生的内容，也看到 47
了更多的有关他漫长死亡过程的内容，以至于人们最后如释重负，即使专家也并不知道所有情况：“单次进攻间隔多久，已然湮没在历史的黑暗中。”也有包含细节信息的案例，如：其他124名士兵经受了类似“71号个体”（Individuum 71）① 的生死故事，他们的遗骨于2007年在维特施托克战役遗址处被偶然发现，这是迄今为止

① “71号个体”是在维特施托克战役遗址处发掘出的125具士兵遗骸中身高最高的一具，考古学借助现代技术手段可以获知该士兵的出身、年龄、生活方式和战争中受到的创伤。——译者注

为人所知的三十年战争时期最大的万人墓，受到保护和科学的评估分析。

20 世纪末才拓展到近代战场的考古研究首先验证了有记载的地面战争的过程，在发现的小铅弹或使用劈杀、射杀武器的证据的基础上作出了一些修正，但随着一些单个万人墓的发现，全新的建构的工作开始了。其原因是，那些“墓中死者遗骸储存的信息”，不仅包含了他们的死亡方式，而且有他们的年龄和出身、先天不足和所患疾病，并且让令人对他们未曾通过书面文献流传下来的、往往十分痛苦的生活有所认识。这门崭新的专业学科将骨头和牙齿视为“生物历史文献”，作为书面文献的补充乃至替代品。比如现已查明，四分之一的死者肯定是瑞典人，其余人来自欧洲各地。这也使人容易推演出如下结论，即朋友和敌人被埋葬在一起。是因为死亡面前众生平等，还是人们对收殓尸体时无所谓敌友？

48 除了以上的认知机会外，还有另一个认识万人墓葬的视角。在维特施托克发现了一个长方形的墓穴，84 具保存下来的骸骨并列嵌入，分三层叠放，毫无疑问排布得整齐而精心，节约了不少空间。几乎同时，人们勘测到一处位于布赖腾费尔德战役之战场（Schlachtfeld bei Breitenfeld）的万人墓，它实际上就是个大坑，死者遗体被扔进去后化成累累白骨，等待着负责阵亡战士墓的科研机构前来寻找和修缮。即便如此，与那些曝尸战场、遭到动物噬食并腐烂、被当地居民草草埋葬并永远消失的士兵相比，这样的收殓方式已经算是优待了。文博专家则将尚能展出的维特施托克战场遗址的发掘物展览出来，起名为《他们的最后一役》。策展人经过深思熟虑，放弃了展出死者的整副遗骸的想法，其理由十分中肯、令人信服：死者肯定不希望自己的身体在遥远的未来被这样展示出来。不过，在当时那个社会，阵亡者遗体上发生了什么或许并不重要。在古代，兵团士兵为罗马而死是无上荣耀；在近代，从反拿破仑统治的解放战争到为祖国而战的两次世界大战，国家均会为士兵树碑立传。然而，在近代早期最早的部队中，死者却被弃如草芥。而在当时的社会，晚期人文主义的知识分子一如既往地尊崇古希腊罗马时期所有基督教教派均采用的宗教仪式和复活希望为死者祷告。可
战场复战场，万人坑又万人坑，这个社会真的容不下一场个人的基 49
督教葬礼吗？因此，策展人强调，他举办展览的动机不仅仅是科研上的好奇，更有对这些重见天日的阵亡者的尊重——这样的尊重，在他们生活的时代是缺失的，的确，这是一场迟到了近 400 年的纪念。

现在我们也无法断言，统帅和军官们是否像后来很常见的那样把他们手下的战士从安全的港湾送进了万人坑。因为他们自己也遭到了死亡的威胁——古斯塔夫·阿道夫、蒂利、魏玛公爵伯恩哈特（Bernhard von Weimar，1604—1639）等指挥千军万马的战争英雄都在战役中、在战场上阵亡，或者像瓦伦斯坦那样被自己阵营的人刺死。不过，他们享受到了一等一的葬礼，被隆重地入殓、安葬，军官们也被尽可能地安葬在教堂的墓地中。普通参战人员享受不到的安葬仪式也有其重要意义，以下事例体现了这一点：来自瑞典的德裔贵族默尔讷（Moerner）家族[1]的一位成员被捕并遭到杀害，比他的死亡更令人震惊的是，人们想转运他的遗体时却找不到其遗

① 默尔讷是封邑在勃兰登堡边区的古老贵族家族，其 16 世纪末迁往瑞典的一支流传至今。——译者注

体了。不过，也有少量贵族军官在整场战争结束后得以幸存，这好似一个奇迹，也被他们的家族视为奇迹。比如来自奥格斯堡的传奇商贾家族富格尔氏，当时已晋升至帝国贵族，按照所处阶层的规制，他们得派出不少于 7 名子弟参战，其中有 3 人战死。擢升至军队领导层的奥特-海因里希·富格尔（Ott-Heinrich Fugger，1592—
50 1644）活了下来，只是因为遭到突袭时射向其太阳穴的骑兵手枪哑火了，他才有机会捅死进攻者。我们再引用一个大名鼎鼎的勃兰登堡贵族世家的事例：俾斯麦家族和容克贵族奥古斯图斯（Augustus）联合选送了一位狂野的骑士，他似乎参加了所有有名的、没名的战事，经常受伤甚至送掉半条命，简单拾掇、疗伤后重上战场，其恢复之快，足以让人们觉得战场上的军医至少对一流勇士而言不像通常认为的那样糟糕。他在回顾其戎马生涯、堪称其“简历”的报告中如是说道：“在战争中熬了 21 年，其间挨过霉运、辛劳和愁苦。”他自己也有罪，人们只能这么说。那么，能否有一位积极参战之人思考一下这场战争的意义和自己在其中扮演的角色呢？

再度提问：来自反方的质问

“在世界的每一个角落只有战争和对战争的呐喊：上帝遏止邪恶吧！”这是伟大的图林根编年史学家福尔克马尔·哈佩发出的一声短促的叹息。这位伯爵领地的行政官员充满人道主义情怀，他用似近还远的目光看到了战争的弊端，即战争利用各种新形式和后果传播其恐怖。我们对这场战祸的衡量已经结束了，证人和证物形成了一套完整的证据链，哈佩是其主要证人。现在，我们可以集中控诉这场“战争的战争”了。

但是，且慢。在种种战争恐怖中，没有一种是全新的，而且没 51
有一种未曾以相同或更恐怖的形式重回战场，甚至出现在 20 世纪和 21 世纪的战争中。刚探访的掩埋阵亡将士的乱葬岗和万人坑不曾消失，即便是在主观想象中更人道的启蒙世纪的战争中；针对老百姓的战争暴力不曾消失，当年是为了压榨资源，而在 20 世纪和 21 世纪则是有目的的恐怖袭击及其损害，更不用提强奸、失控的暴行和儿童的不幸了。水刑用于刑讯逼供，与英文单词“waterboarding”（意为“水刑”）吻合，都给人一种毛骨悚然之感——它的另一个更有名的名字叫“瑞典饮料”：当年是为了逼供粮食藏在何处，今天则是为了逼供敌人隐于何方。其他战争也会饿死百姓，冻死士兵，也会有千万人死于战争引起的瘟疫。整个邦国、各大城市毁坏殆尽，人口锐减，也因为来自危险地区或不再宜居地区的难民，让三十年战争成为接纳远近战争移民的典范。那些在这场或那场战争中单独出现、须特地控诉一番的战争暴力形式，在这场“战争的战争”中已悉数降临到人类头上。人类已经意识到这一点，并将其记载为一场什么都不放过、永远威胁人类生存的战争苦难，并常常向后世强调，或许再也不会有这样的战争了。这次“战争的战争”也首次对欧洲文明产生了威胁。

当威胁来袭之时，难道就没有一位政治领袖预见到并踩下道 52
德、外交和军事的急刹车吗？我们可以给自己的祖先（不一定是生物学意义上的，而是在建立文明的政治文化世界这一意义上的）硬加上三十年碌碌无为、无人想到走出灾难之策的罪名吗？那时候整个欧洲是看不到终结战争之路，还是完全没开始探索？

诚然，这需要彻彻底底、反反复复、从头开始探寻。“布拉格掷出窗外”事件是否真的像传统的解读所言，是三十年战争的导火索，值得推敲。但该事件触发的则是一项规模最大的、机会最多的阻止战争的行动。因此，对于重述一段历史而言，这一象征性的事件是一个不错的开篇。

第一章　被取消的宗教战争

——一场本不该发生的战争为何出现

▶1618 年 5 月 23 日，“布拉格掷出窗外”事件

波希米亚等级代表（Ständevertreter）抓起两位帝国官员和一位书记官，将他们从布拉格城堡的窗户扔了出去。三个人都活了下来。这幅来自梅里安家族的铜版画于 1635 年出版，是其代表作《欧洲剧院》（*Theatrum Europaeum*）系列版画中的一幅。这一最终成为三十年战争之象征的事件，并未触发战争，却催生了寻求和平的积极尝试。

如果说有一场战争可以避免的话，那么就是这场三十年战争。 55
“布拉格掷出窗外”这一轰动事件尚保持在可控范围内。三人在布拉格被掷出窗外，但并没有人死去。那场血流成河的战争令无数人付出生命的代价，却始于这三十年间最不血腥的一次暴力行为。将皇帝派驻地方政府的三位代表扔出布拉格城堡的窗户，是一个富有象征意味的行为，但不是一个终极动作。马蒂尼茨①是被掷出窗外的三人之一，和同伴一样，他认为自己是受到阻挠的殉教者。他将他们保住性命的结果拔高为圣母玛利亚庇护的奇迹，并向维也纳宫廷汇报了双方的唇枪舌剑是如何演变成波希米亚等级代表上演全武行这一戏剧性尖锐冲突的。显然，他的汇报带有成见，不过，由于掷出窗外的后果不甚严重，他还顺带汇报了对方的观点和立场。人们习惯于在既定结局的框架下阐释这场战争为何不可避免，但在此之前，人们应当真正走进史料，探寻历史的真相。

掷出窗外的和平？
——错失的埃格尔和谈

仅三天后，一份由布拉格新教教会发布的宣言缓和了局势，其内容是：兼领圣体圣血（sub utraque）的等级贵族（这是对兼领无
酵饼和葡萄酒的传统叫法，即使用普通新教徒圣餐杯、领圣餐的波 56
希米亚-新教多数派），只会在教派受侵犯之时进行自我防御，绝不会做出反对皇帝的事情。被视为异邦捣乱者的耶稣会士则遭到驱

---

① 雅罗斯拉夫·博斯塔·冯·马蒂尼茨（Jaroslaw Borsita Graf von Martinitz，1582—1649）：波希米亚贵族，被掷出窗外的帝国官员之一。另一位官员是威廉·斯拉瓦塔（Wilhelm Slawata von Chlum und Koschumberg，1572—1652）。——译者注

逐，但驱逐并不针对“温和的人们、仅领圣体（sub una）的亲爱的朋友们”，即只领受圣餐的天主教少数派，也不针对皇帝和仁慈的波希米亚国王。另一方面，德意志皇帝马蒂亚斯（Matthias）显然像所有的皇帝那样信奉天主教，且相对而言比较得人心，他保证，他从来没有触犯其前任鲁道夫二世（Rudolph Ⅱ.）保证宗教信仰自由权利之《陛下诏书》（Majestätsbrief）①，也没有收回波希米亚其他特权的意图，即便他对在其行宫宫殿波希米亚办公处发生的无礼暴行感到诧异，也无意收回成命。但令人惊讶的是，马蒂亚斯皇帝表达了温和的责备，原话是“决不能说这是好事”。原因在于：假设针对帝国官员的责难是合法的话，那么，“不特意提前知会我们，也没有正式且合法地施行审讯，就如此突然地对待我们的行政官员和服务人员”，并不恰当。“布拉格掷出窗外”这一世界历史事件可能是等级中的积极分子策划的，谨慎起见，人们可以将其视为一个仓促的临时行为吗？皇帝兼邦君要求等级停止已经开始的军备（完全看不到有外部的敌人），并汇报预防性的防御措施的情况，虽然这在当时对奥地利还构不成太大的威胁。

57 此时，两份上疏皇帝马蒂亚斯的专家建议较为出名。其中较为严厉的建议来自枢机主教兼首相克莱斯尔（Kardinalpremier Khlesl）②。克莱斯尔主张在帝国范围内施行比在奥地利世袭领地内更为温和的教派政策，并建议利用这一机会重新建立完整的波希米

①《陛下诏书》：由鲁道夫二世于 1609 年 7 月 9 日签署，承认信奉福音教的波希米亚和西里西亚贵族享有宗教信仰自由，可以按照自己的宗教仪式举行圣礼、成立福音教委员会、创办福音教会和学校，并选举 30 名“监护人”来敦促《陛下诏书》的实施。参见孙立新：《德国通史·第二卷》，江苏人民出版社 2019 年版，第 376 页。——译者注

② 梅尔希奥·克莱斯尔（1552—1630）：维也纳红衣主教，皇帝马蒂亚斯在位时的首相。——译者注

亚政权，哪怕使用武力。另一份匿名奏疏则明显主张不惜一切代价挽救和平，长篇大论地描述了战争的弊端和危险，并推荐皇帝派遣一个混合教派的委员会前往布拉格协商对策。两种建议均被皇帝马蒂亚斯采纳，即进行武力威胁和委员会协商解决。

波希米亚等级印刷出版了《大辩护词》(*Große Apologie*)，目的是“向普天之下”证明其无罪，这实属推波助澜。面对一切质疑，等级们并没有什么新的说辞，而是（这次是印刷版的大字报）首先单独声明这是抵制宗教侵犯之举，其次，他们不愿触犯皇帝的权威。对从皇帝西吉斯蒙德（Sigismund）[1] 到 1618 年的宗教和宪法政策史加以补充的文件不下 143 份，以此确认波希米亚地位的合法性。如此之大的工作量或许正是文书很晚才付梓的原因。不过，其宗旨始终是“将王国重新带回宁静和平的状态”，因而等级方面也明确呼吁，希望帝国内外采用适当的手段建立委员会，商讨出解决问题的办法。

在各执己见的情况下，双方须进行会谈，达成谅解，事情才会 58
有转机。和谈工作需要纯熟的谈判技巧，触发冲突的标志性事件[2]会被往小处说，对比之下一清二楚：在事情的转折点之后，“掷出窗外”事件成了一桩“闻所未闻的过分之事”、一次“堂而皇之的敌对反抗”，是“骚乱和卑鄙的造反”；但谈判双方则将此事当作一件操之过急之事或等级们“根据旧俗”的某种习惯做法而大事化小。各方既不归咎于统治者，也不问责其顾问和执行官，顾全了皇

---

① 西吉斯蒙德（1368—1437）：卢森堡王朝的神圣罗马帝国皇帝（1433—1437 年在位），致力于终结教会分裂。——译者注

② 指“布拉格掷出窗外”事件。——译者注

帝马蒂亚斯，相反，“有害的坏人”则须承担责任。皇帝竟接受了谈判结果，甚至计划启动调查和惩罚。宗教法冲突和对两大教派的支配权问题依然存在，且在政治权利层面尚存在谈判的可能性。但是，此时皇帝马蒂亚斯则越来越多地被波希米亚等级利用，以争取新教的支持者。波希米亚等级和其统治者之间的政治军事冲突逐渐露出端倪。不过，此时所有人都还信誓旦旦地保证，他们最想维持或重建和平。

此时应考虑到，在近代早期的欧洲，和平被认定为意义非凡，尽管当时战争密集，人们的行为方式常常完全背道而驰。在战争檄文中［研究者安努施卡·蒂舍尔（Anuschka Tischer）将波希米亚辩护词算作战争檄文］，敌对双方乐意列出一些共同的准则，进而
59 指责对方违背了这些准则。在这些准则中，首推和平。公然违犯准则并公开躲避调停的一方，则被认定为失信于人，这也是一项传统规定。也有人倡导和平，不愿爆发战争。在这些被忽略的和平倡议中，萨克森选帝侯国被称为“干预”（Interposition）的调停行动是最有希望成功的一次，也是维护和平的良机。

萨克森选帝侯国是当时德意志帝国内政治、经济最强盛的邦。此外，因其地位高、名望高，它在帝国内的影响力也很强。然而，邻邦波希米亚发生的动乱却让萨克森陷入艰难的境地，原因是：一方面，依照德累斯顿韦廷王朝的传统，加之对帝国充满热爱之情的邦参议会主席舍恩贝格的卡斯帕（Kaspar von Schönberg）的带领，萨克森选帝侯约翰·格奥尔格一世（Johann Georg Ⅰ.，1585—1656）与帝国首脑皇帝尤为亲近；另一方面，萨克森被视为宗教改革之邦，拥有维滕堡城和维滕堡大学的萨克森是新教的典范之邦，

并利用这一地位防范新教内部的竞争。现在，波希米亚人剑指本邦的宗教冲突，希望求得宗教上亲近的新教中立邦的支持，萨克森人该怎么做呢？如果优先考虑宗教政治团结，会不会反而激化、扩大冲突呢？抑或是保持对皇帝的忠诚，当时皇帝同时也是王位岌岌可危的波希米亚国王，而这样做会不会显得萨克森在宗教政策上不可信赖呢？萨克森选帝侯召唤枢密顾问，官员们清楚地表达了令人震 60
惊的意见，并得出如下结论：这绝非宗教事务，而是一场不负责任的等级之间的政治冲突。这一路线得到了严格的遵守。一位波希米亚使者向国内报告，他花了好几个小时劝说萨克森的权臣舍恩贝格，希望为波希米亚的事情争取到舍恩贝格的帮助，但直到他筋疲力尽也无济于事。对统治者和等级之间的冲突进行政治解读后，萨克森选帝侯将其视为一场叛乱，这就允许了他和达到目的的议会多数派保持中立。德累斯顿方面不希望波希米亚挑起任何一场宗教战争，并在帝国范围内释放出反对扩大冲突的信号。

从这一中立且超派别的政治定位出发，德累斯顿人在波希米亚启动了一场大型的调停与讲和行动，目的是阻止冲突蔓延至整个帝国范围内。“为保证和平而服务”——这是其发现者弗兰克·米勒（Frank Müller）给它加上的纲领性标题，这项政策 1997 年才在萨克森档案的基础上被重新建构出来。萨克森的外交官从中立立场出发，其经验丰富的办公处承担了调停工作，不遗余力地坚持让波希米亚君主和波希米亚等级之间达成和解，从而将这场危险的冲突遏制在地方并化解。不过，对于这样的“干预”，冲突双方的接纳程度是不同的。刚开始，双方均只愿接受另一方不肯接受的条件；接着可以接受一些只能部分实现的条件，但这些条件均不尽相同；再 61

接下来，是预订和计划磋商日期；最后，双方敲定了最终的协商时间和地点。在9个多月的多轮谈判尝试中，萨克森外交坚定向前推进又不失公务技巧的工作风格体现得淋漓尽致。不受欢迎的回答和不成功的点被套话遮掩过去，拒绝的言辞被弱化了，小的让步和妥协则被放大。比如，当皇帝方面要求波希米亚等级代表“恭顺服从”时，德累斯顿人就在波希米亚人拒绝屈服但文风不太富有攻击性的文书基础上让维也纳知晓，波希米亚人已经“有一点肯乖乖屈服了”，并同时询问波希米亚人还能不能再往前跨一小步。有时候，萨克森的办事部门直接帮波希米亚人代笔，教他们怎样向维也纳上书才能让皇帝赞同“干预”，如直言不讳地提示对方，最好否认军事进攻天主教城市比尔森（Pilsen）的责任。因为格奥尔格一世向皇帝派出了一位使者，以敦促宫廷准许“干预”，并由此得知有关比尔森的消息正是皇帝犹豫的原因。彼时，波希米亚战争其实已经开打了（好战的图恩伯爵[①]已与奥地利等级和西本彪根[②]骚乱的发起人贝特伦·加博尔[③]结盟，甚至已两次兵临维也纳城下），所以当务之急根本不是那些有争议的问题，而是要邦国太平。从特定区域撤出、裁减军队等去军事化的前期成果已经向双方提出，其中，部分已执行、得到允诺或至少已宣布。

62 终于，在1618年的最后一天，事情有了突破：皇帝马蒂亚斯

① 海因里希·马蒂亚斯·冯·图恩（Heinrich Matthias Graf von Thurn-Valsassina，1567—1640）：波希米亚等级起义的主要领导者之一，起义失败后在瑞典担任波希米亚新教宗教难民的军事领袖。——译者注

② 西本彪根/特兰西瓦尼亚：德语名 Siebenbürgen 或 Transsivanien，位于喀尔巴阡山脉以南，历史上曾归属匈牙利，一战后划归罗马尼亚。——译者注

③ 贝特伦·加博尔（匈牙利语名 Bethlen Gábor，1580—1629）：特兰西瓦尼亚大公（1613—1629），匈牙利王国反哈布斯堡王朝起义的领袖（1619—1626）。——译者注

同意在不附加前提条件的情况下接受“干预”，以“提升我们的声望和威严”，更确切地说，是采纳了“萨克森选帝侯的多次调解以及善意的建议”，选帝侯则作为倡议人代替皇帝接手后续的整个谈判。波希米亚等级代表应将萨克森方面的建议视为以皇帝名义发出的，即天主教皇帝为处理一桩宗教事务而将代理权授予新教帝国等级。皇帝早先签发的一项许可还规定，可以成立一个教派比例代表制的调停三人组，新教的普法尔茨和天主教的巴伐利亚也可以充当调停人。萨克森的格奥尔格立即恳求犹豫不决的马克西米利安（Maximilian）施以援手，他认为，马克西米利安素以热爱帝国、向往和平而著称，且帝国诸侯的责任不仅仅是维护帝国内部的和平安宁，更是在战火烧进帝国之前及时扑灭邻国的战火。不过，现在“还不是庆祝的时候”，萨克森得拉着皇帝大步向前。为了减小谈判压力，皇帝立即授予选帝侯“停止并废除武器”之全权，即停战，这一做法要比三十年战争结束时召开和会期间要好得多，那时，除了威斯特法伦外，其他地区还鏖战了四年。但是，波希米亚等级代表还需要 10 周的时间才能最终答复，因为他们需要跟邻邦西里西 63
亚一起投票。然而，萨克森人对此有种不祥的预感，于是一直在敦促波希米亚。通过明确时间这一必备步骤，调停谈判开始的日期和地点得以敲定。人们一致同意选择波希米亚边境小城埃格尔（Eger）作为谈判地点，而待处理的第一要务则是“去武装并遣散部队”。萨克森的顾问们已经在草拟与会人员名单、解决草案和会议日程。和谈定在 1619 年 4 月 14 日开启。

然而，3 月 20 日，皇帝马蒂亚斯驾崩了。整个和谈计划一下子泡汤了，通往三十年战争的道路已被扫清障碍。因为随着皇帝的驾崩，他颁布的所有文件均被废除，来自哈布斯堡王室的继任者、在马蒂亚斯生前已被指定为波希米亚国王的费迪南二世（Ferdinand Ⅱ.）登基。新皇帝在宗教政策和强权政治方面更加严苛，在他的统治下，和谈的时间窗口关闭了。于是，埃格尔没能成为和平之城，反而在日后的战争中作为另一位和平追求者的死亡之城被载入史册。

在错过埃格尔和谈后，英格兰国王还想开启谈判并要求德意志诸侯“迅速终结波希米亚的革命和混乱”，却无济于事。没错，英王参照五年前借助外交援助达成《克桑滕和约》（*Kompromissfrieden von Xanten*）[1] 的先例，表示愿向继任的皇帝提供斡旋的帮助。不过，英王急切且反复提出的种种调停提议并不受欢迎，德方均通过外交方式谢绝了，于是，一切都按众所周知的程序进入了波希米亚
64 战争。波希米亚等级代表及其所属的世袭领地全部采取军事暴力，并宣布废黜不受人待见的国王费迪南二世。紧接着，普法尔茨选帝侯弗里德里希五世（Friedrich Ⅴ.，1596—1632）被立为波希米亚国王，但并未得到帝国和欧洲新教势力的有效支持。几乎是同时，被废黜的费迪南二世在法兰克福被诸位选帝侯选为皇帝。在西班牙和巴伐利亚的马克西米利安的军事力量的支持下，凭借重新武装的天主教同盟，费迪南二世赢得了白山战役（Die Schlacht am Weißen Berg），再次以胜利者的姿态出现在世人面前。国王亡命天涯，波希米亚投降，帝国军赢得了战争。

那么萨克森怎么样了呢？在错过埃格尔的和谈机会，不可逆地

① 1614 年 12 月 14 日签订，暂时解决了 1609 年以来勃兰登堡选帝侯和普法尔茨-诺伊堡公爵之间的于利希王位继承争端（Jülich-Klevischer Erbfolgesstreit）。详见本书第二章的相关注释。——译者注

废黜了皇帝的波希米亚王位，紧接着由普法尔茨的新教先锋弗里德
里希五世继位后，萨克森不再扮演其超派别的中立角色。同样的孤
立政策要求萨克森改弦易辙。当波希米亚外围的冲突形势无法用谈
判调和时，就不得不用武力驱赶了，而口号则是为帝国减少损失。
与巴伐利亚不同，萨克森不是哈布斯堡的盟友，只是在严格遵守帝
国法律。这位新教选帝侯最后一个加入皇帝阵营，并带着特定的任
务和特别许可加入了战争。不过，矛盾的是，与皇廷“教派相反”
却携手同行的萨克森，反而比保持中立时更为成功地扮演了为新教
利益代言的律师角色。萨克森针对波希米亚下属的卢萨蒂亚和西里
西亚的军事行动是由皇帝的委员会委派的。作为接受这一任务的交 65
换，萨克森选帝侯不顾回避问题的皇廷的反对，将保护宗教地位纳
入协商范畴，并取得了针对“叛乱者”的自由赦免权。卢萨蒂亚赶
走了波希米亚军队，西里西亚人在白山战败后也做好了重新承认哈
布斯堡王室的准备。随后，萨克森选帝侯派出的委员则运用其全
权，到处实行宽恕和大赦。而此前，费迪南对被定罪的等级政治家
进行了布拉格流血审判，再也没有比这两者更鲜明的对比了。选帝
侯与卢萨蒂亚人、西里西亚人缔结协议，确认其特权并保证其宗教
地位。当他的做法跟皇帝的大相径庭时，皇帝就把巴伐利亚盟军领
袖马克西米利安在上普法尔茨完全不同的处置方式作为选帝侯的榜
样。此时，萨克森选帝侯则会拒绝他，指出这种激烈的方式对于安
抚等级代表毫无用处；当皇帝想再次尝试做一些修改时，选帝侯则
不得不再次动用老祖宗的政治手腕：很遗憾啊，很遗憾啊，文书到
得太迟了。因为此时选帝侯已经向西里西亚人许下诺言，皇帝亦不
愿食言。如果皇帝不愿冒与萨克森决裂的风险的话，他就只能原封

不动地批准那份条约。

1621 年 2 月 28 日与西里西亚等级代表签订的这份协议具有极其重要的意义。自此以后，再也没有人能够让维也纳皇廷容忍新教徒存在于其世袭领地上——唯一的例外正是西里西亚。这份《德累
66 斯顿协定》，由萨克森选帝侯国负责跟进，成为即将签署的《布拉格和约》《威斯特伐利亚和约》和 1707 年《阿尔特兰施泰特协定》中例外条款的基础，并有所拓展。

卢萨蒂亚因抵押给萨克森，故全部转为萨克森所有，原因是皇帝未能兑现承担军费的承诺，而正是因为在萨克森选帝侯国的领导下，该地才拥有了部分自治权，索布人的语言和文化得以维持至今。波希米亚的邻邦西里西亚则回归奥地利。两个邦国分别在新教及天主教政权的统治下保持了混合教派的状态，而这一状态正是萨克森这一臣属国从皇帝手中强行取得的。

萨克森原本的和谈目标是，通过解决波希米亚问题让帝国远离战争，但没能成功。波希米亚的争议问题和紧随其后的王位之争在军事与政治上尘埃落定之后，人们本可以就此偃旗息鼓，甚至正式缔结和约。但是，在胜利者对波希米亚起义进行了毫不留情的审判后，巴伐利亚-西班牙的勤王革命失去了对手段之分寸的最基本判断，而在作为法治国家的帝国体系内，这种分寸感已发展得颇为完善。波希米亚国王的反对者战败，因此被革出社会，削去爵位，夺去田产，日子并不好过。这就是向西班牙求援的代价，而西班牙人则借此为自己留出了沿莱茵河顺流而下、重新攻入尼德兰的陆路；
67 这也是对马克西米利安的军事援助的补偿，后者则罔顾帝国和平，肆意征收邦国和选帝侯领地的产出。皇帝将普法尔茨选帝侯的位置

给了巴伐利亚公爵，这在帝国内被认为是一个在法律和政治上都很有问题的做法，到了战争末期，更成为寻求和平的额外负担。另一方面，普法尔茨的弗里德里希五世在雇佣军将领曼斯菲尔德伯爵（Graf Peter Ernst Ⅱ. von Mansfeld，1580—1626）的支持下，想要从这场灾难中至少挽回世袭领地。在曼斯菲尔德的节节败退逼得他不得不逃往荷兰之前，勇敢的弗里德里希五世再次被视为风云变幻的普法尔茨战场及其邦都海德堡的君主。

然而，在这个看起来毫无希望的情形之下，和平之光依然没有泯灭。即便是在流亡荷兰期间，那位娶了英国公主的选帝侯依然不间断地收到英格兰国王的敦促信，催他与敌方达成和解，至少把莱茵-普法尔茨领地挽救回来。最终，弗里德里希五世批准了英格兰和西班牙暗中谈妥的普法尔茨停战。1624年春，皇帝和盟军派来的谈判代表甚至提出普法尔茨伯爵可以返回普法尔茨，但作为交换，方济嘉布遣会长老弗朗西斯科·德罗塔（Francesco de Rota）要求他皈依天主教。一位君王通过改变宗教信仰达到其政治目标，这或许不是第一例也非最后一例，至少普法尔茨就这样做过，且接二连三，最后把所有教派都试了个遍。然而在当时的形势之下，这么做简直是一桩宗教政治丑闻，弗里德里希五世会因此失去其整片新教领地，却还是没有赢得和平的绝对把握。出于“荣誉和良心”，弗里德里希五世拒绝了这一诛心的妥协。关于接受波希米亚王位一事，弗里德里希后来甚至向皇帝书面致歉，承认这是年少无知时的 68
仓促之举。而普法尔茨选帝侯国则屈服于费迪南，获得了一块领土的补偿，却玷污了名节。历史学家克里斯托夫·坎普曼（Christoph Kampmann）认为，特定的先决条件和对“有尊严的”

和平的追求在当时已经无解，甚至成为战争旷日持久的原因之一。由于普法尔茨流亡政府已成为一个继续向帝国内部施加影响、延长战争的不安定因素，符腾堡公爵多年来四处调解，试图促成和平，并举行了科尔马（Colmar）会议，双方进行了试探性谈判，但还是失败了。最后，战争期间袖手旁观的英格兰国王詹姆士一世为了其女儿的利益，试图给他的普法尔茨女婿找一条出路，于是他想到了王朝时代化解干戈的经典招数——让普法尔茨和西班牙联姻，而后者则乐意在维也纳为前者说情。若他那被寄予厚望的外孙——普法尔茨的弗里德里希·海因里希（Friedrich Heinrich）真能迎娶西班牙公主，那么有可能和平解决此事吗？一次宿命般的死亡再次扼杀了和平的机会——在一次荷兰渡轮的海难事故中，那位有望成为储君的年轻王子命丧黄泉。

69 **维护多教派帝国的和平**

就这样，萨克森发起的和平尝试未能阻止战争在帝国爆发。但是它也没能阻止一场宗教战争吗？事实上，帝国内部早就缔结了宗教和约。近代早期的“教派形成”（Konfessionsbildung）[①] 在结构上限定了新教和天主教之间互不容忍，它们通过把《圣经》或各教会绝对化，将整个基督教真理为己所用，否认另一方的宗教存在

① 教派形成：德国历史学家恩斯特·蔡登（Ernst Walter Zeeden，1916—2011）把1555—1648年定义为“教派时代”，而教派形成是指基督教各派在思想上和组织上的巩固，也是指一种在教条、法规和宗教习俗方面几乎稳定下来的教会体制的建立。后来的历史学家沃尔夫冈·莱因哈德（Wolfgang Reinhard）和海因兹·席林（Heinz Schilling）则在此基础上提出了“教派化”（Konfessionalisierung）理论，阐释教派形成对整个社会的深刻改造。参见孙立新：《德国通史·第二卷》，江苏人民出版社2019年版，第356页。——译者注

权，实际上酿成了多场宗教战争。德意志民族的帝国则早早找到了维持和平的出路，用娴熟的手腕将宗教上无法解决的问题转移到了政治-法律层面。1555 年的奥格斯堡帝国会议通过了卓有成效的《永久和平条例》的重要实施细则，简单且高效地将围绕“分裂的宗教”的冲突纳入永久放弃使用暴力的范畴中。信仰新教和天主教的帝国等级与皇帝相互许诺，即使在宗教问题上也不进行暴力对抗或讨伐。由此，双重教派性上升到了宪法的高度，甚至比此后的单个帝国宗教法规还要重要。其基本准则是，每个邦国和政权具有宗教决定权，但受到宗教上举足轻重的帝国、帝国首脑及其共同承担责任的机构如帝国会议、帝国司法部门和帝国大区的保障和约束。70
立法将政治上的帝国和平置于宗教真理问题之上的做法，使得宗教基要主义意义上的宗教战争打不起来。根据帝国宪法和法律，这种可能性从一开始就被排除了。

事实上，《奥格斯堡宗教和约》被证明十分稳定且卓有成效。那时，一系列宗教战争在西欧大地上肆虐，仅法国就连续爆发了 9 场宗教战争，并随着圣巴多罗缪大屠杀（Massaker in der Bartholomäusnacht）① 而陷入谷底。阿尔瓦（Alba）公爵在尼德兰进行血腥审判②产生了严重后果。西班牙无敌舰队衰落——英国人将此作为“宗教战争”的顶点而欢呼雀跃。而此时，恰恰是宗教改革之国和早早形成教派的国家正享受着和平，或只受到相对而言微不足道的干扰。这表明，在和平处理多教派问题方面，帝国要高明

① 1572 年，法国宗教战争期间，法国天主教徒针对胡格诺派的大屠杀。——译者注

② 1567 年，西班牙贵族将领阿尔瓦公爵三世（1507—1582）受命镇压尼德兰资产阶级革命，约 18000 名荷兰人被这个法庭定罪并处决，这个“除暴委员会”被称为“血腥委员会”。——译者注

得多。

帝国史学家沃尔夫冈·布格多夫（Wolfgang Burgdorf）最近发现的《选举让步协议》（*Wahlkapitulation*）给很多问题提供了一个范例，即该协议一点一点地规定了每位新皇帝不断调整、补充的义务和界线。其中一项规定曾将“教会保护者”的责任按照传统委托给教皇，而这已不再适用于宪法规定新教、天主教共存的神圣罗马帝国，但完全删去或许是一种侮辱。该怎么办呢？新教选帝侯不愿将保护义务托付给皇帝。又或者采用历法之争的经典套路：由于新
71 教徒没有接受教皇 1582 年指定的格里高利历法改革，两种记载日期的方法则作为“旧历”和“新历”同时使用，就像一开始的新旧正字法那样。那么在跨教派的帝国文档中，哪种才是正统呢？人们用双重历法记了整整一百年。长远来看，这不是个令人满意的方法，却是个让天下太平的解决之法。

在这项由帝国负责的政策中，安抚性的语言有着特别重要的意义。研究宗教改革的历史学家本特·约根森（Bent Jörgensen）不久前提出，在教会争论中曾有适用不同公众的多种语言层次，从充满斥责言辞的神学语言、平民主义语言到较为平和的、阐明帝国政策的语言，而帝国政策则允许各种各样的立场进行交流。最终，人们不能用“你们来了啊，你这群老异教徒！”这样的话与帝国会议的同事打招呼，也不能在用帝国文体书写的文本中提到“教皇派”和“反基督者”。这些双方都能接受的自我描述和他我描述本身就是一段历史。

在充满冲突的节点上，尽可能选择中立的、能够达成共识的词语的正面对应词，以促进帝国政治融合，强调并提升共同的价值

观。奥格斯堡已在实现“德意志民族和平与安全”这一共同利益的基础上建立了和平，政治安全概念则首次出现在一份有关宗教政治的帝国文件中。在“亲爱的祖国”和维持“原有信任”等情绪化表达的辅助下，这些套话在永不干涸的德意志官方语言和公文体语言中产生了长期影响，影响了三十年战争的准备阶段甚至更为久远的未来。就教派政治而言，帝国责任和无疑义的共同秩序话语，是以 72
和平为导向的。既然萨克森政治家舍恩贝格的卡斯帕在三十年战争之前不久还提到了令全世界羡慕的、机构极其协调一致的“罗马帝国之和谐”（Harmonia Imperii Romani），那么人们不应当将舍恩贝格的话视为幻象，而应将其理解为艰难岁月里对和平的呼唤。这个时代的图像语言，比如超越教派与皇帝联盟的选帝侯，或者一位作为“日耳曼尼亚”被驱逐的女性形象，她手持帝国权杖，在战争与和平的立柱间用“爱”的纽带和“统一”的箍束为联邦帝国的凝聚而努力，体现了帝国一体化的和平理想。帝国的话语正是和平的话语。

为什么这个法律上被赋予了和平、帝国政治方面奉行和平至上价值体系的超教派的帝国会发动一场宗教战争呢？在很长一段时间里，三十年战争一直被视为宗教战争，且人们总是优先这样理解。历史学家将其归咎于围绕《奥格斯堡宗教和约》的解释纷争，并激发了一系列战争准备阶段的宗教政治冲突，这些冲突为战争的爆发创造了条件。一系列几乎已成经典的“前序冲突”始于 1583 年的所谓“科隆战争”（Der Kölnische Krieg）。在这场战争中，改宗新教的选帝侯——瓦尔德堡的格布哈德·特鲁赫泽斯（Gebhard Truchseß von Waldburg，1547—1601）遭到废黜，就像奥格斯堡针

73 对教会邦国进行保护的特别条例所规定的那样。此后发生了三场冲突，即“斯特拉斯堡大教堂教士会之争”（Straßburger Kapitelstreit）、“马格德堡会议之争”（Magdeburger Sessionsstreit）、“四修道院之争”（Vierklösterstreit），那时候情形还不甚明朗，却为争取宗教统治权留下了悬念。最后，小城多瑙韦尔特（Donauwörth）发生的事件就完全不一样了：由于对具有挑衅意味的天主教游行进行了宗教干涉，该城市受到了帝国放逐令的惩罚，由公爵马克西米利安一世执行，其惩罚之彻底令这个新教城市最终成为巴伐利亚的天主教城市。当然，这一事件确实不可预见，且人们只能抗议皇帝的违法行为，即皇帝委派其天主教盟友巴伐利亚公爵而非负责整个施瓦本行政区的新教公爵符腾堡公爵处理争端。所有这些事件，本质上都属于帝国政府日常事务中固有的法律纠纷，却对帝国机构的运作能力产生了不利的影响。但令人惊讶的是，这个曾经经历了宗教改革时代的风暴、克服了更加棘手的难题且没有分崩离析的帝国，却因这些极其特殊的冲突而陷入了长达三十年的宗教战争，并因此而倾覆。

上文提到的几起冲突事件中，没有一起直接导致了三十年战争。这些事件中最早的（距离三十年战争爆发）已有35年，最近的也已经差不多10年了。如果有人把帝国比作火药桶，波希米亚的火花点燃了多年累积的宗教争端从而触发宗教战争，那么，此人应确保火药粉仍然干燥。一项最新研究怀疑，存在一条可预测的、
74 符合逻辑的、不可避免的甚至是自动通向战争或帝国宗教战争的道路，其怀疑的理由颇为正当：因为这些萧墙之祸在战争爆发前的多年内已然平息，帝国的凝聚力远远强于预期，而且诸多难题也有望

迎刃而解。

相互对立的宗教结盟是宗教战争难以破除的经典模式，即联盟和同盟。在帝国内部，为了各自的安全，这些特别的结盟并不罕见，它们在帝国宪法框架内是合法的。由于对针对多瑙韦尔特的违法行为感到震惊，普法尔茨选帝侯国成立了新教联盟（Protestantische Union），主要与德意志南部的帝国城市结盟，相应地，该联盟将重点放在南部。为应对新教联盟，巴伐利亚公爵马克西米利安牵头成立了天主教同盟（Katholische Liga），主要召集了南部和西部的邦国及帝国大主教。两大结盟均为防御性质，表现出安全意识与和平意愿。在各自的创立文书中，双方争先恐后地声明其热爱帝国、维护帝国宪法的诚意。在这一点上，双方的理解或许不尽相同，这也正是帝国委员会澄清过的争议点，双方或多或少是谨慎的，但始终显示出防御性。这就意味着，结盟不再是为了扫清宗教对手，而是为确保自身的存在和地位，在可能的情况下占得有利形势。而后来出问题的不是帝国宪法，而是两大同盟由于辉煌不再且缺乏内部团结，陷入了存在危机，已濒临解散。就新教联盟 75
而言，受青睐的新教模范之邦萨克森选帝侯国拒绝成为其成员，并完全拒绝教派联盟，甚至考虑过加入其对手天主教同盟。勃兰登堡选帝侯国和北德各王室很晚才加入联盟并早早退出。改宗加尔文教的普法尔茨选帝侯国和路德宗之间的这种联盟也是一个脆弱的政治共同体。而南德的帝国城市并未跟随行动上操之过急的理事会一起进入波希米亚冒险。在乌尔姆的一场激烈战斗前，新教联盟与天主教同盟达成停火协议，宣布中立，并很快完全解散。不过，后来如此强大的天主教同盟甚至更早便开始步履蹒跚，因为其来自巴伐利亚的领导层与哈布斯堡皇帝的主张相纠缠，直至分裂、退出和解散，而马克西米利安在 1617 年主持的天主教同盟只剩下个躯壳。帝国内已不存在新的宗教问题，而重新建立的天主教同盟与皇帝费迪南结成了有力联盟，共同对抗波希米亚。同盟本身则沦为巴伐利亚的马克西米利安干涉帝国政治的工具。综上所述，新教联盟和天主教同盟之间从未进行过宗教战争。

教派冲突破坏了帝国制度的稳定性，而另一个宗教战争传说则要求这种不稳定性对战争的爆发负责。当时，在这片早已习惯了危机的国土上，帝国已经走上了复苏的道路。因此，在皇帝马蒂亚斯及其首席顾问克莱斯尔治下，根据专家在战前的判断，新教徒认为
76 不公正而痛恨的、为分配教产而在帝国枢密官处所进行的宗教诉讼已明显减少，这对“正常的”封地诉讼是有利的。梅尔希奥·克莱斯尔是有侯爵封号的维也纳主教，最后和法国政治家黎塞留（Richelieu）一样，被封为枢机主教，他在为其信奉天主教的哈布斯堡君主服务时，在自己的世袭领地里推动了天主教的教派化。随着他的主君马蒂亚斯升任皇帝，他很快意识到帝国中存在完全不同的多教派格局，并成长为一个乐意谈判、有和平意识的帝国政治家。与此同时，克莱斯尔与一位没有枢机主教头衔且是坚定的路德教信徒的“灰色红衣主教”关系密切。后者是帝国前财政大臣，在皇廷享有很高声誉，有一个易懂好记的头衔和名字——帝国芬尼大师（Reichspfennigmeister）察哈里亚斯·盖茨科夫勒（Zacharias Geizkofler，1560—1617），他受过全面的教育，并在政治问题上继续担任顾问和专家。从专家亚历山大·西格伦（Alexander Sigelen）的通信分析中可以得知，两位主人公都十分重视自己的天主教和新

教信仰，但均强调帝国和平是超越宗教信仰的至高无上的价值，宗教上则通过基督教共同的和平需求来遮掩，但主要还是出于国家理性（Staatsräson）或者是实际上指导行动的帝国理性（Reichsräson）。

在“聚合”（Komposition）的概念下，人们真正开始将帝国等级中不同宗教派别“聚集到一起”。“聚合”政策可能出自符腾堡新教公爵的提议，得到舆论制造者盖茨科夫勒的强烈支持，甚至得到挂名帝国首相的美因茨选帝侯大主教（Kurerzbischof von Mainz） 77
以及一些帝国等级的支持。照理说，“聚合”政策应当首先与克莱斯尔的名字联系在一起，他大力推行该计划，主要是为了使帝国会议符合皇帝利益，在此合理前提下重新运转。问题在于，帝国会议里有大量有爵位的主教，于是天主教帝国等级在数量上和职位结构上占主导地位，这样，天主教一派总是可以凭借多数投票屡屡获得其对帝国法律的解释权。在此情况下，难怪新教徒议员们宁可在所谓的自动落选前躲得远远的，让帝国会议无法召开。有鉴于此，“聚合”的程序规定，在宗教事务上要一碗水端平，必须就一项双方都能接受的解决方案进行谈判。这可不是幻想，它正是在“威斯特伐利亚和谈”时使用的平等规则，即在处理宗教事务时摒弃多数决定论，而将两个宗教派别间的友好“聚合”规定为解决方案。倡导“聚合”的政治家们对此早已了然于胸。如果它仅仅只是一场宗教战争，那么就能免去长达三十年的战争了。

然而，天主教多数派并没有参加 1613 年的下一届帝国会议，为此，人们已经计划成立一个相应的委员会来“裁决”宗教问题。为了减少损失，帝国会议并没有中断，而是延期举行。如果放在今

天，人们会将其视为在持续的和平进程中朝着正确方向迈出的一
78 步。事实上，克莱斯尔的确继续跟进，就在战争爆发的前一年重新着手此事，致力于集结新一届的帝国会议。因此，他特地前往德累斯顿，希望通过开明通达的选帝侯约翰·格奥尔格将帝国会议和“聚合”政策提上下一次选帝侯大会的议事日程。即使像福尔克尔·普雷斯（Volker Press）那样抱有怀疑态度的历史学家，也在这里看到了借助斡旋政策阻止进一步两极分化和战争的机会。然而，一呼百应的盖茨科夫勒 1617 年去世了，“布拉格掷出窗外”事件后三个月，克莱斯尔也失去了其职位和影响力。在一场王朝政变中，大公马克西米利安和费迪南在皇帝马蒂亚斯驾崩前逮捕并拘留了这位对于他们而言过于温和的顾问。好在克莱斯尔身为枢机主教的神职级别，使他免受虔诚的政变分子的糟糕对待，且后来得到释放。但是，那时候战争已经打响了。

不过，即使帝国会议尚未恢复，还有其他机构伸出援手，接手了帝国会议的部分任务，甚至在战争期间继续工作：选帝侯会议掌控帝国之整体，帝国枢密官和帝国最高法院维护律法，尤其是对帝国统治至关重要地区的管理则由 10 个帝国大区共同承担。其中一些多宗教大区如施瓦本、法兰克或下萨克森往往由两位领导人管理，比如施瓦本大区的符腾堡公爵和康斯坦茨伯爵主教不得不在大区事务中进行合作，即使他们一方属于新教联盟，而另一方隶属天主教同盟。甚至在通过政策渠道收不上税来的时候，大区间也会相互接济。

79 此时，一个惊人的果断之举成功地维持住了帝国的运作能力，这是一位年轻的帝国史学家发现的。在欧洲，批准税收

（Steuerbewilligung）是等级的传统权利，而获得批准的最佳理由始终是国防需求。这一套同样适用于帝国等级，他们在16世纪的帝国会议上主要批准了抵御奥斯曼帝国扩张的“土耳其税”（Türkensteuern）。现在，最后的“漫长的土耳其战争”（Der Lange Türkenkrieg）① 在1609年结束了，而两届帝国会议则因其他原因不告而散。这下该怎么办呢？皇帝顾问、卸任的帝国芬尼大师盖茨科夫勒想出了一个点子。出身富格尔家族财政管理机构的盖茨科夫勒根据实战经验提出：首先，在既有的“土耳其税”名目下，为边境的安全政策措施继续征收预防性质的款项；其次，帝国会议日趋衰弱，帝国大区作为替代者应立刻接手其全部职能。其实，帝国会议始终是负责逐例批准税收的机构，而10个大区的领地横跨整个帝国，它们须在承担其他任务的基础上，负责实际的征税工作。该计划的目的是，如果没有帝国会议，帝国大区应自行接管税务批准事务。这一设想意味着与帝国传统革命性地决裂。但是，该设想未能立刻发挥作用，其发明者盖茨科夫勒在战争爆发前撒手人寰。不过正是这份应急计划为三十年战争时期的帝国税收制度奠定了基础。即使帝国的和平策略失败了，其原因并不在于机构赤字。

帝国等级之间并不缺乏跨教派交流。帝国会议上交流机会变少导致沟通障碍和教派阵营间的不信任，以至于最终导致了一场宗教战争，这一论断虽然听起来明白易懂，却站不住脚。一方面，有其他碰面机会，比如在选帝侯大会和帝国大区会议上；另一方面，帝 80

---

① 指1593—1606年间奥斯曼帝国和多个基督教国家（主要是哈布斯堡王朝）之间进行的战争，以1606年11月11日签订《席特瓦托罗克和约》结束。主要冲突地区为匈牙利王国、多瑙河右岸、今天的克罗地亚和瓦拉几亚地区等。——译者注

国等级和帝国负责人之间的书信交流并不顾忌教派界线。如果谁仍然坚持更高价值的亲自会面［这在社会学意义上叫“面对面”交流，在历史学意义上则是近代早期的“出席文化”（Anwesenheitskultur）］，那么他或许是想出了拯救和平但又完全不可能实现的极端方案。比如，“掷出窗外”事件前几个月，新教联盟的首脑和加尔文教-新教阵营的代表人物普法尔茨伯爵弗里德里希一道前往慕尼黑，在那里与天主教同盟的首脑马克西米利安公爵友好会晤，共商帝国局势，而后者正是教派主义-天主教政策的代表人物，后来在战场上战胜了他的客人。这又怎样呢？没错，这的确发生在 1618 年 1 月 24 日。

对于即将举行的皇帝选举，普法尔茨选帝侯建议他那位来自维特尔斯巴赫王室的旁系表兄、也是不久后夺走他的波希米亚王位和选帝侯头衔的马克西米利安去竞选皇帝，这样皇位可以不用再次落到哈布斯堡家族乃至独断专行的费迪南手中。马克西米利安则认
81 为，这荣誉太过沉重，而弗里德里希本人能做得很好，于是两人多次来回推让。不过，弗里德里希心里很清楚，自己作为加尔文教徒无法在选帝侯中获得多数支持，而马克西米利安则认为维特尔斯巴赫王室成员担任皇帝候选人的合适时机还没有到，而一个半世纪后，查理七世（Karl Ⅶ.，1697—1745）① 才真正成功登上皇帝的宝座。所以，皇帝候选人还是哈布斯堡王室的费迪南，不过，在马克西米利安的建议下，费迪南得到了一份更加严格的《选举让步协

① 查理七世（名 Karl Albrecht von Bayern）：出身维特尔斯巴赫王室，巴伐利亚大公、选帝侯（1726—1745），后被选为神圣罗马帝国皇帝（1742—1745），成为 1437 年以来唯一一位非哈布斯堡家族成员的皇帝。——译者注

议》。这份文件第一次真正规定了皇帝的义务，而且特地强调皇帝所有的顾问和臣仆都有义务遵守该协议。弗里德里希此行的最初目标是以推举一位同样来自天主教阵营的皇帝候选竞争对手为代价，阻止费迪南当选。虽然未能达成目的，但作为导师陪同年轻的选帝侯出行并记载此行的路德维希·卡梅拉留斯（Ludwig Camerarius，1573—1651）[1] 却认为，此行真正的收获在于宣示双方保持联系、彼此交换信息的意图，以确保帝国的和平。用今天的话来说，这是一项建立信任的举措，建立了安全伙伴关系。在极端情况下我们可以发现，帝国中无可置疑的教派联系之外也存在着完全不同的团结，且诸侯们将其看得比教派联系更重要，原因亦在于高于一切的帝国权利与和平共同体。帝国本身并没有衍生出宗教战争。

拒绝大战但并无和平 82

确切地说，将某种宗教战争的威胁带入本已复归宁静的帝国的，一方面是教派上来自外部的好斗势力的滋扰，另一方面则是来自过去的干扰。就国外势力而言，当新生且富有攻击性的“教派形成”已经在政治和法律层面融入帝国体制且被驯化时，它们才得以在欧洲真正推进。周边的一系列宗教战争却总是反复蔓延到德意志的邻近地区。更具威胁性的是，教派化的好斗气焰从未减弱，他们以新的组合形式挤进帝国，试图冲破已达成的妥协。奥格斯堡的部分规定是开放性的，这就给了国外的教派游说势力以撼动宗教和平的机会。其中比较典型的是具有预见性的萨克森外交，其教派煽动

① 路德维希·卡梅拉留斯：普法尔茨-瑞典政治家、法学家、外交家，弗里德里希五世海牙流亡政府首脑。——译者注

者不是帝国等级，而是那些“没有宣誓效忠宗教和平”的“激烈且热烈的外国顾问”。外部的教派化好斗力量当然能在德意志宫廷找到帮手，并对一些统治者施加影响。

一方面是加尔文教国际（die calvinistische Internationale）。加尔文教缘起于日内瓦，后来影响了法国的胡格诺派教徒，此外还在荷兰建立了中心，又在普法尔茨选帝侯的海德堡建立了一个对外部
83 门，而海德堡的宫廷和大学亦吸引了大量宗教移民。这一诞生较晚的“宗教改革者”教会成为新教活动派的核心，政治上虽然被容忍，但在帝国法律上尚不被承认。正是活跃在政坛的、普法尔茨选帝侯的加尔文教顾问三人组——隶属普法尔茨的上普法尔茨政治家兼总督安哈特的克里斯蒂安（Christian von Anhalt，1568—1630）[①]、上文已提到过的颇有影响力的卡梅拉留斯和基要主义的宫廷牧师亚伯拉罕·斯库尔特图斯（Abraham Scultetus，1566—1625），劝说这一在位没几天的“冬王”（Winterkönig）投身1620—1621年的波希米亚王位冒险，用来自异邦的极端行为方式在布拉格加冕教堂上演了一场加尔文教式的破坏圣像运动。波希米亚期待的新教团结并没有出现，反倒是普法尔茨流亡政府在尼德兰收获了信仰相近的东道主的援助，后者拿金钱和雇佣军从外部支援了德意志的战争。

另一方面，天主教国际的运动中心则在反宗教革命的罗马，利用新成立的传播宗教信仰的修道院联合会和设在维也纳、格拉茨和科隆的罗马教皇使节，推动“在德意志重建天主教”目标的实现。

① 即安哈特-贝恩堡侯爵克里斯蒂安一世，作为年轻的弗里德里希五世的顾问，对海德堡宫廷的施政影响很大。——译者注

尤其是教皇格里高利十五世（Papst Gregor XV.）把这场战争理解为宗教战争，称其为“guerra di religione”（意大利语，意为“宗教战争”），用奇特的修辞鼓励天主教派，使人联想到“圣战”并拿出可观的钱帛支持它。这场跨境的礼物交换，教皇收获了海德堡图书馆，在罗马方面的美言下，公爵获得了选帝侯的头衔，教皇通谕则将其作为对抗“异教徒”的双重胜利而大书特书。对于活跃在全世界各地的耶稣会传教团而言，教派混杂的德意志很快成为主战 84
场，耶稣会士担任了诸侯的教师和顾问，在战争伊始便达到了其影响力的巅峰。皇帝费迪南二世和教皇资助的天主教同盟领导人①都曾在同一所耶稣会大学学习，时不时地需要彼此的支持。与他的前任和继任者不同，费迪南二世把他对教派政治的义务，远远地放在皇位所要求的、在帝国内部搞好平衡的功能之上。原本是舶来品的神学武器能够将诸侯和更多具有宗教-世俗双重地位的采邑主教（Fürstbischöfe）带入不同结局的忠诚冲突中去。

大战前最后一刻的内部干扰则来自德意志的过往。恰恰是在1617年，人们第一次大规模庆祝宗教改革一百周年。在维滕堡大学的推动和选帝侯的命令下，萨克森将其作为新教认同的节日而举行庆典，并以宗教改革之邦的名义，成功邀请了来自北德的信奉路德教的邦政府，依照萨克森之旧例于10月31日进行庆祝。与此同时，甚至在更早的时候，属于新教的海德堡大学发现该庆祝日期有一定争议，普法尔茨选帝侯国便将其推迟到下一个周日，并利用该日期为自己和新教联盟向教皇作出更激烈的抗争。无论以上举动是

---

① 指马克西米利安。——译者注

否故意，它们都对天主教阵营产生了挑衅作用。公布基督教的周年
85 庆或庆祝年是教皇的权力。最重要的意义在于赢得颁布大赦的权力，而现在竟然要公开纪念反对大赦的路德和发表论纲的“伪周年纪念日”！天主教时政评论员感到“臭气直钻鼻孔”，这是编年史学家的评论，用现代的话说，这让他们感到“厌恶”。于是，罗马方面宣布纪念不正当年份 1617 的庆祝年是反周年庆典，而一场媒体战争则令对立教派间的冲突一触即发。

于是，在 1618 年春天的“掷出窗外”事件之前几个月，发生了一场新闻界的动员运动。它在多大程度上对政治决策产生了影响，几乎很难衡量，但对于逐渐拉开帷幕的宣传战而言，这显然是一场教派主义的动员。三十年战争是一场独一无二的传单战，当时的传单图文并茂，颇具说服力，令肇始于宗教改革早期的单面印刷发展到巅峰。政治思考须留给篇幅较长的宣传小册子，图片则向好奇的公众展现了战争中的人物和场面，既有英雄色彩，又颇具讽刺意味，其阐释的内容则偏偏喜欢回溯宗教改革时有关文体的论战，并循环使用教皇和路德的讽刺传单，在此基础上进一步发挥，影射当下的事件。那时，在新教插画中，人们会看到耶稣会士如蝗虫般蜂拥而出，坐在《圣经》名篇上，而对手的传单上则印着漫画形象路德带着妻子卡塔琳娜和宗教改革家们撤出波希米亚。此外，还有一些强烈要求和平或以防御为主题的中立宣传画，但即使是在这些
86 画上，人们都添加了流行的宗教主题，进一步塑造民众对战争的感知。在外有教派激进主义、内有周年庆引发的媒体战的情况下，帝国并不能完全避开爆发宗教战争的危险——如果不是萨克森选帝侯国在帝国内制止了这场战争的话。

在这样的情况下，笃信新教的萨克森选帝侯国踩下了急刹车，退出了其无法坚持下去的中立立场，站在天主教皇帝及其天主教盟友一边加入了战争。这对于波希米亚-普法尔茨来说，可谓灭顶之灾。那么，对于接下来的历史走势也是如此吗？如果像某些历史学家推测的那样，作为新教传统象征力量的萨克森率领其麾下一众小弟宣布支持波希米亚事件，那会发生什么呢？或许在战争的头十年，就会爆发一场德意志的（如果不是欧洲的话）宗教战争，释放出政治上无法抑制的基要主义动力，而这样的战争，是完全不可控的。但萨克森的决定消除了既有教派宣传的政治土壤，于是，一场德意志的普遍宗教战争就这样被扼杀在萌芽之中。原因是，新教大邦站在皇帝和天主教同盟的阵营里参战，这完全是对宗教战争最有力的官方辟谣——在法国参战前，他们站在了“错误的”教派立场上。政治和教派阵营的不一致性，让人们在几乎整个三十年战争的历程中，都未能针对有关宗教战争的解读方式形成共识。

所以，萨克森在第一次拒绝参加波希米亚的宗教战争之后，又 87
再次拒绝了帝国宗教战争，或者说是拒绝了一场更大规模的、具有持久影响力的宗教战争。萨克森和其他积极参与的帝国势力虽然尽一切努力调停，但均未能阻止这场战争。这到底是为什么呢？哪个环节出了问题？如果说它不是一场宗教战争，那它是什么？为什么和平努力失败了？

正如在世界历史中反复上演的那样，人们不得不将人的参与和某个生物学的偶发事件纳入考虑范畴。皇帝马蒂亚斯在不恰当的时间驾崩，阻碍了埃格尔和谈的举行，从而未能阻止此后的多起争端；盖茨科夫勒在“掷出窗外”事件发生前一年离世，三个月后克莱斯尔被削权，这些致力于和平的探寻者们渐次退出了历史舞台。若非如此，也许会有其他人物操纵权柄，而不是皇帝兼国王费迪南，也不是身后有一群好斗谋士的选帝侯兼国王弗里德里希。普法尔茨的弗里德里希真的想要把普法尔茨和波希米亚这两张选帝侯的选票集于一身吗？他真的就不能把其中一张选票让给他那来自维特尔斯巴赫王室的竞争对手兼“安全伙伴”马克西米利安，而不是让他们竞相追逐？如果遭逢不幸的弗里德里希像法国的亨利四世那样改变宗教信仰，或者他的儿子没有溺亡，又如果不是拖到 1648 年才归还普法尔茨领地、确立新的选帝侯头衔，进而解决帝国的这场冲突，情况又会如何呢？设想怎样能避免帝国的战争或者更早结束战争的反事实想象，是天马行空且没有尽头的。

88 然而，在一切不幸、失败的和平倡议和谈判背后，存在着一个结构性问题，当时已经能通过诸多细节发现其端倪。但究其本质，并统观欧洲，只有回溯过往的历史学家才能完全参透之。这一问题不仅根植于宗教对立的层面，而且基于天然的政治层面。萨克森人已经看到了这一点，但是，在埃格尔和其他和平努力中，萨克森人尚未认识到各派别不同的自我理解所引起的争议性和难以调和性，因而降低了成功的概率。这无非是欧洲国家发展的方向性抉择，“掷出窗外”事件以来始终有这样的要求，却耽于战争长久未能作出决断。

第二章　建构国家之战

——大型工地欧洲

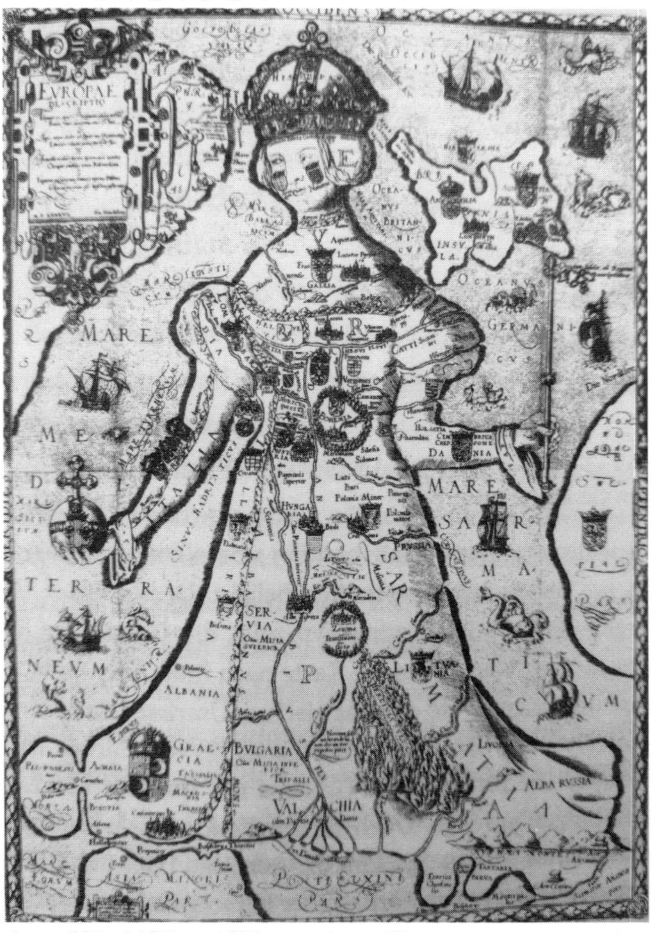

▶1600 年前后的《女王欧洲地图》

自《女王欧洲地图》出现的 16 世纪起，传达政治信息的拟人地图颇受追捧。以众多版本流传于世的《女王欧洲地图》将欧洲的形状用女性形象展现出来。若人们将地图向左旋转至水平，西班牙、意大利和丹麦半岛的地理轮廓则会依次出现在女王的头部和手臂处。彼时，欧洲尚被视为没有边界、只有零星地区描述的前国家（vorstaatlich）整体。但是，在哈布斯堡的普世主义时代，西班牙始终是戴着王冠的头颅，而波希米亚作为首都则是身体中心，两者均位于最显耀的位置。

从政治层面看，三十年战争是一场建构国家之战。“建构国家”这一概念描述了近代最大的制度化过程，人们已开始讨论如何刻画其整体特征。只要它不是一场关于宗教而是关涉国家的战争，它就是一场建构**国家**之战。但是，它还不是一场国家间的战争，实际上只是一场**建构**国家的战争，交战的力量即黩武性（Bellizität）也正是来源于此。因为那个时代仿佛国家的青春期，还没有什么已发育完成的国家，只有各种各样的政治忠诚和政治构想，为了使它们愈加清晰，人们发动了战争。我们将额外的组织和机构化描述为国家，它毫无疑问位列近代欧洲尤其是 17 世纪的历史议程中。不过，那时一切尚在进行之中。 91

此处第一个未解决的问题是：那时在欧洲到底有多少个国家？直至宗教改革世纪，欧洲对于建立国家的途径并无定论，未曾规定国家大致的大小等级和数量。人们可以将 17 世纪初的三十年战争视为具有决定意义的尝试，从而明确合适的国家规模。在这个过程中，出现了两种建构国家的基本可能，两者在这场“战争的战争”中彼此敌对，并斗争到底。

普世强国抑或独立国家 92

——波希米亚之建国

建构国家的第一种可能性是：建立一个庞大如欧洲的囊括所有人的国家。因为人们的政治理想始终是建立一个政治上大一统的国家，基于基督教、大帝国或君主政体等概念，而这些概念最初均坚持普世主义传统。在代代相传的等级秩序规则中，欧洲看起来像一座金字塔。金字塔尖的位置常有争议，但当这个位置有人占据时，就算是两个政权并立也会被视为无政府状态。哈布斯堡家族作为皇位的所有者和一半欧洲疆土的统治者，也试图以这个位置为落脚点，建立一个欧洲国家。这是皇帝查理五世根据纲领性概念“普世君主制”（Monarchia universalis）衍生出的构想。当时，查理五世统治着一个横跨全欧洲的、书信上的帝国（Briefimperium）①，财政上依仗奥格斯堡富格尔家族的贷款，因此也不愿让人触及用于凝聚大帝国的宗教统一。普世主义的建国纲领并不像人们有时认为的那样失败得迅速而彻底，而是在哈布斯堡王室的王朝普世主义的合作分工中，以不同的形式继续下去。宣传性的地图将欧洲展示为具有象征意义的女性形象，喜欢用西班牙比作加冕的头颅，而当时的
93 皇都所在地波希米亚则是心脏。在三十年战争期间，中欧帝国和西属大西洋帝国这两条哈布斯堡王室血脉支系重新整合成统一的王室，作为亲密盟友携手参战。这便是1617年缔结的《奥尼亚特条约》（Oñate-Vertrag）② 的意义所在。该条约是西班牙驻维也纳使者暗中商定的一份世袭协议，有利于未来的皇帝费迪南大公，并划分了各自的势力范围。当然，联盟作战的双方之间通常会产生摩擦，这不是什么令人惊讶的事情，而且不同于其他欧洲上层贵族的家族纷争，这一联盟维持的时间超过三十年。我们可以从如下认知角度解释这一情况，即只有携手并进才能拥有普世主义的机会。在此次密切协商中，王朝普世主义反对所有处于哈布斯堡国家联合体

① 当时神圣罗马帝国幅员辽阔，皇帝查理五世通过书信下达旨意。——译者注

②《奥尼亚特条约》于1617年7月29日签订，是哈布斯堡家族的西班牙支系和奥地利支系之间就继承顺序签订的条约，以西班牙使臣奥尼亚特伯爵的名字命名。西班牙国王腓力三世放弃匈牙利和波希米亚王位的继承权，而西班牙支系的男性后代在继承权上优先于奥地利支系的女性后代。——译者注

的边缘、威胁着要脱离的邦国。难怪人们经常说西班牙“高高在上”（Superioridad①），说皇帝是绝对君主，并尤为强调哈布斯堡王朝的“普世君主制”（这在当时已受到热议）。事实上，这次战争是维护普世主义理想的又一次尝试，即在欧洲顶端建立王朝，由哈布斯堡家族领导。

另一方面，欧洲也已产生多国制（Mehrstaatlichkeit）的萌芽。与普世主义道路相反，该形式是自下而上地建立单个主权国家，主要由帝国等级发起。作为一个地区的代表，等级自身经历过国家化进程，但就像瑞士和尼德兰那样，它们已渐渐脱离了遥远的哈布斯堡王朝的普世统治。

此时，波希米亚人被牵扯了进来，后来演变成一场战争游戏。94
当波希米亚等级通过导演一场将皇帝的代表“掷出窗外”的象征事件来宣示其独立性时，他们早就对教会、财政和军队进行了多年类似国家的行政管理。唯其如此才能理解，为什么人们紧接着要坚持不懈地争取谈判的解决方式，尽管领导人想要和解，但谈判未必符合各方利益。因为邦等级（Landstände）几乎是事实上的邦君。这一点首先体现在引起冲突的宗教问题上：通常邦君行使教会管理权，更确切地说，是“等级君主”的教会管理权，而特殊教会“波希米亚教会”（Confessio Bohemica）则如同享有特权的国教一般受到捍卫，使之免受哈布斯堡-天主教的教派化入侵。其次，还体现在，波希米亚等级为了筹措军饷会自行行使税收权，因此，负责戍卫的军阀有时甚至反对自己的统治者。最后，这一点还体现在它的

① 西班牙语 Superioridad 对应的德语是 Überlegenheit，意思是“优越、优越性”，这里意译为“高高在上”。——译者注

自治经历中，此前哈布斯堡动乱时曾成立过一个等级委员会，作为理事会承担政府的职能。而拥有宗教、战争和政府权力的波希米亚已经算是半个国家了，在埃格尔和谈失败后，剩下的唯一一条路就是建立一个完整的国家。

除了与奥地利等级合作等种种大胆尝试外，波希米亚等级后来与传统上属于波希米亚王室的几个邦——摩拉维亚（Mähren）[①]、
95 西里西亚以及卢萨蒂亚的等级联手，结成紧密的联盟，并着手自下而上建立一个共同的国家。就像拥有“瑞士同盟”的瑞士人一样，五个邦作为“波希米亚同盟”即将建立一个联邦制国家。该国家拥有在当时看来十分可观的400万居民（多于瑞士人口，比英格兰人口的一半要多），或许在欧洲中部拥有良好的发展前景。无论是掌握多种语言的德意志-捷克等级政治家的语言多样性，还是其宗教差异性，都不是不可逾越的障碍，无法阻止地区政治自治的意愿——这一点也与瑞士类似。波希米亚联邦宣称，费迪南二世取得国王的位置是非法的，并废黜了其邦君的头衔。波希米亚国王应当由等级进行自由选举（就像反复要求的那样），它不与任何王朝有关，其王权亦受到严格限制。“由上帝与和睦的等级赋予”，一枚纪念币上镌刻着这样的拉丁语铸文，而纪念币上画着五只象征联邦的手托起了王冠。这令人联想到东欧等级共和国（Ständerepublik）的国家形式，他们选举国王更像是装门面的，比如波兰，或者会联想到后来西方的君主立宪制。其原因是，在选举新国王前，波希米亚联邦的草创文件中就规定了上百条有关权

---

① 摩拉维亚：捷克语、斯洛伐克语称 Morava，今属捷克，是捷克历史上的三大邦之一，位于捷克东部和东南部。——译者注

限、职位、办公厅或国防等方面的要点和规则，已然具备了成文宪法的性质。

很长时间以来，胜利者的历史书写始终带有偏见，波希米亚起义被误认为是失败的“暴动”，捷克方面竟也将其误读为悲剧性的 96
早期民族国家阶段，直到近期才有作者揭开了它在建立国家方面的成就。出人意料的是，这一成就在三十年战争时期就得到了全面的研究和承认，后被东欧问题专家约阿希姆·巴尔克（Joachim Bahlcke）重新发现，并加以发展。一套17世纪的丛书用学术语言拉丁语探讨了欧洲的邦国，其中，1634年的《波希米亚共和国》（*Res Publica Bohemiae*①）单独成册，其作者即波希米亚移民帕维尔·斯特兰斯基（Pavel Stránský）② 由此名声大噪。该册子多次再版，但直到18世纪才被译成德语，并添上了批判性的评论，可见当时几乎没有受到重视。斯特兰斯基对事件进行回顾，描述了一个制度上非常成熟的等级国家政权。这位理论家对严格的君主制政权和自下而上建立的政权进行了比较，认为后者在作决策时往往从各地区（的实际情况）出发，即便如此，还是能创造出一个融合良好的统一国家。这是一个具有联邦性质的宪法模式，作为波希米亚的法律传统，该模式将1620年前后的事件合法化，并要求保持连贯性。然而，还有一份以专家鉴定作幌子的国家文书，其中探讨了新当选的波希米亚国王弗里德里希五世的机会，并就他必须如何做才能巩固统治，提供了建议。令人惊讶的是，这篇由沃尔夫冈·E. J. 韦伯发掘出来、翻译成德语并出版的论文，出自受过高等教育的奥

① 对应的德语是 *Republik Böhmen*。——译者注

② 帕维尔·斯特兰斯基（约1583—1657）：捷克流亡作家。——译者注

97 格斯堡商行老板巴托洛梅乌丝·威尔赛（Bartholomäus Welser）之手，他在破产后进了债务监狱，显然，他利用了这段时间，沉湎于自己的创作天赋。更令人诧异的是，这篇多次出版的文章竟到了伟大的英国政治思想家托马斯·霍布斯处，并得到他的认可。但是，无论用等级还是多君主制的方式阐释，五邦融合建立国家同时产生了分离主义的后果。在完全独立制定宪法、废黜费迪南并选举新国王之后，波希米亚脱离哈布斯堡王朝的工序已完成，一个独立国家来到了世界上。然而，世界上没有哪个政治强国，会容忍其等级带领几个邦就这么脱离帝国，也没有哪个王朝允许一个世袭王位未经战争就这么被人夺走，哈布斯堡这个普世强国也不例外。很快，布拉格人就明白，独立，只能通过独立战争取得。而建构国家的代价，则是一场建构国家的战争。

那么，波希米亚的和平还有救吗？和宗教形势一样，已成为主线的政治局势刚开始时更多样、更开放。人们很难估计，一心要建国的知识分子从何时起、付出了怎样的努力。如果埃格尔和谈得以举行，在布拉格让步且维也纳迁就的情况下，尚有可能达成一个妥协的解决方案，比如可以调整为区域自治。即使事态升级、王位易主后，五位伯爵成为待选国王，也没有到必须要动武的程度。最炙
98 手可热的国王候选人、萨克森的约翰·格奥尔格拒绝继位，而萨克森史学家卡尔海因茨·布拉施克（Karlheinz Blaschke）事后曾责备过他，说他这样做让“萨克森选帝侯国失去了一个稍纵即逝的机会”。布拉施克认为，此举“无需一兵一卒”就能拥有一块完整的领土，从而限制崛起中的普鲁士。这与后来“强壮者”奥古斯特

(August der Starke)[①] 结成北方同盟取得波兰王位的情况是不一样的。格奥尔格身后的大萨克森计划可能奏效，但反而会让萨克森代替普法尔茨陷入灾难，因为哈布斯堡不可能让萨克森在没有打仗的情况下夺走王冠和土地。接受波希米亚王冠并非对和平作出贡献，反而可能带来另一场战争。尽管如此，这位以固执己见而闻名的历史学家的突发奇想并非完全荒谬。如下方法或许更适合维护和平：如果波希米亚同盟在艰难寻找国王候选人时，向费迪南提出按照新拟定的条款让他重新当选为国王？或者就披着外交的外衣，威胁费迪南要废黜其王位，以此争得费迪南在联邦文件下签名？不做邦君，而成为共主邦联的君王，不用打仗就把地位和选侯权给他，若是如此，情况又会怎样呢？至少，克莱斯尔一度认为，各邦结成联邦制的等级联合，确保不去动王位，是一个不错的计划。然而，人们的思路被钉死在主观想象的二选一的选项中——要么是君主制下的邦君统治，要么地区独立。新的解决方法和既定的过渡形式均未被采纳。第一次自下而上的建国尝试失败了，随之失败的还有和平。

不过，独立国家的模式并没有随着它在波希米亚的失败而陨 99
落，其接力棒被重启战争的尼德兰人接了过去。同时代人已经看到了这种联系并认识到事件之间的平行性：1620 年，一份反方的传单声称，他们在尼德兰身上找到了“欧洲爆发战争的原因”，并把尼德兰跟波希米亚的“叛乱分子”进行类比；相反，斯特兰斯基和他的同事则对自下而上建立区域性独立国家的情况给予了肯定的评

① 全名为“萨克森的弗里德里希·奥古斯特一世”(Friedrich August Ⅰ. von Sachsen, 1670—1733)：萨克森选帝侯、公爵，1697 年起获得波兰-立陶宛的王位。——译者注

价。原因是，尼德兰在不停地分离和联盟过程中渐渐脱离了西班牙哈布斯堡王朝，相应地实现了具有等级背景的建国，即成立了“尼德兰共和国七省代表大会”。在尼德兰和波希米亚的案例中，等级们首先援引抵抗权（Widerstandsrecht），从而成为建立国家政权的承担者，并与尼德兰的奥兰治家族以及只统治了一季的“冬王”普法尔茨的弗里德里希联手，当上了半君主制国家高官，以提高独立国家在欧洲的被接受度和建立的机会。但是，无论在尼德兰还是波希米亚，不打仗就想从哈布斯堡王朝分离出去是办不到的，建立国家的代价就是为获得承认而战的建国战争——两者的结果却大相径庭：在触发三十年战争的波希米亚起义被镇压后，众多被阻止的建国者遭到处决；而在尼德兰，16 世纪已成功爆发的八十年建国战争则被视为“自由斗争”或“独立战争”而流芳百世，在 1621 年停
100 火协定[1]到期后，尼德兰重燃反抗哈布斯堡王朝的战火，并在遍布欧洲乃至世界的经济力量的支撑下，成为反哈布斯堡阵营的中心。等级连续两次的建国尝试均导致了同一场冲突，其中，建立普世主义的欧洲和多国制欧洲的理念无法统一，互相对立，而这一冲突似乎不能通过妥协而只能通过武力裁决来解决。

哈布斯堡和法兰西的普世主义之争

哈布斯堡王朝的普世主义不仅因这些分离主义的建国运动而受挫，也受到了与之有竞争关系的普世强国的刁难。经典的历史地理传统往往轻率地将反对国视为独立主权国家的捍卫者，但只有当人

---

① 即 1609 年，西班牙国王腓力三世（Felipe Ⅲ.，1578—1621）与尼德兰共和国签订的《十二年休战协定》，事实上承认了尼德兰的独立。——译者注

们认识到，干预他国内政的大国的初衷或终极目的不过是一个普世目标时，方能理解三十年战争的爆发和持续多年的原因。

首先，自近代开始以来，法国对抗哈布斯堡王朝的政策就是一场争夺欧洲的斗争。法国国王弗朗索瓦一世和神圣罗马帝国皇帝查理五世为争夺欧洲主导地位而进行的系列战争能清楚地说明一切。法王的头衔“最最信奉基督教的国王”（Allerchristlichster König）由法语最高级“Roi très chrestien”翻译过来，就是在宣示法国国 101
王在颇具政治色彩的欧洲基督教界的领导地位。宣传诗人和政论家们在三十年战争前将法王亨利四世歌颂成“欧洲的裁判”，黎塞留与他们一脉相承，并将自己的战争政策向他看齐。这位枢机主教[1]的奏疏文与西班牙首相奥利瓦雷斯（Olivares）[2]的十分相似，容易混淆，均各自为他们的君主索要基督教世界、欧洲乃至全世界的“首脑”“最强大的统治者”这样的普世名声。

又是在这场“战争的战争”中，哈布斯堡和法兰西这两个宿敌分裂欧洲的长期争霸重新启动，最终用尽全力决一雌雄。此前，双方内部和其他方面的问题曾一度搁置，但人们在战争爆发前还是克服了这些障碍。哈布斯堡人成功地稳定了他们边界不稳、岌岌可危的欧洲帝国：皇帝支系须感谢他们的哈布斯堡亲戚及德意志盟友帮忙拿回了波希米亚，此后，帝国在那里建立了完整的邦政权，并在1627年的《新版邦条例》（*Verneuerte Landesordnung*）中规定了这一点；西班牙支系恢复了争夺尼德兰的战斗，并在“奇迹之

---

① 即黎塞留。——译者注

② 加斯帕尔·德·古兹曼，奥利瓦雷斯伯公爵（Gaspar de Guzmán，Conde Duque de Olivares，1587—1645）：与黎塞留同时代的西班牙首相，1623—1643年间执政。——译者注

年”——1624 年取得了一些成就，给日渐衰落但因有庞大海外帝国撑腰而始终强大的西班牙带来了新的繁荣。西班牙人的口号是从“衰落”到恢复旧时“声望”，而在委拉兹开斯（Velázquez）的名画[1]中，斯皮诺拉（Spinola）将军以和气的姿态接受了布列达的城
102 门钥匙，似乎预示着协商一致的和平解决方案呼之欲出，有望减少其他地方的新军事行动。

在其对立面，法国的亨利四世通过改宗天主教和颁布《南特诏令》（*das Edikt von Nantes*）[2] 结束了 16 世纪的宗教战争，并重新建立了完整的王权。没错，他已经准备重拾原先反哈布斯堡王朝的博弈，干预于利希王位继承战争[3]，而一场致命的暗杀[4]和 1614 年因欧洲居间调停而签订的《克桑滕和约》[5] 则又一次推迟了法、西对抗。枢机主教黎塞留，这位自 1623 年起领导法国的政治家，通过压制胡格诺教徒的“国中国”进一步强化了王权，同时准备恢复其旧政策。双方均亮明自己的立场并加以强化，为新一轮争夺欧洲之血腥博弈的决定性回合做好了准备。

---

① 迭戈·委拉兹开斯（Diego Rodríguez de Silva y Velázquez，1599—1660）：西班牙画家，国王腓力四世的首席宫廷画师，西班牙黄金时代最重要的画家之一。此处的名画指委拉兹开斯的著名油画《布列达的投降》：被认为是委氏最佳作品之一，完成于 1634—1635 年，描绘了西班牙将军斯宾诺拉攻克尼德兰军事要塞布列达城后受降的场景。——译者注

②《南特诏令》于 1598 年 4 月 13 日由亨利四世签署颁布，给予胡格诺派信仰自由和武装权利，这是第一部承认新教徒信仰自由的法令。——译者注

③ 1609 年，天主教的于利希-克雷弗-贝尔格公爵无嗣而终，多位德意志的新旧教诸侯为继承权产生了争端。因该领土紧邻尼德兰，战略地位重要，西班牙国王迅速派兵强占此地，而法王亨利四世则要求西班牙撤军，并在 1610 年初联合新教联盟准备征伐西班牙，有爆发欧洲大战之势。但此事随着亨利四世的遇刺而不了了之。——译者注

④ 即 1610 年 5 月 13 日，亨利四世在巴黎遇刺，第二天不治身亡。——译者注

⑤ 即 1614 年 12 月 12 日，约定新教的勃兰登堡选帝侯约翰·西吉斯蒙德获得克雷弗公国、马克伯国和拉文斯贝尔格伯国，普法尔茨-诺伊堡公爵沃尔夫冈·威廉分得尤利希公国和贝尔格公国，达成暂时的表面和解，但直到 17 世纪六七十年代，该争端才得到最终解决。——译者注

若将战争缩短了看，这场博弈在战争的后半程才颇为紧要，其时，法国正式干预战局，从而将一场德意志的战争扩大到全欧洲范围。如果人们仔细研究，会发现在此前很长时间，至少有三个（注意！新教的）欧洲干预者受到了黎塞留红衣主教的支持和资助，最近的一次是瑞典，再往前有丹麦和尼德兰，或者简单地说，黎塞留支持过一切反哈布斯堡的力量。事实上几乎从一开始，普世强国之争就遮遮掩掩地在一些代理人战争中为这场“战争的战争”涂上了底色。即使是欧洲南部，也属于战争剧场。

故事开始于意大利。意大利北部地区也属于哈布斯堡家族的势
力范围和影响地区，这是由皇帝和帝国的授采邑权、西班牙支系的 103
财产和对外协议决定的。尤其是大名鼎鼎的米兰公国（Herzogtum Mailand）被豪强反复争夺，在几个大国手中辗转，当时归西班牙所有，但是，周边政权的骚乱和悬而未决的继承问题却始终是个隐患，给法国提供了一个乐得利用的干预机会。黎塞留欲借此瓦解“哈布斯堡的包围圈”，尽管这一概念对于一个自行向四面八方铺开并施加影响的中欧大国来说，并不恰当且防御性过强。不过，从地缘战略的角度来看，它涉及阿尔卑斯山区颇为敏感的交通运输路线。人们将“西班牙之路”（Spanische Straße）理解为西班牙往返西属尼德兰的极易阻断的陆路，从这个意义上来说，它确保了通往阿尔卑斯地区的本国领地的道路。于是，西班牙人选中了瓦尔泰利纳山谷（Veltlin）①，这一区域由瑞士格劳宾登（Graubünden）的新教徒统治着，但天主教徒占大多数。西班牙人利用流血的教派冲

① 瓦尔泰利纳山谷：阿达河谷地，位于意大利北部，与瑞士接壤。——译者注

突这个受欢迎的由头，占领了瓦尔泰利纳山谷和格劳宾登，将米兰和北欧之间的阿尔卑斯要道与要塞收入囊中。然而，作为格劳宾登的保护国，法国联合萨伏伊（Savoyen）和威尼斯组织了反对联盟，一年后自己占领了原本中立的瓦尔泰利纳山谷地区。

然而，即使在这片战场上，也并不缺乏和平的机会，从中或许还能衍生出更多的和平的可能。这一时期，教皇运用了“共同的父亲”（Padre comune）这一概念，思考他作为天主教诸侯“共同的父亲”的超派别立场，并投入极大的调解热情试图让他们维持和平。这是一项受到教派严格制约的和平政策，很容易突然演变成一场针对新教徒的共同宗教战争，但它或许能够帮助两个天主教大国摆脱一场根本政治争端。在西班牙和法国两国兵戎相见的前夜，即在 1623 年的瓦尔泰利纳冲突中，教皇格里高利十五世[①]成功阻止了对抗，使瓦尔泰利纳地区一致保持中立。为保障安全，教皇派出不偏不倚的教皇军队，他们仿佛是来自罗马的“蓝盔部队”[②]，维护饱受争议的阿尔卑斯要塞的和平。格里高利十五世驾崩后，他的继任者乌尔班八世（Urban Ⅷ.）一开始威望不够，不得不经历法军背信弃义、不顾任何抗议驱逐教皇的维和部队、占领瓦尔泰利纳等事件。1626 年，双方总算自行商定并成功签署了一份新的地区性和解书，即《蒙宗和约》（*der Friede zu Monzon*）[③]。

104

事态继续发展，且变化多端，并在 1627 年的曼托瓦及蒙费拉

---

① 教皇格里高利十五世（1554—1623）：生于博洛尼亚，1621—1623 年在位。——译者注

② 指联合国维和部队，因其武装人员佩戴有联合国徽章的蓝色贝雷帽或战斗盔，因而被称为“蓝盔部队”。——译者注

③ 蒙宗是西班牙阿拉贡自治区韦斯卡省的城镇，曾是阿拉贡王国的首都。该和约由法国首相黎塞留和西班牙首相奥利瓦雷斯伯公爵在此签署，结束了瓦尔泰利纳冲突。——译者注

托爵位继承战（der Mantuanische Erbfolgekrieg）中达到其顶点。其中，普世强国落在了各自的地区候选人之后（皇帝甚至动用了尚在德意志作战的部队进行干预），从曼托瓦公国、蒙费拉托大公国到萨伏伊公国周围的大片地区均牵涉其中。在这一冲突中，划地而治并达成和解的可能性同样存在，1630 年在德意志召开的雷根斯堡选帝侯会议上已进行过协商，使得人们看到普遍和平的希望之光。105 而事态的发展并非如此。恰恰相反，由于颇具才干的西班牙将军斯皮诺拉的逝世，法国围攻阿尔卑斯要塞的军事形势得以意外好转，于是，黎塞留拒绝批准和约。直到一年后的《凯拉斯科和约》（*der Friede von Cherasco*）① 才带来一个仅局限于意大利的解决方案。

于是，在意大利内部或周边，起先遮遮掩掩、后来就大大方方地重新形成了两大普世强国的竞争，一部分是借助代理人的战争，另一部分则是直接对抗，从洛林、阿尔萨斯、莱茵河沿岸的邦国和领地，蔓延到德意志西部以至整个帝国。一系列协定与和约证明这只是区域性的停火，无法解决两个互相竞争的大陆强国之间最根本的问题。1623—1644 年间在位的教皇乌尔班八世，继续以“共同的父亲”身份宣扬调解与和平。然而，哈布斯堡王朝在意大利颇有势力，教皇从政治上对教皇国的安全忧心忡忡，时不时倾向法国，给哈布斯堡制造不利——在其职位规定的教派限制下，教皇无法为均衡的欧洲新秩序找到出路。两个欧洲大国相互排斥的对抗被证明是实现普遍和平的主要障碍。尼德兰的逾期归还也应归咎于西班牙的威望，在当时的话语中，它意味着西班牙的“荣誉”。最后，那位

①《凯拉斯科和约》是 1631 年 4 月由皇帝费迪南二世、法王路易十三和萨伏伊公爵三方的全权代表签署的，结束了意大利北部的曼托瓦继承权战争。——译者注

106 将黎塞留推入竞争的干预者，自己也提出了普世主义的要求——一切因此变得越发艰难。有关这名出人意料的候选人，后文将专门阐述。从一开始，在前后三十年的时间里，这场“战争的战争”始终是一个建设和平的大型工地，在这片工地上，人们寻找全新且有趣的道路，取得了部分成功，尝试过全套外交手段，但是，唯有从根本上解决建构国家的难题，才能走上欧洲可持续和平的康庄大道。

事实上，只在一种情况下，找到了一个完全独立的建国方案，即在一个联邦制组织下的德意志民族帝国中。16 世纪以来，在欧洲建立国家的进程中，建立普遍的大一统国家还是多个主权国家始终是两个互相对立的选项，给德意志历史提出了特殊的挑战。一方面，德意志民族拥有的帝制是普世主义传统的最佳证明，但另一方面，罗马-德意志帝国拥有若干强大的诸侯国，如萨克森或巴伐利亚，它们自己本身可能成为独立国家，参与欧洲的角逐。面对这一特殊的建设性挑战，德意志历史在 16 世纪就已经发现了组织国家的第三条道路：将普世因素和个别因素纳入同一个政治体系。于是，人们在领土层面上实行双元的建国方式，并将其进一步发展成为政治上组织良好的地区、城市等政治单元。不过，将整合的哈布斯堡普世主义以君主立宪的简化形式纳入政治体制，并在 16 世纪
107 的帝国改革中培育帝国会议、帝国最高法院和跨领土的帝国大区等机构——这一做法也已取得了成功。然而，在一开始就深入帝国体系内部的欧洲冲突的压力下，这种高度发达的早期现代宪法综合体面临着再度解体的风险。建立单个主权国家和大一统国家理念之间的竞争以及大国之间的普世主义角逐，不仅仅在德意志战场上上演，而且还危及已达成的宪法妥协。等级制帝国与帝国元首之间的

纽带，同时也是西班牙-哈布斯堡普世强国及其交战利益的一部分，反之亦然，由法国领导的对立面则利用帝国等级中的反对派，危害了德意志民族之帝国的和平。

因此，在欧洲，彼此排斥的教派和政治构想作为不可调和的选项相互对立，并将这些问题出口到德意志帝国，而在那里，这些问题事实上已经得到了调控，却仍然时不时动摇帝国的政治体制，以至于很多人无法预料应如何从这场战争中全身而退。在介于普世主义和分离主义之间的欧洲，德意志民族之帝国能否成功地保持并进一步发展其已经找到的、将独立国家和大一统国家结合起来的国家政权形式？而这个问题，必须通过战争来回答了。

第三章　瓦伦斯坦

——战争策动者及其军事遗产

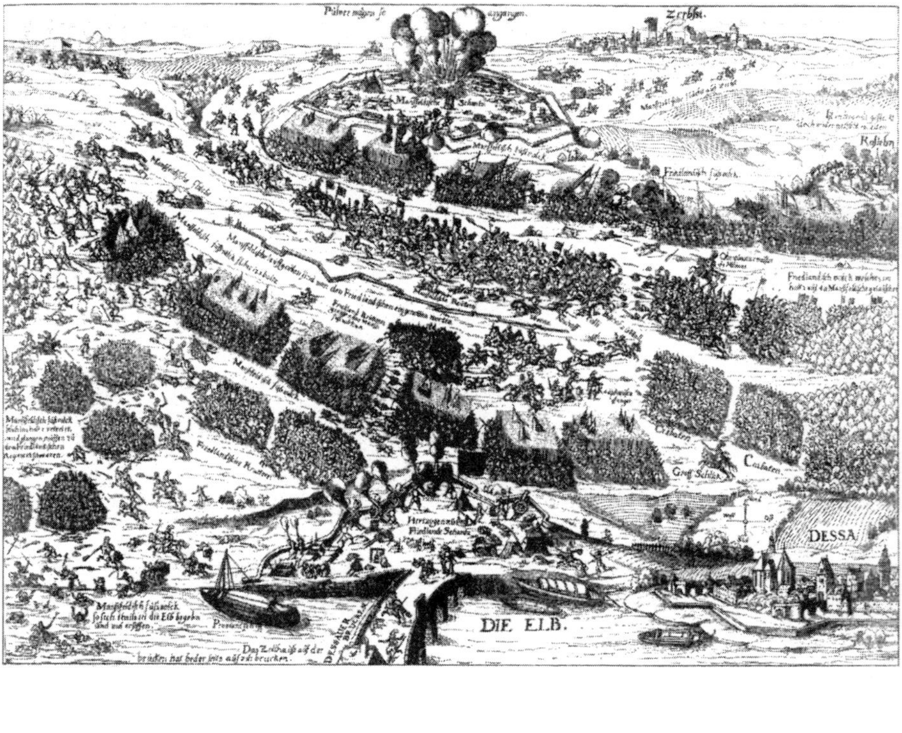

▶1626 年 4 月 25 日，德绍（Dessau）易北河桥战役

这是一幅描绘瓦伦斯坦大军首场大捷的铜版画，第一眼看起来没什么特别，第二眼则能认识到超然于战术细节的一切要素。雇佣军方阵和骑兵队伍组成了庞大的军队。“易北河”在画面的下方边缘，有桥头堡和固若金汤的阵地进行防守。易北河是瓦伦斯坦最钟爱的战略路线和交通干线，令其对手曼斯菲尔德伯爵望而却步。

111 “你想象一下，这是战争，没有人会去！”在三十年战争开始时，来自新战争对手的讽刺性语言游戏几乎成为现实。因为在面对一切威胁和平的敌人时，必须先找到人，才能与之决战到底。当波希米亚冲突演变为军事行动时，首当其冲的皇帝甚至没有自己的武装部队。所以，皇帝不得不接受他的西班牙亲戚经济和人员上的接济，让后来的选帝侯兼天主教同盟领袖巴伐利亚的马克西米利安公爵以及萨克森选帝侯加入，并向奥地利等级和各帝国大区索要财政援助。但是，在这背后，存在着一个根本性的难题。

那时，人们并未携常备军（das stehende Heer）参战，相反，这种军队形式诞生于这场“战争的战争”，此后成为一种有效的模式。旷日持久的战争留下了常备军，成为此后所有时代之特征，简直可以称其为“被保留下来”的军队。值得一提的是，专家伯恩哈德·克勒纳（Bernhard Kroener）从军事史的角度对我的以上观点提出了有力的反对意见。他认为，三十年战争后才有遣散大批士兵、裁撤军费高昂的部队一说。但是，三十年来，人们已普遍习惯了军队的存在，甚至在奥地利世袭领地上直接将其有组织地延续下
112 来，这些均促成了之后欧洲历史上的常备军。欲知其演变历程，可以着重关注瓦伦斯坦的故事。

最初，两种军事组织形式混合在一起，释放出一种前所未有的军事暴力。两种军事组织形式各有其局限性，只能在一定条件下运作，但组合起来产生了爆发力，这才使得这场“战争的战争”成为可能。

其中一种是由邦等级组织的邦国防御军以及城市民兵，后者是一种兼职的市民武装，必须随时做好防御准备。这种防御形式来自

中世纪的“征召入伍令”（Heeresfolge）① 和征募士兵的传统，在奥地利边境对抗奥斯曼帝国的战役中经受了考验，已踏上了成为常备军事组织的道路。该形式也被进一步运用到其他地方，如萨克森、符腾堡和巴伐利亚。不过，就此发动一场三十年的战争则是不可能的，其原因不仅是这种组织形式的力量和凝聚力都很低，而且受到一种根本性的限制：他们只负责戍卫自己的城市或地区。这种位置固定的防御规定（帝国大区间睦邻帮助的规定例外），并不能始终得到遵守，却能限制战事的扩大升级。

另一种则是自由征募的雇佣兵，他们可以随时随地被用来进攻。不过，这种形式的限制是，人们只能暂时招募雇佣兵并给他们发放粮饷。在一场战役期间或可以发动战争的时候，他们是季节性的战士和新兵，战争结束旋即遣散。但是，情况并非一直如此。古 113
斯塔夫·弗赖塔格的《传单选集》（第 5446 号）中最有趣的一篇文本写道，三位雇佣兵讨论了“以前的战争和现在的战争的不同”。他们认为“这场常在的德意志战争”格外不同的是，他们现在并没有像以前那样被遣散。事实上，这正是三十年战争的前提条件和后果。

在“战争的战争”中，这两种组织形式的元素，即地区性防御组织的持续性和按照目的、空间征募雇佣兵的无限可用性结合在一起，形成了常备军。这种部署期限和部署半径不受限制的暴力组织已覆盖了半个德意志。有人说这是一场“燎原之火”，不过，这样的旧说法并没有太多值得阐释之处，除非，人们抓住那位投下战火

① 德语中亦称 Heerbann。神圣罗马帝国在《帝国战争组织法》中规定，领主在战争爆发时有权征召一切有作战能力的自由地主参加帝国战争。——译者注

加速器的人不放。他就是阿尔布雷希特·冯·瓦伦斯坦（Albrecht von Wallenstein）。

制度化的帝国和连年战祸中的统帅

1583年9月24日，这位波希米亚-摩拉维亚贵族出身于波希米亚赫曼尼茨（Hermanitz）的一个新教家庭，1606年改宗天主教，
114 先后两次迎娶富孀，生活优渥。战争前，他就在维也纳宫廷和军队中效力，也短暂地为摩拉维亚等级服务过，后来背叛了主人。在查抄战败后被定罪的波希米亚建国者的家财时，瓦伦斯坦狠发了一笔战争财。他围绕波希米亚北部弗里德兰（Friedland）的城堡和领土，建立起一个权力、管理和经济中心，将其逐步扩大并升级为公国。这在当世即给他带来一个专属外号——“弗里德兰人”。

一切始于这位军事金融玩家和组织天才令人难以置信的提议，即瓦伦斯坦自筹经费，为一直没有武装部队的哈布斯堡皇室建立一支军队，打上皇家军队的旗号，并掌握的军事指挥权。这与那个时代其他雇佣军头目的做法相一致，如敌方的曼斯菲尔德伯爵彼得·恩斯特（Graf Peter Ernst Ⅱ. von Mansfeld，1580—1626）[①] 自任军团上校，为军事统帅预先垫付了征兵和粮饷的费用，然后加上利息一起算到军队统帅的账上。不过这次，瓦伦斯坦很快组建了整整一支军队——起初说有2.4万人，接下来到了4万人，最终达到10万人，加上随行人员的话，人数还要多，均在哈布斯堡皇室大旗下接受瓦伦斯坦的统率。

---

① 通常简称为Ernst von Mansfeld，三十年战争初期重要的雇佣军将领，处于反哈布斯堡王朝及其盟友的阵营。——译者注

没有哪个雇佣军头目像他一样建立起这种数量级的整支部队。在 16 世纪时，小几万人就被视为规模可观的部队，但此时，这支武装已达到了 10 万人的门槛，这一数量级在德意志绝无仅有，甚至在欧洲也很罕见。而且，它真的是一支在各战役间歇期依然保留 115
下来的部队。令弗赖塔格书中三个虚构的雇佣兵惊讶的是，即使在没有战争的冬季，部队也被保留了下来。三个火枪手发现的这一情况没能得到维也纳宫廷的理解，他们最后还被怀疑为总司令刻意设置的障碍。在一支军队完全没有行动的情况下，人们为什么会供养它？后来的研究认识到这是瓦伦斯坦的改革，称其为“冬季营地”，服务于永久性的军事力量。此外还有一些强行实施的军事后勤措施。众所周知，在瓦伦斯坦自己的大弗里德兰等地区经济蓬勃发展之时，该邦国实际上在从事锻造兵器和军队供应商的行当。如果易北河配备好防御工事并配有预防性的仓库，那么，皇帝的瓦伦斯坦大军则可凭借这条从波希米亚延伸到北海的运输通道，控制并主宰半个德意志了。

鉴于军队庞大的规模，人们很快就清楚地看到，这个物资匮乏的国家无法负担随之产生的军费，甚至连利息也无法偿还。如曾经的奥格斯堡商人富格尔家族基本收不回借给皇帝的贷款，从而被赐予封地和头衔作为补偿，因此，在外包的军事领域，皇帝通过给予其将军更大的政治报酬来解决问题。但是，瓦伦斯坦借的是尼德兰德维特银行（Bankhaus De Witte）的贷款。为了供养军团，他引入了一种战争融资方法——向当地居民征收特别税，此举很快在帝 116
国内招来一片骂声。

总的来说，有两种为战争提供资金的方式。一种是打仗的君主自掏腰包：这些额外收入的来源是王室财产、矿产资源和向领地范围内自愿掏钱的等级征收税款，尽管占比不大也能有些进项，但是在皇帝的世袭领地上，钱永远不够用；另一种是走外部筹资这条路，即由感兴趣的强国提供援款。因此，一开始，帝国的天主教同盟联军受到海外白银充足的西班牙以及罗马教皇的支持，接着，在后来的丹麦-下萨克森战争中，丹麦人则受到尼德兰、英格兰和法国的援助。但是，这些钱只是分阶段流入，借钱打仗自有其局限性。

然而，这一切都被战争策动者用更为极端的融资方式超越了，即“特别税体制”（Kontributionssystem）。显然，这种方式应当与瓦伦斯坦的名字联系在一起。它实际上是由两种常规的战争融资的基本方式组合而成的：征税不再是自筹资金的唯一手段，而且还扩展到外部筹资。根据帝国的传统，安营扎寨的过境军队有权要求当地人准备住宿、照明和盐，但也会像曼斯菲尔德伯爵的雇佣兵那样要求提供伙食等——只要他们还遵守战争法。瓦伦斯坦却更加得寸
117 进尺，不仅从其军队所驻扎的邦获得膳宿供给，无论其所属——友好、中立、陌生还是敌对，而且还要求该地缴纳现金作为其部队的军饷，就好像他是邦君似的。这种特别税发展成臭名昭著的军队融资体系，后来也被古斯塔夫·阿道夫等其他战争暴君所模仿。“以战养战”（Der Krieg ernährt den Krieg），成为一句流行的谚语。原因是：如果人们直接依靠被占领土的资源维持军队，这些资源总会有耗尽的一天，那么这就刺激人们从空间上扩大战争。事实上，最高指挥兼军事金融公司老板瓦伦斯坦在某种程度上实现了这一点，令人惊异。

人们立刻感受到了“特别税体制”的负面后果，知情的编年史

学家则直言不讳地将其归罪于瓦伦斯坦的行为。具有代表性的《图林根编年史》（*Thüringer Chronik*）记录了福尔克马尔·哈佩亲身经历的、从邻近地区耳闻的事例和普遍的战争事件，其中瓦伦斯坦的名字总共出现了约 24 次。从一开始，哈佩便对瓦伦斯坦从尼德兰带来的士兵们做了评价——“我们这些可怜的人真是遭了殃”，并详尽地控诉“沉重的特别税”。一系列致命的暴力行为，施加在市民和农民头上，或者反过来针对骑兵和“克罗地亚人”[①]，有时候骑兵和“克罗地亚人”之间又互相施暴。骑兵和“克罗地亚人”其实没几个，可胡作非为却都记到了他们头上。评论有言：“一只狼在吃另一只狼。”有一次，瓦伦斯坦营地的管理员被打死了，原因是不断增长的住宿需求造成了特殊的冲突，因为瓦伦斯坦的雇佣兵 118
不愿被安置在学校和公共建筑中，于是成了私人家庭的负担。这位编年史学家认为，只有这样他们才能“偷东西”。那时候，分赃和敲诈可不像今天听起来那样热闹。此外，哈佩呈现瓦伦斯坦的军事和政治故事时，谨慎且带有几分疏离感，这种疏离感或许源自对这样一位帝国将军的诧异。编年史学家哈佩当时正担任施瓦茨堡-桑德豪森伯国（Grafschaft Schwarzburg-Sonderhausen）的枢密官，为一位帝国等级做管理工作。

人们经常指出，瓦伦斯坦大军的庞大性和有效性只有通过与帝国的一切传统决裂才能实现。宫廷里存在谨慎的保守势力，这位一步登天的波希米亚人太过激进的提议引起了他们在法律和政治上的顾虑，并想把它至少限制在一个合理的范围内。这样一支大规模的

---

① 也称克罗地亚骑兵，指三十年战争期间出现的非正规轻骑兵部队，主要由来自东欧和东南欧的雇佣兵组建。——译者注

帝国军队难道不会对整个运行顺畅的帝国体系构成挑战吗？而这种新的战争暴力形式对帝国的危害，不仅仅体现在编年史中。

一个全新的发现是，瓦伦斯坦的特别税体制破坏了整个帝国的税收制度。根据盖茨科夫勒的建议，帝国税收制度已应用于帝国大区层面，战争爆发以来一直运转良好，对拖欠税款者的司法审判甚至在战争中就已经开始了。与其他人唱衰的推测相反，专家法比
119 安·舒尔策（Fabian Schulze）的一项最新复查显示，在南德帝国大区核准并批复下来的税费中，80%的税收债务实际已经到账，这一比例在当时的情况下是令人瞩目的。温和的帝国税收制度至少可以解释为具有法律外形的紧急措施，却被瓦伦斯坦的特别税实践完完全全地压垮了，因为政府无法以常规的方式从民众那里获取更多税收了。事实上，“弗里德兰人”怪兽般的治军方式就好像一头大象，在高度发达的帝国体系这家瓷器店①里横冲直撞。

然而，德意志民族的帝国联邦制基本结构源自单个国家和大一统国家的政治层面，虽渡尽劫波、有所削弱，但在战火中始终存在且依然有效。尽管直到 1640 年都没有召开过帝国会议，但不能忽视的是，对各邦具有决定性意义的机构如选帝侯大会、帝国皇家法院和帝国最高法院等高级法院，尤其是对政权至关重要的地区性大区会议（Kreistag），均能在战争期间维持运作。正是各个帝国大区，成功地在战争初期联手阻止了以“劣币危机时代”②（Kipper-

① 此处用了德语习语“瓷器店里的大象”（Elefant im Porzellanladen），意为举止笨拙鲁莽。——译者注

② 指 17 世纪和 18 世纪，有人非法削减钱币边缘以减轻硬币分量，用剪下的金属再制造新的硬币，或者掺入更多的铜以降低钱币价值。用劣质货币交易后产生了连锁反应，导致货币系统崩溃。——译者注

und Wipperzeit）被载入史册的钱币劣质化。瓦伦斯坦时代过后，税收控制力也得到了重塑。此外，帝国大区也拥有了戍卫邦国和平的自决权以及与其他大区结盟的权利。这样，税收成了战争税，因为邦国和平也需要军备。无论帝国大区曾经表现出或想要表现得多么地专事防御且爱好和平，它们都很容易受到战争煽动者的利用。原本寻求中立的下萨克森帝国大区就受到了丹麦国王的欺骗，被拖 120
入了战局，让瓦伦斯坦有了一个势均力敌的对手。

这位对手就是丹麦国王克里斯蒂安四世（Christian Ⅳ.，1577—1648）。此人作为帝国等级拥有德意志的领土，因此也是下萨克森的行政区等级，长年爱搞阴谋诡计，且屡屡得手。成为下萨克森的行政区长官后，丹麦国王提出建立一个德意志-西北欧的战争联盟，以扩大其疆土。一个战争策动者滥用行政区作为发动“丹麦-下萨克森战争”的出发点，而另一个则忽视了这些行政区。只是问题在于，瓦伦斯坦是因个人的鲁莽而忽视了帝国的局势，还是他完全认不清形势？毕竟，这位波希米亚-摩拉维亚贵族来自帝国边缘地区，捷克研究者们便理所当然地将其纳入自己的文化。虽然瓦伦斯坦年轻时曾在纽伦堡阿尔特多夫大学读过几个月大学，但没有人真正知道他学的什么；有档案可查的是，他由于暴力行为被开除了学籍，只是因出身良好而得以体面地退学。瓦伦斯坦早年的军事生涯是在意大利和波希米亚为哈布斯堡邦君服务，没有机会融入维也纳宫廷、哈布斯堡和帝国行政机构间的关系网，因此也没学到什么东西。就像在很多贵族家庭中常见的那样，这位德意志-波希米亚男爵、伯爵兼侯爵受到的是双语教育，也掌握了其他学者语言。但是，当人们读到他早年对帝国和皇帝的评价时（其实只看他

121 关于皇帝的说辞就够了），人们八成会怀疑，他是否真正掌握帝国的政治语言。

作为帝国首脑，皇帝费迪南二世本应认真对待瓦伦斯坦的抱怨和恼怒，坚持让瓦伦斯坦至少在某种程度上依法行事，但此时的皇帝，却完全忽视了自己的职责。在这背后，并不像人们怀疑的那样，隐藏着绝对主义的政治纲领，亦有可能是皇帝的西班牙顾问和耶稣会顾问将普世主义的王室利益及教派政治的义务置于合法的帝国政策之上。尤其是高举皇帝大旗的瓦伦斯坦大军捷报频传，驱散了费迪南二世的一切顾虑，皇帝对他的统帅睁只眼闭只眼，并让他尽管放手去做。

镜头随即转向北德，沿着瓦伦斯坦的下属阿尔德林根（Aldringen）驻防的易北河沿线北上。与丹麦国王结盟的雇佣军首领们试图向南德突围，被帝国军拦截，但曼斯菲尔德伯爵却想要证明自己，并坚持对抗。瓦伦斯坦的这位对手是雇佣兵首领中的翘楚，但更确切地说，他是制造混乱的雇佣军头目，也是一位不幸的军事先驱。他以战争为生，但和瓦伦斯坦不同，他不停变换主子并依靠主子们支付的金钱来招募和维持其迅速组建的部队。这也是以战养战，但和只忠诚于皇帝而平步青云的“弗里德兰人”[①] 不同，公认的军事专家曼斯菲尔德伯爵则多方求取订单，即便一直以来只
122 接到反哈布斯堡的订单。曼斯菲尔德伯爵先后为新教联盟、波希米亚人、普法尔茨人、尼德兰人以及下萨克森-丹麦人的事业而战，他将军队拉来拉去，并作为新教将领载入史册。在这场奇特的宗教

---

① 指瓦伦斯坦，下同。——译者注

战争中，人们从不知道这位军事将领个人所属的教派，以及他和雇佣军的终极忧虑是什么。而皇帝派来的一位督察员在 1629 年震惊地发现，虔诚的天主教将领蒂利手下的主要职位均被新教指挥官所占据。在宗教和民族任意组合的瓦伦斯坦军队中，教派同质性问题是完全不值一提的。曼斯菲尔德伯爵作为雇佣军首领中的执牛耳者，欲在一系列军事失败和政治羞辱后重振雄风，让敌方皇帝的新宠瓦伦斯坦吃个大败仗。因此，在他最后一次前去驰援因反对皇室而再度起兵的匈牙利-西本彪根贵族贝特伦·加博尔途中，他袭击了瓦伦斯坦的易北河封锁处，却遭遇了一次毁灭性的惨败。1626 年 4 月 25 日，瓦伦斯坦在“德绍易北河桥战役”（Schlacht an der Dessauer Elbbrücke）中取得胜利，这是帝国军的首场大捷，同时也意味着战略性的大型战争企业[①]模式凭借其更强的暴力潜质，超越了小型战争企业模式。而曼斯菲尔德伯爵则被瓦伦斯坦追击，带着其残部到达了贝特伦处，不久后便死去了。此时，胜利者瓦伦斯坦则通过几场微不足道的小战斗和强大的潜在威胁给这一地区带来了和平。

在蒂利率领的天主教同盟军队的协同下，瓦伦斯坦再度挺进北方，而这一次则更加彻底。德绍战役同年，蒂利大军穿过瓦伦斯坦的营地，挥师西进，对阵丹麦联军，并将胜利收入囊中，巴伦山麓的卢特[②]［Lutter am Barenberge，地理小贴士：位于希尔德斯海姆市（Hildesheim）之东南，萨尔茨吉特市（Salzgitter）之西南］战 123

---

① 作者将雇佣军比作战争企业。——译者注

② 位于下萨克森哥斯拉地区的市镇，这里的战役即“卢特战役”(Battle of Lutter)，发生于 1626 年 8 月 27 日。——译者注

场被载入战争纪念册。在当代，卢特名气不算大，但这场胜利已足够以此来命名战役了。瓦伦斯坦和他的部将如帕彭海姆（Gottfried Heinrich Graf zu Pappenheim，1594—1632）、阿尔德林根（Johann Reichsgraf von Aldringen，1588—1634）、阿尼姆（Hans Georg von Arnim-Boitzenburg，1583—1641）等以及他的盟友们取得了进一步的成功，几乎将整个德意志北部收于皇权之下。丹麦国王被驱逐出大陆，撤回日德兰半岛（Jütland），他的德意志盟友则不得不为此买单。瓦伦斯坦在就任弗里德兰和萨根公爵后，又被心怀感激的皇帝擢升为梅克伦堡公爵。但是，对于皇帝的盟友来说，这样做太过分了。迄今为止，皇帝变更选帝侯头衔或封赏土地总是从本朝的敌对阵营中指定，如 1547 年将韦廷王朝恩斯特支系的选帝侯头衔转封给阿尔布雷希特支系，1624 年将普法尔茨的选帝侯头衔转封给巴伐利亚的维特尔斯巴赫王室，此番却要将一个世代流传的古老王室废黜，只是为了给一位不久前才被提拔为波希米亚公爵的将军予以补偿——不是通过清偿债务的方式，而是给了他一块帝国的土地。梅克伦堡两公爵由于与丹麦身处同一阵营，被唾弃为叛徒，从而被
124 赶出家乡，不得不生活“在痛苦”中，而哈佩的编年史则认为，对于帝国贵族来说，梅克伦堡两公爵的命运是闻所未闻、令人愤慨的。

瓦伦斯坦却开始认真对待邦君的新任务，并适应了他在居斯特罗（Güstrow）的官邸。作为帝国军队所有兵种的总司令，他给自己补上了还缺少的海军将军的头衔，即一个巴洛克式的臃肿头衔——“大洋和波罗的海海军上将”（General des Ozeanischen und Baltischen Meeres）。这对于没有舰船的波罗的海沿岸邦国来说到底

意味着什么或者应当意味着什么，瓦伦斯坦曾有过各种各样的计划和考虑，但均未付诸实践。汉萨城市表示拒绝与之为伍，瓦伦斯坦被迫放弃围攻港口城市施特拉尔松德（Stralsund）。这些情况令他认识到，只有步兵和骑兵的他仿佛是一只没下过水的旱鸭子。这也意味着，如果不把丹麦国王引诱出他的“水上岛屿”，瓦伦斯坦就无法完全战胜他。这种持续存在的危险也解释了为何要签署那份出人意料的、温和的和平协议。多亏了瓦伦斯坦，皇帝看到自己的权力扩展到几乎整个德意志北部，他的胜利是一方面；而另一方面，在海战方面，丹麦国王是优势方，实力不容小觑。由于尚有欧洲其他纠纷的威胁，这一局只能以平局告终，从本质上而言，情况恢复到了战前状态。这份由皇帝与丹麦国王于 1629 年签订的《吕贝克和约》（*der Friede von Lübeck*）① 中止了德意志境内的战争，赐予了帝国超过一年的和平休整期。

军队的固定化和国有化 125

在这段时间里，瓦伦斯坦这位职业的战争策动者到底做了什么？他那爱刨根问底的首席传记作家戈洛·曼（Golo Mann）也提出了这个问题，而这个问题的答案就在问题本身。因为瓦伦斯坦虽把其时间精力用在他梅克伦堡公爵的新爵位上，但他在不打仗的情况下依然担任帝国军队的总司令。不过，在听不到反帝国的雇佣军首领的消息后，他实际上无事可做了。面对这个矛盾的局面，戈

①《吕贝克和约》约定，丹麦国王放弃在帝国境内的宗教和军事职权，保证不再干涉帝国内部事务；帝国将日德兰半岛、石勒苏益格和荷尔施泰因的丹麦王室领地归还，不要求任何赔偿。参见孙立新：《德国通史·第二卷》，江苏人民出版社 2019 年版，第 390 页。——译者注

洛·曼意味深长地指出：“于是，在接下来的一年半时间里，瓦伦斯坦是一位没有敌人的指挥官，是一位和平将军。”他在本阵营内的对手也注意到了这一点，从而抓到了摆脱他的机会。“这个人已经完成了他的职责，他可以走了。”正如席勒的名言所说。而个中真意则两度在瓦伦斯坦身上应验。

在复出之前，瓦伦斯坦为期一年半没有战争的将军生涯是军事史上一个有趣的现象。过去，没有战事时不再需要成本高昂的部队，人们会立刻将其遣散，而现在，一支如此量级的部队在和平时期还暂时保留着。对于此后在和平年代依然维持运行的常备军而言，这实际上是第一次试水。不过，这只是具有未来潜力的一步，后面必须跟着另一步。因为就其发展史而言，这种将半私人军队固
126 定化的萌芽，只有与军事力量国有化联系起来才具有意义。这才是瓦伦斯坦在他第二个统帅任期中应火速解决的问题。

在瓦伦斯坦的第一个统帅任期结束的时候，没有人知道后面还有第二次，相较之下，第一个任期的结束不那么富有戏剧性。“弗里德兰人”的壮大对某些人构成威胁，其他人则认为签订《吕贝克和约》的结局太过示弱，瓦伦斯坦大军表现出的异国或异邦人的粗俗鲁莽令所有皇室以外的人瞠目结舌。帝国等级和行政区等级早就对此心生怨怼，想要设法补救。在 1630 年雷根斯堡的选帝侯大会上，皇帝不得不为了其王朝的政治目标争取各方的亲善，于是情况一发不可收拾：帝国的最高代表们跨教派联手，尤其是皇帝的天主教盟友、天主教同盟领导人马克西米利安等人，要求解除瓦伦斯坦的军权。其实，皇帝并没有对瓦伦斯坦不满的理由，反而将自己帝国权力的扩张归功于他，但是，为了重建皇帝和帝国诸侯之间的均

势，朝廷屈服了。皇帝派遣了两位经验丰富的使节去瓦伦斯坦处，将充满外交辞令的解雇令传达给他。瓦伦斯坦不动声色地面对并接受了这个消息，无论是当时还是今天，这一点总是令人叹服。好在瓦伦斯坦拥有的一切即帝国等级的财产和头衔均保持不变，也包括那个颇具讽刺意味的梅克伦堡公爵头衔，毕竟，转封爵位一事曾让巴伐利亚选帝侯和其他为废黜瓦伦斯坦而四处奔走的人十分不快。瓦伦斯坦此前也已经萌生了从军中引退的想法，从而全身心地致力 127
于邦君的职责，在其位，谋其政。

那军队怎么办呢？这或许真的是皇帝的机会，即把这个在短期和平中保留下来的军队国有化，并真正将其纳入自己的世袭领地或帝国军队管理体系中。但发生了什么呢？瓦伦斯坦的死对头马克西米利安想取而代之，未遂后则达成妥协，由天主教同盟军主帅蒂利伯爵兼任帝国军队（或者说解散后残余的四分之一部分）的总司令。军队的固定化被放弃了，帝国首脑也没有利用好这次国有化的机会。不管一支国有的常备帝国军会为日后的发展带来什么，这个结果是一切可能性中最糟糕的一种。

在瓦伦斯坦的第二个统帅任期内，情况又有所不同。1632—1634 年的新一轮回合中，起初有些情况似乎在重复过往。天主教同盟无法独自应付来自外部即瑞典国王的干预（见第四章），瑞典人大举进攻帝国，唯有重新召回久经考验的军事奇才和战争组织者瓦伦斯坦。这次，他完全让人求他出山，并最终将最高指挥权转化成“绝对形式”（absolutissima forma），无论这意味着什么，他最终建立了一支新军，阻止了入侵。吕岑战役（Schlacht von Lützen）中，即使瓦伦斯坦没能完全扭转局势而令朝廷失望，但瑞典侵略者之死

也遏制了其侵略的势头。“弗里德兰人”的试探性谈判未得到完全
128 授权（见第五章），其部将在比尔森的宣誓效忠令人误解，这一切使得瓦伦斯坦背叛和谋反的谣言甚嚣尘上。无人知晓瓦伦斯坦的目标以及朝廷的行为，这给研究界留下了诸多未解之谜。在瓦伦斯坦缺席的情况下，临时即决审判庭对他进行了审判，皇帝宣布罢黜并逮捕他，“要么抓住后杀死，要么生擒活捉”。军队中有一部分向皇帝投诚，他们认为，死人更加保险，于是在 1634 年 2 月 24 日或 25 日杀死了瓦伦斯坦。鲜血淋漓的杀戮场景发生在被认为安全的埃格尔：忠诚的军官们被杀死在晚宴上，瓦伦斯坦则被刺杀在卧室里。战争债务此刻被一笔勾销，被革出社会之人的财产被罚没充公，朝廷及其委托人占尽好处。尤其是军队被保留了下来，由背叛瓦伦斯坦、投靠朝廷者担任总指挥，先是瓦伦斯坦的副手加拉斯（Gallas，1588—1647），战争结束时由皮克罗米尼（Piccolomini，1599—1656）控制并组织部队归顺帝国。此外，皇帝的儿子兼日后的继承人、已是匈牙利国王的费迪南大公（Erzherzog Ferdinand）亲自接管大军，并在 1635 年取胜的诺德林根战役（Schlacht von Nördlingen）中担任了具体的最高指挥工作，并在加拉斯的建议下，凭借这场胜利圆满完成了哈布斯堡王室将瓦伦斯坦大军据为己有的目标。那么，谋杀瓦伦斯坦的动机和目标是什么？要回答这个问题，与其研究瓦伦斯坦，倒不如研究朝廷或军中背叛者的阴谋，这样更容易解答“对谁有利”这个问题：谋杀瓦伦斯坦的性命对谁有好处？因此，是不是瓦伦斯坦之死的受益者导致了他的死亡？

当然，在为自证清白而将谋反的谣言强加在这位“弗里德兰
129 人”头上的出版物中，不可能有以上问题的答案，但是，仍然有强

大的证据证明朝廷的实际动机。人们在档案中找到了一份庄园总管家列支敦士登的贡达卡（Gundackar von Liechtenstein，1580—1658）于1634年1月11日呈给皇帝的奏疏，奏疏措辞清晰地向皇帝介绍情况是怎样的、会发生什么。贡达卡认为，当前的问题在于总司令“不听话”，总的来说，“大型部队依附于他而并不依附于皇帝陛下”。为了斩草除根，重塑皇帝的权威，从而将军队、军官的支配权以及“特别税和查抄充公的进项”攥在自己手里，人们必须摆脱总司令。不过，瓦伦斯坦不可能自愿挂印，皇帝应秘密将一些人员吸纳进自己的阵营，在顾问三人小组中给该案件定罪，然后，由于危险已临近，应采取极端手段，取瓦伦斯坦的性命。真实发生的情况与上述完全一致。铁证如山，这证实了从军事、政治和财政上接管军队是皇帝的根本目标。

军事上对自己的主子不够顺从最终成了瓦伦斯坦被刺的诱因。皇帝曾多次请求瓦伦斯坦出兵参加某些行动，最近的一次是让他增援被围困的雷根斯堡，但他均未理睬。在指出占领波希米亚“冬季营地”对保住军队的必要性的情况下，瓦伦斯坦也没有或只带了一半兵力前去帮忙。鉴于瓦伦斯坦特殊的半个体户地位和合同规定好的特权，人们是否可以把他的种种行为真正称为“抗命”，还有待 130
商榷。但是，在维也纳，帝国军队越来越脱离皇帝的支配，明显使扼制这一发展趋势、并最终将其逆转过来的决定渐渐成熟。保留至今的军队也应当国有化。虔诚的皇帝知道自己欠瓦伦斯坦的，传说费迪南为了救赎那死去的灵魂，命人做了无数场弥撒。这一奇特的传说或许可以理解为费迪南对出于政治投机而给瓦伦斯坦判死刑的冤假错案的补偿。这与贡达卡的报告相符合：极端邪恶也需要极端的手段，即“为维持现状”，谋杀统帅是一种国家利益至上的行为。

瓦伦斯坦之死，使军队与奥地利世袭君主国的最高军事机构——皇室军务署（Hofkriegsrat）的行政联系得以加强。研究人员奥斯克·雷克勒（Oskar Regele）强调了瓦伦斯坦独特的地位，他的部队是“真正意义上的非政府军”，因此瓦伦斯坦提出的装备要求和皇帝意志的实施，均不得不由特地赶来的皇室军务署官员按规矩协商。现在，这种情况发生了变化。在《威斯特伐利亚和约》签订后，瓦伦斯坦军队中有几个久经考验的军团被保留了下来，专家雷克勒把该军队的保留视为“奥地利常备军的基础”——没错，这的确是“奥地利军队的真正起源”。在此过程中，皇室军务署以及负责为军队
131 融资的皇室财政署（Hofkammer）的地位和组织部署力均得以提升；两者均发展成为国家机关，在和平年代依然有序运转。

米夏埃尔·霍赫特林格（Michael Hochedlinger）将威斯特伐利亚之后的奥地利重新解读为军事上被低估的现代强权国家，这一点引起了广泛讨论。他将已成为永久国家暴力的“常备军”（standing army）视作哈布斯堡国家统一和中央集权的决定性因素，并认为，对外无往不利的瓦伦斯坦或因自己的军队而成为这场“建构国家之战”的内政症结。瓦伦斯坦本人被铲除后，他的军队反而成了奥地利国家内部建设的遗产。

常备军

——战争的风险或和平的机会

三十年战争不仅为战争英雄们赢得了“战争的战争”的专属名号，而且也为战争与和平的理论作出了贡献。后来涌现出一位因土

耳其战争而成名的常胜将军，名叫拉伊蒙多·蒙特库科利（Raimund Montecuccoli，1609—1680），来自意大利，因而也多用意大利语写作。他在三十年战争期间为皇帝效力，是可考的最早的近代军事科学家之一。1639 年，身为上校兼伯爵的他光荣被俘，进了瑞典人的监狱，直到双方互换军官，他都被关在什切青（Stettin），并利用这段时间写成了宏大的著作《战争条约》 132
（*Trattato della guerra*）。这本有关战争事务的著作，结构颇为体系化，此后大量相关著作和报告纷至沓来。此书旁征博引，引用了诸多先贤榜样和至理格言，从古希腊罗马教育宝库到当时正在进行或者刚结束的战争经验。书中也出现了一些经典的、同样适用于古今雇佣兵部队的至理格言，比如在战争中，钱是“最关键的东西”（nervus rerum），并在后文中指出，打仗需要三样东西，它们是：钱，钱，还是钱。在书中，人们也能在有关如何对待阴谋的章节中辨认出瓦伦斯坦的影子。但最重要的是，有关常备军的讨论从这里开始，即始于三十年战争正式结束前。在关于军备的章节中，作者谈道，军队最好要在应战之前就集合好，而不是在急需时匆忙招募，这样招来的兵源质量不够好。就缔结和约时解散军队的问题，蒙特库科利先于《威斯特伐利亚和约》七年就提出，人们不应当遣散所有士兵，而必须保留部分战士，以便在紧急情况下有可靠的指挥官和士兵作为核心人员以供调遣。比如，一个连队的人数可以减半，但“军团的构架”，也就是它的军事基础设施，应当在战争过后继续存在。“一支常备军确保了国家的存在”，这句话在当时显得与众不同，这里的“常备”意味着保留一定数量的人员，在紧急状况下可以重新填充，且“军事科学无论在理论上还是实践上均不致 133

荒废”。事情的进展确实如此，原因之一在于这位顾问兼负责人在朝廷的职位一直在提升。而就军事科学而言，此书也对军队的国有化进行了重新界定。沃尔夫冈·E. J. 韦伯发掘出了一本至今在政治学界不太受重视的著作，作者是约翰·尼古劳斯·弗拉米策尔（Johann Nicolaus Flämizer），书中明确支持民事管理部门采用“政治军事管理”，以便为政治家和国家公务员提供必备的军事知识。

在“战争的战争”的大背景下，人们可以看到国家暴力组织的全盘制度化，而战争背景也助推了其产生和长期化。一方面，自瓦伦斯坦及其继任者以来，军队暴力覆盖了整个平民世界，战争年代的幸存者对军队习以为常，这就使得人们对军队的永久存在有较高的接受度；还有那些只要不从事农民或市民的职业就无所事事、到处抢劫的雇佣兵，将这些人打包进受管制的军事单位中后，人们发觉他们不过是小恶而已。不过，过渡到常备军的决定性原因则来自安全政策方面，即常备军可以使人们依靠自己的力量来防御糟糕的情况。蒙特库科利将这一点作为从三十年战争中汲取的教训呈现出来，尽管常备军花费不小，但他还是在缔结和约后为此奔走。蒙特库科利直接从战争经验中得出的最新结论带有一定的偏见，逐字翻
134 译过来是：“对一个国家的安定存续而言，最安全的保证是随时准备好作战的军队，尤其是坚持保有年长稳重、长期训练且久经考验的士兵，而非匆忙招募未经考验的新兵蛋子。如果人们回想起不久前德意志土地上出现的破坏、损毁、纵火、勒索、暴力和抢掠行为，敌人的毫无节制和毫无人性在短短数月甚至几天、几小时内就吞噬和灭绝了一切，而这些被毁的东西足够用来供养一支足以阻止这一切的军队好几年，那么，供养军队也就不困难了。”

眼下处于战争的最后阶段了。皇帝和他的帝国在某种程度上站在了一致反对外国占领势力的阵线上，但苦于军事力量太弱。而为了更好的未来，蒙特库科利想到了一个混合体系，即由固定征募的雇佣兵群体和招募邦国儿童的民兵团体组成，由此可以明显地看到常备军维护和平的一面。在蒙特库科利的基础建构设计中，可少不了这句经典名言："欲求和平，不忘备战。"其原因是，已有的常备军并非为了战争而武装，但它也能够阻止战争的爆发，因为没有人敢轻易挑战这样一位武装到位的对手。三十年战争开始时，蒙特库科利才 9 岁，他从自身经验出发，还没能想到战争的爆发本身便是一个具有警示意味的反例；同时，他联想到了自己亲身经历的、又不合时宜地结束的瓦伦斯坦的首个统帅任期：那时候，由于德意志只有部分地区武装起来，才让瑞典人有机可乘。

当然，三十年战争时人们曾短期试验过在和平年代保留常备 135
军，不过，在后来的历史中，这一做法被证明是一把双刃剑。诚然，一个时刻备战、装备精良的国家可以通过威慑潜在对手来预防战争，但是，在几个同样强大的国家之间，常备军可能会招致彼此不断的实力较量。没错，常备军往往只是一种尝试，最终人们还是会动用军队，策动战争。18 世纪最大的战争策动者是普鲁士国王弗里德里希二世（Friedrich Ⅱ.，1712—1786），他从父亲那里继承了一支规模过大的常备军，并凭借此军发动战争——这是一个最令人瞩目的例子。弗里德里希大王的臣民、柯尼斯堡（Königsberg）的伊曼努尔·康德（Immanuel Kant，1724—1804）认识到了这一点，并要求废除这些军队作为建立"永恒和平"的条件，当然他没有提到国王的名字。虽然这只道出了一半真相，但它仍然是自三十年战争以来这种军事形式的早期执行者和歌颂者的历史对立面。常备军既有触发战争的一面，也有带来和平的一面。结果到底如何，取决于时代的结构和掌握军权的大人物。

根据某种军事历史发展论点，如果只是统治者取代了被撵走的雇佣兵头子，未将部队国有化而是大肆颂扬之，那么会在作出战争还是和平的决策时，为君主的独断专权和他国利益的入侵大开方便之门，从而威胁和平，正如两位好战皇帝所展现出的宗教和普世主
136 义利益那样。在此前已讨论过多次的“近代早期的动荡”(Friedlosigkeit der Frühen Neuzeit）的解释模型中，军事领域是一个尚不完善但穷兵黩武的国家的弱点之一。国有化是一个漫长的过程，并长期在安全政策方面显示出破坏稳定的制度化缺陷。这个使“战争的战争”成为可能的、两次超过一般限度的暴力组织最终以常备军的形式，在和平史上留下了一份相当矛盾的军事遗产。这份遗产并不能完全概括瓦伦斯坦的一生，但这是另外一个故事了。

第四章　古斯塔夫·阿道夫

——新教媒体国的哥特移民

▶瑞典人的职业（三折页系列传单的中页 1631/1632 年）

古斯塔夫·阿道夫乘坐凯旋车驶入帝国。这辆车由德意志诸侯推动，上帝之手用绳子牵引着它。三张图片中，右侧的新教教会均在寻求援助；神鸟叼着统帅之帽穿过，为英雄指出进入“罗马帝国”的道路，最后则通向皇帝的御座。这显然是一场将统治者的教派任命和帝国委任结合起来的宣传。

战争暴力也不得不暂停一下。当这场“战争的战争”在 1630 139
年进入“大暂停”阶段时，人们或许应当想到，这可能是一次立刻完全停止战争的好机会。连战神瓦伦斯坦也曾相信自己的工作已经完成，并很高兴能够过上条件优渥的退休生活。雷根斯堡的选帝侯大会已经在裁减军备，并提醒皇帝依照宪法对外国的武装冒险活动进行限制。在与丹麦缔结和约后，德意志北部的战斗渐渐停止，遥远的意大利也走上了调解之路，一切似乎都在朝着全面和平的方向发展。

但实际上还差得很远。令人非常震惊的是，瑞典国王古斯塔夫二世·阿道夫于 1630 年 7 月在波罗的海沿岸登陆，从此时到他战死的仅仅两年内，他给肆虐 12 年后即将偃旗息鼓的战争注入了大量新的侵略动力，使之最终成为一场绵延三十年的战争，并将两大帝国——德意志帝国以及瑞典帝国带到了深渊的边缘。这一切为什么会发生？又为了什么呢？这是历史学界一个长期以来争执不下的谜题，它从未真正被解决，却有很多答案浮现。瑞典研究人员斯文克尔·奥瑞德森（Sverker Oredsson）在一项大型研究中收集了近 200 年里不少于 11 种解释模型，每种模型均各有众多论据支持，但也有不少论据反对。其中，三个领域的解释尤为清晰明了，即宗教领域、政治领域以及新发现的第三领域，而第三领域可能会带来最 140
令人惊讶的答案。

机会造就宗教战士
——图像的力量

1629 年，皇帝费迪南二世相信，他已经赢得了战争，且放肆地命人废除几项针对新教帝国等级的规定。他的宗教顾问劝说他，眼下是在教派之间拿出“皇帝的乾纲独断”作决定的时机，这当然是在天主教意义上。因为《奥格斯堡宗教和约》没有完整地规定好一点，即帝国等级及其附庸的宗教领地的所有权。受采邑主教和帝国修道院院长统治的所谓的宗教国家，有落入新教之手的危险，它们会怎么样呢？而那些建立在教会等级制度上的天主教教派反对什么？邦君最基本的享有“教派决定权”的例外规定有必要通过附加条款和反附加条款确定下来，但围绕“教会保留”[①]（geistlicher Vorbehalt）条款的阐释，此后又爆发了精彩的争吵。新教诸侯有权事后获得原有的教会财产，但尚不清楚如果人们在新教意义上要求
141 法律改革（Jus reformandi），其所有权将来是否有效。新教帝国等级将其视为“教派决定权”理所当然的附属品（因为若非如此，他们该如何在邦内建立统一的教会事业呢），但天主教等级可不这么看。这一问题在实践中何去何从，取决于个案以及时代的情况。

各教派阵营之间进行的帝国等级“聚合”谈判被战争碾压后，皇帝认为，他能够凭一己之力达成此事，于是颁布了《归还敕令》[②]（*Restitutionsedikt*）。他在对现存有效宪法错误认识的情况下，努力想要在天主教意义上扭转《奥格斯堡宗教和约》签订以来发生的实际教派发展。该敕令虽然并未触及《奥格斯堡宗教和约》本身，但却是以皇帝对不同阐释作出裁定的姿态呈现的，对帝国枢密法院和

---

① “教会保留”条款规定教会诸侯一旦信奉福音教，立即丧失其职位、地产和特权，教会诸侯邦国的地产不得还俗，目的在于确保教会诸侯的永久存在，强化天主教的正统地位。参见孙立新：《德国通史·第二卷》，江苏人民出版社 2019 年版，第 294 页。——译者注

② 根据该敕令，自 1552 年以来被世俗挪用的所有天主教会财产都须无条件归还。——译者注

各帝国机构具有约束力，并派遣全权代表立刻实施。该敕令涉及马格德堡和不莱梅的大主教管辖区、哈尔伯施塔特（Halberstadt）等德意志西北部的主教管辖区和另外 10 个从新教还俗的小主教管辖区，以及 500 个主要位于德意志西南的前修道院。此时，原来的合法管理者已进入以上辖区数十年，现在竟没有足够的修道士进行管理，而是由耶稣会士越俎代庖干预事务——这变成了对帝国内新教势力的挑衅。帝国等级的抗议如冰雹般密集地袭来，天主教诸侯也表达了抗议，如巴伐利亚的马克西米利安。他一开始曾表示赞同，但当他看到这一敕令在有利于皇权的情况下是多么严重地损害了帝国等级的权利时，便联合其新教同僚在雷根斯堡选帝侯会议上提请 142
皇帝“重新考虑”这一危害帝国和平的举措。尽管宗教和平本身毋庸置疑，但其黩武的阐释方式并不妥当，且其修订方法引发了公开讨论，皇帝的失策及其后果则引起了很大的恐慌，令德意志的新教徒陷入了生存恐慌。

一个令人难以置信的巧合赋予此事特殊的爆发力。恰是在这一危急情况下，又在宗教改革纪念庆典后，战争初期出现了另一次对教派认同更重要的周年庆典：《奥格斯堡信纲》（*Confessio Augustana*）诞生 100 周年。这份在 1530 年奥格斯堡帝国会议上宣读的《奥格斯堡信纲》最初怀着一体化的意图，已成为自宗教和平以来路德教信徒或“奥格斯堡亲属教派”基本的信仰声明书，受到帝国法律承认，因此，这一年也是新教教派成立的周年纪念，而新教教派现下在帝国内的地位似乎颇为尴尬。最早一批心怀恨意的（天主教）神父认为，至今没有哪种异端邪说能够幸存超过 100 年，并在宣传小册子中威胁要毁坏新教教徒“珍宝”中的珍宝。新教和改革宗方面已有人在考虑，最好取消在此情境下更具挑衅性的周年庆活动，但后来，在萨克森选帝侯国的提议下，变成以强调防御的形式进行纪念。一份周年庆传单形象地记录了纪念的方式：路德在一众历史上
143 信仰新教的诸侯面前，将福音教之光照向圣坛；萨克森选帝侯则从圣坛的另一侧举起《奥格斯堡信纲》，面对一直在上空盘旋的帝国雄鹰。帝国雄鹰用月桂装饰的帝王权杖笃定地触摸了信纲，用羽毛为它遮挡了圣坛上刮起的风暴。鉴于 1629 年的《归还敕令》，思想之父们此时的愿望或许是，用形象的方式为保护身处险境之中的、受帝国法律承认的新教教派发声。另有传单满怀希望地押韵道："上帝经常/帮意外的忙"。很多人呼唤救赎或者救星，并把他引用过来。而他，来了。

古斯塔夫·阿道夫显然是精心策划的，于 1630 年 7 月 6 日准时在信纲周年庆之际在波罗的海沿岸登陆，并为新教宣传提供了"救世主"，也给德意志带来了又一个 20 年的战争。事实上，施特拉尔松德的一份报纸用旧福音教纪年法报道了这一新闻，即"瑞典国王陛下在圣约翰日[①]（der Tag Johannis）抵达吕根岛（Rügen）附近的陆地，因为人们要在那一天庆祝周年纪念"。为欢庆这个"令人愉快的消息"，施特拉尔松德人唱起了《赞美颂》（*Te Deum*）[②]。虽然没有人知道"陛下的计划"是什么，但如果人们广而告之并用一系列传单强调他们在对《奥格斯堡信纲》进行必要的保护，情况又会如何呢？

人们在 1617 年举行首次宗教改革周年庆典时就已经观察到

① 即施洗者圣约翰的诞辰日 6 月 24 日，与 6 月 20—21 日夏至日有密切联系。——译者注
② 4 世纪流传下来的一首拉丁语的基督教颂歌。——译者注

了传单战（Flugblattkrieg）的存在，它伴随着整场“战争的战争”，并主要通过单面印刷品对其进行评论。这种宗教改革时期所特有的、配有解释性短文的图像媒介在100年之后得到了最 144
后一次大规模的运用，以前用木版画，现在是铜版画和蚀刻画。时至今日，这种独一无二的、形象生动的传统形式密度大、力量强，使得这场战争始终保持着“近代早期最著名的战争”的地位。但是，这些图片对战争英雄及其动机进行了虚假或片面的宣传并维持其生命力，从而形成一种诱导力，至今依然影响着人们的历史感知。

在某种程度上，传单战就是人和人的战争。英雄和反英雄构成了与人相关的战争图片评论的基本形式。许多统治者和高级军官出现在画面中，而古斯塔夫·阿道夫的形象则令其他所有人黯然失色：在某种类型的图片中，常胜将军们位于螺旋形排列的成功轨道的中央，周围环绕着奖牌状的插图，插图上画着被他征服的地方，其中，古斯塔夫·阿道夫以远超100枚奖牌的骄人战绩成为最高纪录保持者。

若是人们问及战争传播学潜在的解释模式，那么，这些图片遵循的最主要模式是宗教故事。随着古斯塔夫·阿道夫在1630年左右参战，图片宣传达到了顶点。如一幅名叫《瑞典人拯救基督教会》的传单，上面画着雄狮古斯塔夫·阿道夫从船上跳上岸，斩下教皇九头蛇的头颅，解放了由九头蛇看守的喻指新教教会的地盘。接着，在上帝之意的光芒照耀下，古斯塔夫·阿道夫骑行在支持《奥格斯堡信纲》大军之首——显然，上帝之手牵引着绳子。虽然 145
一群天主教神职人员用风箱、干草叉和其他器具试图熄灭新教之光，但这位基督教信仰英雄则将新教之光放在《奥格斯堡信纲》的烛台之上，穿过“神父小巷”（Pfaffengasse）[1]，即人们所说的有众多采邑主管教区的莱茵河地带，追捕天主教教士和僧侣。虽然两个末日的庞然大物——罗马龙和耶稣会公羊（即对“抵抗耶稣”这一名称的挑衅性的形象说明），令人对奥格斯堡的毁灭忧心忡忡，但是，“屠龙者”古斯塔夫·阿道夫解放了这座帝国城市并随之解放了整个新教世界。绘图者通过将瑞典国王与《旧约》里的摩西[2]或基甸[3]相提并论，证明了他是上帝派来的救世主，并随时有可能要求开始一场“圣战”。

在古斯塔夫·阿道夫的圣像化等一些特别明显的案例中，政治宗教上的优先，或许增强了人们对瑞典国王的接受度，而瑞典国王却并非帝国诸侯叫来的，事实上，诸侯们也不愿意他存在于帝国之内。现下，诸侯们因新一轮的教派传单进攻战，面临着加入传单战的公众压力。周年庆典对于战争的爆发具有一定的煽动性，今天，人们也会研究它对其他战争产生的影响；此外，两度回溯宗教改革的历史有利于人们利用宗教解释战争。出于以上原因，这场冲突往往被整体性地视为宗教战争，这也是这场战争作为宗教战争流传至
146 今的决定性因素之一。但也有可能是以下情况：人们自 19 世纪以来努力搜集并反复再版、重印这些图片，盲目相信这些图片的威力——这一幕，自图片宣传出现在战争舞台之日起就反复上演着。

---

①“神父小巷”指的是位于莱茵河左岸、由几个天主教教区构成的狭长地带。在当代，这一历史概念已不再使用。——译者注

② 摩西：先知，犹太教的创始人。——译者注

③ 基甸：《旧约》中的以色列英雄和术师，曾率军大败米甸大军，使以色列人太平 40 年。——译者注

将三十年战争解读为宗教战争自有其局限性。若是这样解读恰好合适，那么教派对立应在三十年战争中扮演重要角色。不过，其间常常被忽视的是，1630—1632年围绕古斯塔夫·阿道夫发生了一段故事，这段时间似乎是各宗教和政治阵营真正彼此契合的唯一一段时期。但似乎一切仅此而已。为了制约这一普世强国[①]，法国从一开始就支持并资助了瑞典人的干预，而且，就好像这还不够似的，教皇也插了一脚。一位研究梵蒂冈秘密档案的专家发现，亲法的乌尔班八世统治下的罗马教廷将罗马方面正式劝阻法国与瑞典结盟的日期往前篡改并操纵了文档，以掩饰他们一开始就间接支持瑞典的真相。当然，只支持天主教大国对抗新教的官方计划并不会给和平带来更多助力。

政治和大哥特普世主义候选人

古斯塔夫·阿道夫的宣战书并未援引教派方面的论据，而是从政治和经济等方面陈述理由。宣战书声称，为反抗哈布斯堡王朝的一系列挑衅和侵犯，瑞典必须重视自身安全并进行自我防御。宣战书的撰稿人是饱学之士约翰·阿德勒·萨尔维乌斯（Johann Adler Salvius），就像那个时代所有的宣战书那样，他在文中始终遵循“正义之战”的说辞，且在瑞典史书的基础上，建构了一个防御性的安全利益框架。为了保卫斯德哥尔摩的安全，眼下占领德意志的波罗的海邦国显然是一次极端的前瞻性防御。饱受争议的波罗的海帝国舰队则从未达到瑞典舰队规模的四分之一，它的创建也根本不 147

① 指神圣罗马帝国。——译者注

是针对瑞典，而是针对背叛帝国的尼德兰。不过，如果涉及“波罗的海的统治权”（dominium maris Baltici），那么瑞典人在德意志的攻城略地之举则并不是一场防御战争，而是一场扩张战争。事实上，从瑞典占领芬兰开始，古斯塔夫·阿道夫已经一个港口接一个港口地占领了波罗的海海岸线，将港口税收纳入瑞典人的战争账户。瑞典人在相继占领多恩岛（Düna）[①]、默默尔（Memel）[②]、维斯瓦（Weichsel）[③] 之后站在了奥德河畔（die Oder），也就此站在了德意志民族的帝国领土上。此外，古斯塔夫二世已盘算过干预德意志与丹麦的竞争，顺带保卫施特拉尔松德。但最终，他挺进奥格斯堡和慕尼黑，并敦促瑞士人加入他的行列。显然，这不再只是关涉波罗的海的利益了，而是欲将皇城维也纳也即阿尔卑斯山口纳入其势力范围。所以，这不仅仅是关涉民族利益政策的问题。

政策亦自有其理念，如哥特主义（Gotizismus）。瑞典人将自己
148 视为民族大迁徙时代的哥特民族的正统后代，认为自己有能力延续哥特人撼动罗马帝国的伟大功业。这绝不是形形色色的文学虚构。其中最有名的是 16 世纪时约翰·马格努斯（Johann Magnus，1488—1544）[④] 撰写的哥特人史，这是一份政治纲领。瑞典国王也

① 多恩岛：德国北海岛屿黑尔戈兰岛（Helgoland）唯一的副岛，距离德国海岸线约 70 千米。——译者注

② 默默尔：波罗的海沿岸城市，1919 年前归属德国东普鲁士，《凡尔赛和约》将其划给立陶宛，此后，除 1939—1945 年间回归纳粹德国外，一直属立陶宛。今为立陶宛第三大城市克莱佩达。——译者注

③ 维斯瓦：今为波兰西里西亚省的一个城市，位于同名河流维斯瓦河畔，1939—1945 年间属纳粹德国。——译者注

④ 约翰·马格努斯：瑞典神学家，乌普萨拉大主教，也是瑞典宗教改革前的最后一任天主教大主教。有关哥特人国王的著作《哥特和瑞典国王全史》（*Historia de omnibus Gothorum Sueonumque regibus*）在其身后的 1554 年才得以面世。——译者注

是哥特人国王，统治者的计数要追溯到哥特统治者，以建构其连续性。在接手政府时，古斯塔夫·阿道夫就已经以哥特人国王的身份登基，并宣布，哥特人尚未征服全世界，是为了给瑞典人留下一些事情可做。在试航时沉没的国王旗舰如今高高在上、供人参观，上面的形象装饰以清楚明了的象征意义，将瑞典狮子与一系列罗马皇帝和哥特勇士融为一体。在起航驶向德国之前，古斯塔夫二世向瑞典贵族起誓，必以其哥特祖先的征服战争为榜样。

当然，一位公开宣称自己是大哥特主义者的瑞典人没那么容易到达德意志，但一系列证据和迹象表明，古斯塔夫·阿道夫在其漫长一生中曾经追求过“神圣”罗马帝国的皇位。对此，我们能在系列传单上看到一个特别直观且有说服力的例子。这些传单读起来就像一个图片故事三部曲，讲述瑞典干预的动机、合法性和目标。在第一幅图片中，背景是“瑞典国王”缔结和约，与“波兰国王”告 149
别①，目的是转向帝国。国王们站在一座山的前面，它象征性地隔开了波兰战场和新的行动空间。在新空间的背景中，用帝国之鹰装饰城门的“罗马帝国”的剪影清晰可辨。一切指引国王向前：一个伸出双臂的天使，在路边乞求地挥手的“基督教教会”的形象，从云端伸出来的先知之手，乃至整个图像展现出的艺术意图——将古斯塔夫·阿道夫在 1629 年与波兰停战时确立的优先干预帝国的决定可视化了。

那么在下一张图片上，一架凯旋战车载着身披骑士铠甲的国王滚滚驶向近在眼前的帝国象征，在城堡坐落的山上，人们能看到象

① 指的是 1629 年，法国首相黎塞留调解了瑞典和波兰之间的战争。——译者注

征皇帝和选帝侯的图形。“遭驱逐的诸侯们”推动政治战车，乞讨的教会虽被蒙上嘴巴，但依然坚持教派阐释，而上帝之手则用一根长长的木偶绳牵引拉车的役畜穿过帝国的城门。

在变化多端的续篇中，人们可以看到英雄已经抵达。走进帝国大厅，大厅的正面墙壁装饰有帝国雄鹰，侧面墙壁上画着一群选帝侯簇拥着皇帝和德意志领土的徽章旗帜，令人联想到帝国会议。蒂利无法阻止由教会和天使引领的瑞典国王进入帝国。抢劫、谋杀和施暴的场面直观地再现了纲领中“罗马帝国内民不聊生的状态”，
150 并让人们认识到，这里不仅渴求一位教派政治家，而且欢迎一位整顿秩序的政治家。

这几帧连续的图片里却有一个看似被缩小印刷却又被小心翼翼坚持下来的噱头。在波兰战场上空飞翔着一只鹰，它叼着一顶帽子，跟在国王后面——这是在影射古罗马历史学家李维（Titus Livius，公元前59年至公元17年）[①] 书中的一则逸事，可能将此与瑞典人的战争逸事联系到一起。在李维的笔下，一只秃鹫从统帅塔奎尼乌斯·布里斯库斯（Tarquinius Priscus）[②] 头上叼走了统帅之帽，又给他重新戴上，从而预言他未来会坐上罗马国王的大位。在这套近代早期传单的第一幅图中，鸟儿似乎在给瑞典国王送帽子；但在第二幅图中，鸟儿已经扑棱着翅膀飞在古斯塔夫·阿道夫的凯旋战车的前面，为他指明通往“罗马帝国”的道路；而在第三幅图上，当古斯塔夫·阿道夫踏入帝国大厅时，鸟儿则已然目标明确地

---

① 提图斯·李维：古罗马历史学家，生活在屋大维时代，其流传下来的著作仅有《罗马自建城以来的历史》。——译者注

② 塔奎尼乌斯·布里斯库斯：罗马王政时代的第五位国王，公元前616—前579年在位。——译者注

飞向了皇帝的宝座。在其他所有的暗喻性纹饰中，这一文本中的细节暗示透露了那个时代不允许公开言明的内容，即古斯塔夫·阿道夫对帝位的追求。传单宣传几乎仅以教派赋予的天意为目标，并对瑞典文献中的普世君主制的目标缄口不言，此时，这套系列图片暗示了一种新教皇权意义上的平衡。于是，人们印刷了原始传单，目的是抵抗“错误的妄想”，即瑞典皇帝陛下“不具有德意志的血统和出身”，因此“罗马帝国及其领土上的事情与他无关”。鉴于欧洲 151
上层贵族间的联姻，我们并不难找到证据，以证明古斯塔夫·阿道夫从亲属关系上“与纯粹的新教罗马帝国的主要成员有着不可分割的关联”。

然而，由于利用了瑞典大哥特主义谋求皇位，古斯塔夫·阿道夫也在意识形态上与战争敌对方西班牙产生了竞争。西班牙曾是西哥特人的定居地，传统上也以肩负更多使命的哥特民族自居。拿出这些类似神话证据的，主要有同气连枝的西班牙与德意志的哈布斯堡家族以及法国国王，他们在这场战争中的最大目标，就是争取建立一个在他们政治领导下的统一的欧洲。而半路杀出的“普世君主国”的候选人，却是这位率领小众民族却心怀巨大政治野心的瑞典国王。

这个宏大的计划低调地开始实施了。古斯塔夫·阿道夫依靠瑞典民族联盟在波罗的海沿岸站稳脚跟。这一联盟当时将 14 万人会集到瑞典麾下，在数量上占到战争后期瑞典在德军事力量的十分之一。接着，该联盟花了整整一年的时间，才在波莫瑞、梅克伦堡和勃兰登堡等德意志东北部地区攻下了一块领土作为基地，为战争账户募集到了法国的金援，并把军队训练出强大的战斗力。就在最初的几个星期里，瓦伦斯坦被撤职，麾下半数多的军队被解散，这为瑞典的上述工作打开了必要的时间窗口。但就在第二年也就是1631
152 年的夏天，蒂利作为天主教同盟兼剩余帝国军主帅，挥师北上。一开始，古斯塔夫·阿道夫还不敢抵抗蒂利，但蒂利的军事行动产生了适得其反的政治效果，促使瑞典国王最终找到了重要的德意志盟友。蒂利占领了新教城市马格德堡，使之在随后的抢掠和大屠杀中付之一炬，由此引发了战争中最大的、受到新闻界口诛笔伐最多的灾难之一：他入侵了萨克森选帝侯国，而后者与皇帝并肩战斗多年并始终站在中立的立场上争取双方的谅解。于是，萨克森在迫不得已之下只能与古斯塔夫·阿道夫联手，并由此向其他新教帝国等级释放出与瑞典结盟的信号。古斯塔夫·阿道夫与萨克森军队一起加入了莱比锡附近的战役，此役为他打开了整个德意志的大门。1631年9月17日，凭借在兵力、装备和战术上的压倒性优势，他在布赖滕费尔德（Breitenfeld）的决定性战役中获胜。在这场战役中，皇帝的天主教同盟军队被包围且四散奔逃，共损失了包括炮兵在内的半数以上的兵力和战争金库。就此，古斯塔夫·阿道夫凯歌高奏，史无前例地率军穿越整个帝国，而帝国的部分诸侯、领土和帝国城市则被允许加入瑞典人的阵营，另一部分则不得不交出城池的钥匙，并献上一大笔补偿费，以求全身而退。萨克森此时已从皇帝手中夺取了布拉格，其瑞典伙伴眼下则真正穿过了“神父小巷”，向莱茵河和美因河沿岸的教会诸侯收取献金。古斯塔夫·阿道夫已进入新教帝国城市纽伦堡和奥格斯堡，后者在其闯入后改宗新教。

当蒂利在莱希河畔的赖恩①战役（Schlacht von Rain am Lech）中输 153
了战役、丢了性命后，古斯塔夫二世甚至占领了慕尼黑。现在，阿尔卑斯山已经触手可及了。

直到瓦伦斯坦被召回并重建军队，双方的军事平衡才得以恢复。两位传奇战争英雄之间开始了一场机动战争。双方毫不掩饰对彼此的尊重，而他们的对决则避免了一场持续数月却意义不大的决战。于是从1632年7月到9月，古斯塔夫·阿道夫在帝国城市纽伦堡、瓦伦斯坦在齐恩多夫的阿尔特韦斯特（Alte Veste in Zirndorf）附近对峙数月，但在几场不太重要的小规模战斗后，双双将战场转向萨克森。这里是莱比锡低地，即一年前古斯塔夫·阿道夫的布赖滕费尔德大胜的福地，但这一行政区不到一年就撤销了。古斯塔夫·阿道夫很想再次证明自己的实力，便于11月16日在吕岑突然向瓦伦斯坦开战。瑞典国王赢了战争，却丢了性命，而瑞典人虽然勉强获胜，但战场上却遗留下6000多具尸体，成了莱比锡周边地区第二个尸横遍野的地方，这里后来也成为第二次布赖滕费尔德战役的战场，而在1813年的莱比锡民族大会战②（Völkerschlacht bei Leipzig）中成了最大的万人坑。瑞典国王被一颗手枪子弹击中而亡，他那件被射穿的军服上衣则令信众对他的狂热上升到顶点。一份德语传单安慰了震惊的追随者：国王还活着——因为他的英雄形

---

① 赖恩：今位于德国巴伐利亚州的施瓦本地区奥格斯堡以北40千米处，莱希河在此汇入多瑙河。——译者注

② 也称“莱比锡会战”或“莱比锡战役”，发生在1813年10月16日，是第六次反法同盟与法军的一次决战，以联军胜利而告终，但伤亡惨重：联军伤亡5万多人，法军死伤6万人。此后，拿破仑在德意志的统治逐渐走向崩溃。参见刘新利：《德国通史·第三卷》，江苏人民出版社2018年版，第423—424页。——译者注

象依旧影响深远。

154 建设和平的流动工地

那么，在现实世界里发生了什么呢？古斯塔夫·阿道夫的女儿克里斯蒂娜（Christine，1626—1689）还是个孩子，于是，瑞典帝国首相阿克斯艾尔·奥克森斯切尔纳（Axel Oxenstierna，1583—1654）[1] 领导摄政政府执掌大权。这难道不是结束这场由战争国王挑起的战争的好机会吗？毫无疑问，无论从新教-宗教信仰还是哥特-普世主义精神上来说，专属于古斯塔夫二世并驱使他的这股战争热情，均与他本人及其超凡能力密不可分且不可复制，因此，他不再会成为和平的阻力。然而，从媒体和公众对吕岑战役及国王战死的反应来看，人们几乎完全找不到将这位战争英雄的陨落视为和平曙光的依据。平日里相当迅速的新闻报道，却在报道战役消息时犹豫不决，迟迟不报道国王死去的确切消息。在新教的布道中，所有死者都得到了纪念，而这位英雄国王则被尊为新教事业的殉道者，他的胜利被归功于上帝。显然，地区性的新教媒体往往仅限于本方的损失，并不提和平的希望。相应地，媒体也对瑞典帝国首相奥克森斯切尔纳的政权进行了报道，这一领导班子如今负责德意志领土上瑞典军队的军务和政务，整体政策倾向于战争，对和平的呼
155 声充耳不闻。在登陆德意志之前，为谨慎起见，古斯塔夫·阿道夫授予其能干的代理人阿德勒·萨利乌斯（Adler Salvius）与德意志皇帝谈判的全权。萨利乌斯自执政汉堡时期起就负责瑞典的宣传事

---

① 阿克斯艾尔·奥克森斯切尔纳：来自古老的瑞典贵族家族，其纹章是金色徽章上刻着红色公牛头。——译者注

务，后来由于他成功的战时宣传带来了胜利，之前的谈判全权也就用不上了。

现在，由于奥克森斯切尔纳的想法离国王拟订的进一步计划还有一定的差距，也就谈不上撤退或和谈。相反，这位曾在德意志大学求学、对德意志民族帝国的国情了如指掌的现实主义政治家，现在开始尝试把对皇帝有意见的世俗帝国等级聚集起来，组成“海尔布琅同盟”（der Heilbronner Bund）。古斯塔夫·阿道夫在世时就已经开始将封地和赏赐分给忠心的盟友与追随者，就好像他是皇帝那样。瑞典帝国首相已住进了美因茨的德意志帝国大首相府邸，仿佛扮演起了本应与美因茨神职选帝侯的位置联系在一起的德意志帝国首相的角色，且毫不客气地将帝国政策收入囊中。古斯塔夫·阿道夫开出的普世主义帝国的空头支票在现实帝国中得到一定的兑现。不过，在神圣罗马帝国变成德意志民族的瑞典帝国之前，局势发生了变化。劲敌瓦伦斯坦在古斯塔夫·阿道夫死后一年也被杀害，尽管如此，哈布斯堡的反击已然启动。1634 年，西班牙-德意志联军在诺德林根战役中毁灭性地击败了瑞典及其盟友，使得瑞典被迫撤出经营多年的南德，甚至动摇了其在北德的地位。直到 1636 年， 156
瑞典人在勃兰登堡的维特施托克战胜了撤退的皇帝和帝国的军队，瑞典人才敢确定自己保住了在北德的地位。战争继续进行，它的真面目——一场各大普世强国在德意志领土上争夺欧洲的斗争——则愈加公开地展现在世人面前。

尽管古斯塔夫·阿道夫入侵帝国、发动战争，但由于值得纪念的帝国等级政策的存在，真正的和平曙光在瑞典战争初期就已显现。1631 年初，选帝侯约翰·格奥尔格邀请天主教帝国等级和帝国大区等级到萨克森的莱比锡开会，恰逢《归还敕令》的施行和古斯塔夫·阿道夫的登陆，时局艰难，参会的诸侯很多。这是一次事关重大抉择的会议：一方面是颁布《归还敕令》的皇帝，他身为合法的帝国领袖神圣不可侵犯，在需要防御的情况下有权要求帝国等级伸出援手；而另一方面则是来自瑞典的外来侵略者，他允诺补救新教的损失并进行宗教宣传，以此为筹码逼迫帝国等级加入他的阵营。在斯库拉和卡律布狄斯之间（zwischen Skylla und Charybdis）①，人们该何去何从呢？帝国等级和大区等级在会议上宣布自己保持中立。这是一个勇敢的决定，因为一般来说，在当时的政治讨论中，中立绝不是一种相对积极、态度平和的价值取向，而是被视为具有嫌疑，且是反复无常、玷污名声的行为方式，正如一项大型调查所发现的那样。但是，在行政区宪法和防御型联盟法
157 的交叉作用下，帝国等级出于安全原因作出武装中立的决定也是被允许的。除此之外，莱比锡会议还呼吁天主教帝国等级看在帝国利益的份上，一起进行和谈。这或许成为帝国等级给整个德意志真正带来和平的核心。然而，无论是皇帝-天主教同盟方面，还是竞争对手瑞典-哥特方面，都不同意和谈，而是继续利用威胁和暴力，催逼与会等级和他们的带头大哥萨克森，把他们一个接一个地拉进本方阵营。当帝国-天主教联军攻入萨克森、逼迫其与皇帝结盟时，萨克森妥协了，无奈地站到了瑞典人的一方。瑞典人的拉拢没能实现的目标，却因为蒂利对帝国政治的无知做到了。若是双方都不接

---

① 一则来自希腊神话的习语，斯库拉和卡律布狄斯都是《荷马史诗》中的海妖。该习语意为“不得不在两个坏人中选择一个”，或“进退两难，无论怎么选择都得不到好结果”。——译者注

受莱比锡和平倡议，那么，打一场局部战争并尊重萨克森及其小弟的中立，对双方会更加有利。因为这样，无论是皇帝，还是萨克森倒戈后的瑞典人，都不得不与一个军事上处于有利位置的对手打交道。就这样，莱比锡的和平工地未能成功，随之而来的从中立立场出发遏止战争的计划也失败了。但是，莱比锡会议是首次由帝国等级中的“第三方”来推动和平的伟大尝试，依然值得人们纪念。

古斯塔夫·阿道夫这位新人，以一场史无前例的胜利横扫罗马-德意志帝国，如同一位民族大迁徙时代的国王那样，在众人惊讶的目光中追求欧洲的最高地位。其间，灵巧且高明的他，成功地适应了这个即将被征服的新教国家，并与法国结盟，给这场普世强国间 158
的战争游戏注入了新的斗争活力。寻求和平的帝国等级无法阻止这一切。在古斯塔夫·阿道夫死后，战争没有结束，而是继续以缩小的形式一步步走向痛苦的结局。“战争游戏开始容易，但想结束它就得费尽力气”，当时的一句格言如是说。不过，在古斯塔夫·阿道夫死后，确实有一次充满机会的尝试。让我们为下一次和平尝试切换场景：另外的工地，其他的阵营和一个人们最不抱希望的人。

159

第五章　转向和平

——瓦伦斯坦的另一面及其遗业

▶图书出版物中的阿尔布雷希特·冯·瓦伦斯坦 160

战争进入尾声之时，法国铜版雕刻家、出版商巴尔塔扎·蒙科尔内（Balthasar Moncornet）售出了一大批名人肖像。这幅外貌绘制上借鉴了凡·戴克（van Dyck）绘画风格的统帅肖像展现了沉思中的瓦伦斯坦，此时的他，不再拥有牵动着人们和平神经的统帅大权。艺术家通过在帷幔之后大致暗示人物命运的手法，揭示了这位和平追求者遭到谋杀的一幕。

161 在德意志历史上，有那么三次，对世界历史造成严重后果的战争暴力的主角在其生命接近尾声之际，摇身一变成了和平政治家；穷兵黩武源自对现行政治-法律制度的陌生，这样的情况也有过三次；历史人物的和平转向成为重要的历史转折点，也同样发生了三次。

对迄今为止的德意志历史有方向性意义的，是俾斯麦。这位普鲁士容克贵族、外交家兼政治家通过违宪扩张军队而执掌大权，此后给他身边的军队找了足够的事情做。在一次清晨的工作早餐中，他给他的国王上了一堂历史课：所有的前任国王都为开疆拓土做了一些事情，现在陛下也有机会这样做。大惊失色的王储在日记中将这一幕用自己的话记录下来，他认为，俾斯麦这么说是受到了香槟早餐中“酒神巴克斯①的影响”。用现代的话讲，他认为这是一个疯狂的想法，最好不要把它记载下来。不过，凭借这一政策成为帝国首相的演说者却把它当真了，并发动了三场战争：攻打丹麦人，对抗奥地利人，最后将矛头指向法国人。这一切都可以在内政和外交背景下加以描述，但只有那时的人们才会明白，所有的战争或许都是可以避免的。最后那场最血腥、给未来带来最深重灾难的“普法战争”，也正是这位好战者从一开始就希望并蓄意挑起的，正如一
162 位近代史学家所发现并考证的那样。然而，当俾斯麦终于达到他用武力换来的目标——排斥奥地利、新建一个普鲁士领导下的德意志帝国时，为保全自己一生的心血，他转而成了一位和平政治家，避开欧洲的各种冲突，并从中调解斡旋。这位德意志帝国首相在国际

① 罗马神话中的酒神巴克斯，对应希腊神话中的酒神狄俄尼索斯的别名，是葡萄和葡萄酒之神，也象征丰收、狂欢、放肆。——译者注

会议外交中显示出卓越的才华，建立了一个维护现状的非常复杂的联盟体系。与后世的历史学家不同，当时没有人能够通观全局，也不再有人敢于发动战争。在俾斯麦解职、离世后，他被重新军国主义化，成为尚武主义的德意志精神丰碑。而在经历了两次世界大战的灾难后，后世又将他视为德国统一的奠基人，重新承认其后来的和平成就，将他载入德意志联邦共和国的历史。

俾斯麦的前辈是普鲁士国王。这里指的是那位为了抵御潜在危险而设立常备军的典范、衡量其毕生的战绩可当之无愧地被称为“弗里德里希大王”的普鲁士国王。这位国王亲自担任将军，指挥其装备精良的大军，在启蒙运动世纪的中叶为欧洲带来了三次扩张性的侵略战争，其人口损失之巨令人联想到三十年战争，从比例上来看则可以与 20 世纪的两场世界大战相提并论。但是，在七年战争中，弗里德里希二世并没能达成其有案可查的、如此大规模的扩张战争的目标，他只是勉强脱身。而他的宣传部门则有大量工作要做，他们伪造战役的捷报，把巧合说成奇迹，以此来说服公众且影 163
响深远，使人们认为这场溃败是一次成功的防御战，或者完全是一次道德的胜利。弗里德里希二世深知真实情况，于是从此以后避免战争，并在其他方面加强学习。身为勃兰登堡选帝侯的他拥有独立自主的外交地位，他让自己的普鲁士臣服于帝国宪法，最后又与帝国军并肩作战，并在一场帝国战争中败北。为了减轻这位非法战争策动者的罪责，人们不得不为他开脱，弗里德里希二世年轻时沉迷法国文化，对帝国政治不以为意。这是不是“历史上后果最严重的教育空白案例”呢？他声称自己不了解也不想去了解帝国事务，这种带有贬低性的表达应当从字面去理解呢，还是只是服务于其欧洲君主的自我定位？这些问题都有待讨论。可以确定的是，弗里德里希大王速度惊人的学习过程值得探究，即他在几场战争后转变为最成功的帝国政治家兼和平政治家之一。

让我们进一步追根溯源，把目光投向奥地利。第三位伟大的战争人物是萨伏伊的欧根亲王（Prinz Eugen von Savoyen，1663—1763），无人能出其右。依照当代军事史学家的权威判断，这位伟大的土耳其征服者发迹时更像是一个战争罪犯，而非“高贵的骑士”，因为他的士兵在没有任何军事意义、“纯粹出于杀人欲望”的情况下，去剿灭已被团团围住、四散奔逃的军队。而正是此人，却
164 依照战争法的标准对土耳其战争的文明化作出了贡献，也推动了奥斯曼帝国在国际法层面上融入在战争与和平之间挣扎的欧洲各国。在不太血腥的西班牙王位继承战争（1701—1714）后，欧根亲王作为奥地利-德意志的最高统帅与法国统帅维拉尔（Claude-Louis-Hector de Villars，1653—1734）① 亲自商谈《拉施塔特和约》（*Rastatter Frieden*）②。在瑞士的巴登，该和约未作任何修改即被确立为帝国和约。此时的欧根，不再只是一名将领，同时也是一名政治家，为同“宿敌”法国和解而奔走。作为奥地利的二号人物，皇帝查理六世（Kaiser Karls Ⅵ.，1685—1740）的和平政策里有他决定性的贡献。宦海浮沉的他深知，所有人都能够和任何人结盟并缔结和约，而召集国际会议的目的不只是结束战争，更是协商如何预防战争。平时担任皇室军务署主席，需要时率军出征，身兼二

---

① 肖德·路易·赫克托尔·德·维拉尔：法国路易十四时期的主要将领之一，也是法国历史上的七大统帅之一。——译者注

②《拉施塔特和约》是1714年3月6日（另一说为3月7日），法国和奥地利之间签署的结束西班牙王位继承战争的和约。——译者注

职、出将入相的欧根亲王成了一名和平政治家。

和平使徒瓦伦斯坦

正如其他历史故事那样，这场“战争的战争”也准备好了一个“扫罗变保罗”[1] 的故事。这个皈依故事已成为谚语，其中，正是扫罗这位前基督徒迫害者转变成了首位基督教传教士。在这个故事世俗化的过程中，从负面到正面的转变逐渐升华成战争与和平的对立。这位受到后世赞誉的“和平使徒”，其人生比上文列举的几位历史上的追随者更富有戏剧性，他为自己卓越的洞察力付出了生命 165
的代价（就像曾经殉教的使徒那样）——他就是瓦伦斯坦，而到现在为止，我们都将他描述为战争的策动者和常备军思想的先驱。瓦伦斯坦的另一段故事便是一个不知疲倦的和平追求者的故事。他一直在试探、谈判并取得了阶段性成果。无论人们如何建构、探求他的动机并作出评价，（无法否认的是）瓦伦斯坦所做的一切本应该能终结战争。

现在，人们可以对这样一个在《圣经》里预演过又在历史中多次轮回的故事——“扫罗—保罗—叙事”表示怀疑，质疑这里面有多少真实的成分。它可以被理解为一种真正反复出现的人类行为方式，也可以被理解为通俗易懂的、塑造历史事件的文学虚构。自海登·怀特（Hayden White，1928—2018）指出历史叙事也是一种文学虚构以来，即使是伟大的历史女神克莉奥（Klio，也作 Clio）也

---

① 来自《新约·使徒行传》，故事称，基督徒迫害者扫罗在前往大马士革的路上，眼睛受到强光扫射而暂时失明，并听见耶稣的声音，几天后受洗改宗基督教，成为基督教主要的对外邦人宣教的使徒，也称“保罗归信”。该俗语喻指从恶棍变成好人。——译者注

是在“创作”，即有意识或无意识地服务于文学形式，且始终只能保留对“原始资料否决权”的尊重。该要求是赖因哈特·科泽勒克（Reinhart Koselleck，1923—2006）[1] 按照经典原则所提出的。在这里，原始材料倒是充足，因而这种叙事模式可信度较高——当然要对《圣经》模型有所削减。在“扫罗—保罗—叙事”中，人们不能或只能少量利用时间、地点可考的突然改变信仰的“保罗归信”（Damaskuserlebnis），而对于历史人物来说，改变信仰却有一个转变或重新权衡的漫长过程。就瓦伦斯坦而言，战争-军事方面和政治-外交领域往往是同步的。因此，在瓦伦斯坦第一个统帅任期内
166 占主导地位的战争史中，有一些引人注目的行动需要从和平史的视角进行重新评估，它们仿佛是有限度的尝试，是其第二个统帅任期内伟大的和平倡议的先声。

作为一名具有和平政策思想的统帅，瓦伦斯坦早在 1626 年就在进军东南边陲时有所行动，而在东南边陲，土耳其人的利益和奥地利-西本彪根的利益在此碰撞。这本就令人惊讶（根据以强权国家为导向的奥斯曼历史，奥斯曼帝国的反应已令整个欧洲惊讶），夹在两场扩张战争中间的奥斯曼帝国恰恰在三十年战争中选择了继续按兵不动，放走了这个介入战争的独一无二的机会，即最终击败忙于在其他战场作战的主要对手——奥地利的帝国军。其他区域的战争纠葛、王朝的脆弱期可以说明一些问题，但是，顶层权力交接混乱，哈布斯堡反对派要求紧急干预君士坦丁堡，好战的贝特伦·

① 赖因哈特·科泽勒克：德国历史学家，被公认是 20 世纪最重要的历史学家之一。专攻史学理论、概念史、语言史、历史的人类学基础和社会、法律及行政史。因不属于任何一个既有史学学派，被称为“局外人”。——译者注

加博尔（Bethlen Gábor）又在此时请求支援——这时局怎一个“动荡”了得！在这一棘手的情况下，瓦伦斯坦率领的帝国主力军同贝特伦·加博尔联合部队及苏丹派来支援他的奥斯曼大军遭遇。双方先头部队的小型军事行动很快中断，这两支几乎势均力敌的部队不知所措地面对面驻扎下来，陷入僵持。

现在该怎么办呢？交战双方内部进行了全面协商，并在战场上与外国观察员进行了沟通。指挥土耳其兵的是布达佩斯帕夏[1]，他 167
得到了一些含糊不清的指示，要求他只要跟贝特伦一起守住边界就行了。那他到底应该走多远呢？这位年轻的帕夏想冒更大的风险，但经验丰富的贝特伦提醒他要谨慎，不管是考虑到不明朗的态度还是出于对瓦伦斯坦的尊重。而对面的瓦伦斯坦却透露，他并不畏惧西本彪根-奥斯曼联军，但他想先等一晚上再说。然而，第二天早上，对方部队却率先撤退了。瓦伦斯坦没有将此解释为脱逃，也没有按照军事逻辑乘胜追击。原因是，即便他可以借此成为战胜土耳其人的大英雄，收获功与名，却有可能因此挑起与奥斯曼帝国的战争。事态若发展至此，恐怖的战争剧场或许会再度扩大。在一场对土耳其战争的边缘，瓦伦斯坦这位兼具政治思维的军事家为缓和一触即发的局势作出了贡献，至少让奥斯曼帝国按兵不动，没吃大亏的贝特伦则与皇帝签订了和约。

然而，相较于帝国政治家的身份，早年的瓦伦斯坦或许更是一名成功的欧洲政治家。当他在同一年即 1626 年率军征讨尼德兰行政区时，他的行军包里还装着一份皇帝给他的谈判任务书——该行

---

① 帕夏（Pascha）指的是 15 世纪以来，奥斯曼帝国体系内高级文武官员的封号，一般置于名字之后。——译者注

政区须解除武装，并承担帝国军的军费。该行政区会议对此表示反对，称他们为了维护本邦和平而自行武装是应有的权利。皇帝不愿接受这一说辞，瓦伦斯坦也无法理解，因此也无从调解。面对该行
168 政区，他坚持认为对方违宪，认为皇帝对帝国等级和大区等级有不受限制的权威；然而，在下一次与欧洲君主国的谈判任务中，他却完全打消了为皇帝索要金钱赔偿的念头。同样，之后与丹麦进行的一系列和谈也没怎么顾及帝国等级，但这些和谈均取得了成功，并给德意志带来了一线和平生机。

1629 年天才的外交尝试

1629 年的吕贝克和谈是第一次成功的和平大会，它首度结束了战争。吕贝克和谈的背后是人们普遍的和平愿望，但这绝不是欧洲所有人的愿望，尤其不是渴望收获胜利果实的皇帝所希望看到的。从维也纳的角度来看，危急的局势主要存在于帝国南部，在那里，它的西班牙伙伴卷入了对法国的曼托瓦及蒙费拉托爵位继承战争①，这使得恢复帝国北部的和平显得更加紧迫。然而此时此刻，真正的和平推动者实际上却是那位至今以“战争策动者”的身份而名声大噪之人。皇帝委托在北德作战成功的大统帅瓦伦斯坦和天主教同盟军总指挥蒂利一起进行谈判，不过，从组织谈判、把控内容到向朝廷汇报并成功促成条约缔结的，是瓦伦斯坦。值得详细强调的是谈
169 判策略，这是那个时代甚至超越时代的典型策略。即使是初涉外交

① 曼托瓦及蒙费拉托爵位继承战争（1628—1631）：因曼托瓦公爵在 1627 年 12 月无嗣而终，旁支的各位继承人在法国、神圣罗马帝国势力的支持下争夺爵位，后演变成法国和哈布斯堡王朝争夺意大利北部控制权的激烈冲突。该战争被纳入三十年战争的范畴中。——译者注

舞台的新手，也已经懂得并掌握了这一手段，尽管此举与初衷偏离，但他也懂得利用，从而直接达成目标。这位外交天才是如何做到这一点的呢？

在谈判成功举行之前，有必要先商讨一下参加谈判的人员和谈判地点——这是一个经典的拖延招数，用以顺利达成和谈结果。这里情况有点不同，因为必须保持其双边谈判的性质。征得丹麦人同意后，双方把会谈地点定在帝国商业城市吕贝克，热情好客的瓦伦斯坦则在他的居斯特罗城堡举行精致的小型私人会谈，作为非官方的补充谈判。接下来，谈判开始了。

一开始，双方都狮子大开口，提出了本方利益最大化的要求。胜利在望的帝国方面要求取得克里斯蒂安国王所属的德意志及丹麦陆地的所有权，北至石勒苏益格-荷尔斯泰因（Schleswig-Holstein）和日德兰半岛；而丹麦方面则要求对方撤出上述所有邦国，在丹麦国王所拥有的德意志帝国领土上恢复战前状态。另一方面，皇帝要求丹麦国王赔偿其军费，丹麦国王也从自己的角度出发要求皇帝赔款。因为丹麦人根本不觉得自己是输家，而是以第二赢家自居。这并不是没有道理的，因为借助岛屿的地理位置，真正的丹麦王国是德意志陆军无法攻克的堡垒。克里斯蒂安国王甚至示威性地顺带参
与了德意志与欧洲其他帮手的谈判，即与尼德兰人甚至瑞典人的会 170
谈，而瑞典人在保卫施特拉尔松德时已经在干预德意志事务了。瓦伦斯坦很快意识到，唯有一场妥协性的和谈才有机会把战争结束在沿海邦国内，于是，他摒弃了一切胜利者的主张。

现在，新的和平路线是：归还和重建克里斯蒂安的邦国，包括其位于德意志的邦国，从而换取克里斯蒂安放弃对德意志事务的影

响。瓦伦斯坦的和平计划源自其政治理性，但这份进退有度的纲领却无法使双方立刻理解。首先对其表示接受的是丹麦议会，相较于在德意志的利益和欧洲王位政策，丹麦议会更加关心能否很快拿回日德兰半岛和丹麦领土。丹麦国王还是屈服了，尽管他从未停止搞一些军事上的小动作，逼得瓦伦斯坦“为了他亲爱的和平”只能耸耸肩，视若无睹。最后，克里斯蒂安四世遵守了协议，完全表现出合作的态度。而对于瓦伦斯坦来说，更困难的是劝阻自己人放弃利益最大化，因为本方人员期待胜利的主帅能够强制缔约、获取利益，而不是致力于恢复原状。在一份秘密报告中，总司令将事实真相向他的皇帝主子和盘托出，声明自己无法永远击败盘踞岛屿帝国、修筑防御工事的丹麦国王，然而，由于其他迫在眉睫的危险，人们迫切地需要缔结和约，而这项和约没法通过其他办法缔结。通
171 过一系列信件，他笼络了皇帝周围的人，为他的和平理念争取支持，好在皇帝这次不再抗拒劝谏。瓦伦斯坦的同僚、天主教同盟主帅蒂利，原本与他的主子巴伐利亚的马克西米利安一样坚持签订赢者通吃的和约，而瓦伦斯坦却小心翼翼地与之接触，晓之以理，巧妙斡旋，从而赢得了蒂利的支持，后者遂同意在关于和平谈判及其结果的报告上一同署名。皇帝最终同意并于 1629 年批准了和约。至此，和平第一次重新回归到帝国大地上。

由于和平会让瓦伦斯坦自己显得多余，这位最伟大的战争策动者为和平奔走之举就越发显得令人震惊了。因为即使是敌对的雇佣兵首领（如果他们还存在的话），也没什么音信了。或许，瓦伦斯坦自己可以顺走一些领土，这也是他如此卖力地投入和平工作的动力。不过，无法改变的事实是，适度且明智的典范和约已然完成，

作为与丹麦的局部和约，它历经反反复复的战争，却始终有效。德意志收获了整整一年的休战期。休战期未能持续更久，完全是因为其他纠纷触发了战争。

做两手准备的和平统帅

事实上，成熟的外交人员早该意识到，人们不应在第二回合也
是更重要的回合中剥夺“和平统帅”成功建立全面和平的机会。在 172
古斯塔夫·阿道夫战死后，瓦伦斯坦二度出山担任统帅，遏止了瑞典军人的胜利进程。对于瓦伦斯坦和其他人而言，和平时机似乎成熟了，他开始与来自德意志和其他欧洲国家的各方朋友和敌人进行试探与谈判——他享有部分权力，意图不甚明了，甚至显示出几分矛盾。心存善意的历史学家没有推测这是维也纳方面所宣传的背叛朝廷或者瓦伦斯坦有什么冒险计划，但即便如此，他们也认为，后期的瓦伦斯坦陷入了一张复杂的大网，失去了全局视角，在自己的种种计划中摇摆不定。

当人们一筹莫展且不明白瓦伦斯坦那些令人困惑的外交活动到底在谋求什么时，一个疑点出现了，即“弗里德兰人”自己并不真正知道这些，他的矛盾行为不再受到政治理性的驱使，而是被非理性的生活伴侣所操控——瓦伦斯坦信奉占星术且疾病缠身。除了计算出行星轨道的科学壮举外，天文学家约翰内斯·开普勒（Johannes Kepler，1571—1630）也会接一些占星订单，用以改善生活。事实上，瓦伦斯坦年轻时就曾在开普勒那里算过颇有激励意味的一卦，也抱怨过开普勒的某个预言已应验，但“日期算得不对”。现在，各种各样的预言都可以得到阐释，或者预言表达的方

式有意强化了人们本就想做或不想做的事情。“弗里德兰人”后来有一位因席勒戏剧里的“赛尼”（Seni）[1] 而出名的占星师，赛尼是
173 意大利人赛诺的真名，此人滥用自己的机要职位进行暗中监视，并且很坚定地想要达成自己的诉求。再者，占星学的预测涉及种种行为领域，但瓦伦斯坦很少将其用于政治决策，还是主要用于自己的健康问题。瓦伦斯坦是否像他自己认定并进行理疗的那样身患痛风即惊风之症，还是像一些对此更了解的医药学家所认为的那样染上了梅毒这一床笫间的“情欲传染病”，此处无关紧要。因为直至 19 世纪，这两种疾病均无法治愈，在罹患痛风和梅毒的患者中，不少人在离世之前相继达到了音乐、文学和政治成就的巅峰，如舒伯特、海涅或者之前的查理五世等。或许，值得思考的是，人们是否应给予历史人物保护隐私的尊重，以及在这样一场战争中，面对各种民不聊生以及瘟疫、感染导致的大规模死亡，人们是否应毫无理由地对当权者的痛苦表现出过多的好奇。因为，瓦伦斯坦的政策到头来还是解释得通的。

就此，历史学的政治分析中有两种基本解读方式，每种解读方式都有一整套的重点、变体和评价：瓦伦斯坦想要与皇帝一同缔结和约，还是想抛开皇帝，甚至是推翻皇帝？瓦伦斯坦并未留下明确的自述，但却有一些史料可以证明这样或那样的可能性。不过，这并不意味着这个问题无法澄清，相互冲突的史料则直接促成了如下情况：瓦伦斯坦的政策并不神秘，只不过是采用了包含两种选择的
174 绥靖策略，将替代方案也计划在内。这一点令人惊讶，但近代政治

① 乔凡尼·巴蒂斯塔·赛诺（Giovanni Battista Senno，1600—1656）：即席勒戏剧《瓦伦斯坦》中的赛尼，意大利天文学家兼瓦伦斯坦的私人医生。——译者注

史书写的创始人利奥波德·冯·兰克（Leopold von Ranke，1795—1886）已经看到了这一点，并表达了极其相似的观点。兰克的著作文献丰富，其中往往包含着一些被埋没的见解，足以为基于历史的政治视角带来全新的启发。在兰克撰写的瓦伦斯坦传记[1]中，这位史学巨匠用文献考证的传统史学方法和强权政治的专家报告，将看似矛盾的谈判抽丝剥茧。若是将这种经典史学书写的老式语言翻译成现代德语，人们可以清楚地解读出两个层面的理性考虑：以皇帝的名义策划常规的和平协定是绝对优先的；一旦无法让皇帝参与其中，也有一个甩开皇帝的和平 B 计划，或者在极端情况下甚至会对皇帝不利。这种两手准备属于外交手段之一，最伟大的外交官们——不仅包括帝国缔造者俾斯麦，也包括 18 世纪致力于对法和解的奥地利首相考尼茨（Wenzel Anton von Kaunitz-Rietberg，1711—1794）[2]——他们绝对不像后世所读到的那样，在毫无预案的情况下贸然行动，成功后被载入史册。反之亦然，在第一次世界大战中，英国人判定，德军不会入侵中立国比利时，不过，这如意算盘落空了，其原因在于，英国军方抽屉里没有 B 计划。

瓦伦斯坦有 B 计划，但存放 B 计划的抽屉敞开着，这注定了他的厄运。他展开多方会谈，在多个欧洲国家和战争对手之间进行预
防性的试探，这些都传到了维也纳耳中。或许，此举会给皇帝施加 175
压力，促使其接纳统帅的和平大计。然而，维也纳朝廷满腹疑惑，并不理解也不愿看到这一点。最后，此事被人利用，维也纳决意铲除瓦伦斯坦这位合作伙伴。

---

① 指的是《瓦伦斯坦史》(*Geschichte Wallensteins*, 1869)。——译者注

② 考尼茨：奥地利政治家、外交家，帝国枢密官。——译者注

不过，一开始被提上议事日程的是A计划。瑞典人在吕岑失去了他们的国王，而瓦伦斯坦则实际上输掉了战争。他利用无情的军事司法，处决了一些应对吃败仗负责的军官，却没有惩治士兵并重新对他们进行了武装。他曾透露，他从未做过更充分的战争准备，也从未有过像今天这么强烈的和平渴望，而且他给皇帝的相应奏疏也表明了这一点。此时，和平政策的核心变成了与萨克森选帝侯国达成和解，为此，他已经接受了皇帝下达的谈判任务。其间，瓦伦斯坦的首要对手汉斯·格奥尔格·阿尼姆（Hans Georg von Arnim，1583—1641）[①] 扮演着特殊的角色。他出身勃兰登堡的贵族世家，是“弗里德兰人”首个统帅任期内颇受器重的官员，却在《归还敕令》颁布后改换门庭，最后官至萨克森军队的总司令。他率领萨克森骑兵，为瑞典人在布赖滕费尔德的大胜做出了决定性的贡献，却又明确与瑞典盟友保持距离。由于彼此敬重，实际上已归属“第三方”的他依然与现在的战争对手瓦伦斯坦保持着个人联系。

176 在波希米亚利特梅里茨（Leitmeritz）[②] 举行的预备会议上，萨克森和勃兰登堡的选帝侯代表一方，由瓦伦斯坦担任顾问的皇帝使者则代表另一方，双方通过宗教和政治让步协定，就重建战前和平达成一致。布雷斯劳（Breslau）和会则本应就此后发生的变化进行磋商。人们已经考虑到了停火，但尚未决定。瓦伦斯坦火速想出个推波助澜的计策。此时，双方仍然处于战争状态，为了对抗阿尼姆

---

① 汉斯·格奥尔格·阿尼姆：三十年战争时期的统帅、外交家，先后为瑞典、波兰、神圣罗马帝国和萨克森选帝侯国效力，是当时最重要的将领和政治家。——译者注

② 利特梅里茨：又称利托梅日采，今捷克波希米亚北部城市。——译者注

率领的从西里西亚步步逼近的大军，瓦伦斯坦按照战斗序列建立起一支全新的军队。这或许会成为一场决定性的战役；且无论战争是怎么结束的，几乎不可能在双方平等的情况下达成折中的和谈。而瓦伦斯坦却提出进行谈判，并首先与阿尼姆私下会谈，然后再正式与对方军官团谈判，且在预备会议的基础上约定休战两周。瓦伦斯坦拿出弗里德兰人慷慨的待客之道接待对方的军官团，并在前线部队举行露天盛宴，又争取到了四周的休战。然而，布雷斯劳和会却消逝在远方，最终未能举行。各项研究已达成共识，即和会夭折的原因在于瑞典人的蓄意阻挠，他们旨在阻止这种和平并且在奥克森斯切尔纳的带领下采取了完全不同的反哈布斯堡帝国的政策。

这首先意味着重新开战，接着启动B计划的和谈试探。萨克森的瑞典盟友一直霸占着西里西亚，对此，瓦伦斯坦通过几场小冲突 177
和一场包围战逼迫城池坚固的施泰因瑙（Steinau）[①] 订立城下之盟，俘虏了对方军官，将对方的部分占领军纳入本军麾下。由此，瓦伦斯坦的实力得到加强，使其在西里西亚乃至北德东部占据主导地位，也相应地在外交舞台上自信地登场。他越过皇帝，让人去试探碍手碍脚的奥克森斯切尔纳，为瑞典人提供一些政治和宗教上的修订方案，看是否能在西里西亚或者其他地方实现普遍的和平。要实现这样的普遍和平，要么瓦伦斯坦真正说服皇帝，要么他改换阵营，反对皇帝。但瓦伦斯坦只想迫使皇帝选择和平，而不是借瑞典人之力废黜皇帝，因此，他只是将后者当作极端紧急状况下的选项而搁置起来。即使是资助瑞典人并站队新教帝国等级的法国，也即

① 施泰因瑙：现名齐希瓦那，是波兰下西里西亚省的一个小城。——译者注

奥地利、西班牙哈布斯堡皇室的宿敌，瓦伦斯坦也与之保持联系。法国曾提出襄助瓦伦斯坦登上波希米亚国王的宝座，对于这一后来传得沸沸扬扬的谣言，瓦伦斯坦从未作出回应，甚至连外交形式上的拒绝也没有。

比搞定皇帝更困难的是为了普世和平来争取西班牙人的支持。因为此时恰逢西班牙人开启新一轮的计划：他们想取道“西班牙之路”的陆路翻越阿尔卑斯山，沿莱茵河北上击退瑞典人和法国人，并欲在尼德兰通过军事手段巩固其统治。此外，与帝国内诸邦一
178 致，“弗里德兰人”既不愿在莱茵河畔和莱茵兰普法尔茨看到法国人，也不想看到西班牙人，并直截了当地拒绝了一切，只是在西班牙人迅速过境进入尼德兰的问题上作出了小小的让步。新任西班牙驻维也纳特使奥纳特（Oñate，1566—1644）① 曾经与哈布斯堡王室的军备联盟进行过谈判，其谈判对象正是瓦伦斯坦。奥纳特本以为瓦伦斯坦不过是皇帝命令的执行者而已，后来对他所拥有的自主权大惊失色。于是，他很愿意看到这位在西班牙以高效著称的统帅被罢免和铲除，并以金主的身份对皇帝进行财政上的压榨，为他自己的想法铺路。

总而言之，瓦伦斯坦为帝国甚至欧洲和平谈判所制订的替代计划，似乎并没有成功的基础。常言道，在帝制和王朝的世界里，一位自身实力雄厚的帝国统帅根本不会有机会。甚至常有人质疑他作为独立政治行为体的权力。有人认为，一切都取决于在他被赋予军事全权的第二个统帅任期里，是否拥有就战争与和平进行谈判的政

---

① 奥纳特：第七代奥纳特侯爵，西班牙政治家、外交家。1618—1622 年间担任西班牙驻维也纳特使，属于反对瓦伦斯坦的派别。——译者注

治权力。与所谓的《格伦多夫协定》（*Göllendorfer Vereinbarungen*）相关的文件似乎既不明确，也不完整，相关研究则再次出现分歧。然而，这并不重要。反正，瓦伦斯坦有权享有这项权利。

媒体战役中的帝国和平政策 179

近代专门研究帝国的历史学家们有充分的理由提醒人们，瓦伦斯坦不仅是一名将领，而且是一位帝国等级，即帝国诸侯，并拥有相应的政治含义。早在1623年，“弗里德兰人”就因掌握着各种形式的政权而被擢升为帝国诸侯等级（Reichsfürstenstand），在其第一个统帅任期结束时，这位弗里德兰和萨根公爵获得了转授给他的更大更古老的梅克伦堡公爵的爵位。即使他一度因瑞典人的占领而失去了领地，且这一头衔并不为所有人所承认，但就像所有身处类似境地的统治者那样，瓦伦斯坦保持了这一最高头衔并一如既往地签署文件。一份资料汇编总结道，在第二个统帅任期内，瓦伦斯坦这位前保皇派与其他帝国等级有所合作，在他们所理解的帝国联邦体制中，帝国等级的地位成为“独立政治的基础”。反对的声音认为，直至《威斯特伐利亚和约》提出联盟权利，才开启了上述可能性，但这不过是对宪法条款的一种站不住脚的误读。事实上，《威斯特伐利亚和约》只是维持了早已存在且在三十年战争中已付诸实践的做法。这位年青一代的公爵仿佛学会了近代早期的为政之道，只做萨克森和巴伐利亚等帝国等级和诸位前任诸侯理所当然要求之事，即莫问太多，与帝国内各方势力及敌方力量保持联系，彼此结盟，甚至与外国势力结盟。根据帝国传统，等级仅有“不反对皇帝 180
和帝国”这唯一的限制，并在1648年被编入法典。有一种例外情况，即“自救”，如萨克森在面临帝国军队入侵时悍然自卫。没有皇帝的和平政策必定会成为针对皇帝的防御措施，从这个意义上来说，瓦伦斯坦到头来也为自己设置了一个紧急出口。

在来自维也纳的种种威胁传闻影响下，瓦伦斯坦在1634年初发表了著名的《比尔森保证书》（*Pilsener Revers*），他在本军大营中要求他的军官保证效忠于他，这可以被解读为叛变，但也并不绝对。整个事情本质上是漫长谈判的结果或者是被精心安排的。那时，瓦伦斯坦再度萌生了退意，欲辞去帝国最高指挥官职务，他手下的军官团却大惊失色，有人担心军队的声望，有人害怕自己的地位不保，有人操心财务清算，于是便通过立下誓死效忠誓言的方式迫使瓦伦斯坦改变心意。程式化的宣誓形式缺少了在恰当的位置留下效忠皇帝的言辞，这或许会被过度解读，也可能被宣称为办公室文书的错误。统帅在第二份保证书里否认了反皇帝的意图，但显然，这份亚文本却传递出这样的潜台词，即公爵不仅仅想要被视为皇帝的部下，而且也希望成为皇帝的伙伴和盟友。但维也纳却不这么看：不听话的将军就得下台，这一目标似乎愈加紧迫了，且需要有人加以推动。

181 在举世哗然的血腥事件后，传单、小册子和新兴报业的反应着实出乎意料。人们本来以为，政界和公众会跳过这一轰动新闻，不会继续对“瓦伦斯坦问题”感兴趣。但这一既有假定是错误的。相反，宣传册和新闻界的不同解释与立场之间发生了激烈的碰撞，几乎可以说是围绕着死去的统帅打了一场“媒体战役”。与此同时，某些原有的立场完全颠覆过来。帝国和巴伐利亚的将领们将这位被除掉的统帅兼谈判领袖说得一无是处，异口同声地指摘他可耻的背叛。皇帝略有迟疑地承认了杀害瓦伦斯坦的责任。为了给皇帝辩护，人们先后两度搜查了瓦伦斯坦被查封的办公室，试图找到一些书面证据，却一无所获。

由于帝国皇室法院所判决的“臭名昭著的叛国”罪名根本就站不住脚，万不得已时唯一能解释的逃亡萨克森的行动也只不过是针对该判决的回应而已。宣传部门采取的操纵真相、诋毁瓦伦斯坦的手段越来越拙劣。佚名的粗劣作品《背叛的霉运》彻底颠倒黑白，其中一些抹黑瓦伦斯坦的荒诞的说法甚至延续到后真相时代。瓦伦斯坦竟成了其中的流氓演员，从一开始便致力于毁灭哈布斯堡王朝。

与此相对照的是，留给瓦伦斯坦的前敌人的任务是，反衬出瓦伦斯坦的主子即皇帝的忘恩负义，瓦伦斯坦曾两次挽救了他的皇 182
位。此外，维也纳审判瓦伦斯坦的合法性受到了质疑，巧合的是，皇帝的统帅在死后被追授为因帝国等级自由而献身的殉道者。

回想起来，以上说法并非完全错误。随着帝国赖以支撑的等级地位的提升，瓦伦斯坦越来越多地成为一个政治活动家，这就使他成为帝国联邦制度的参与者之一。在追求和平的历程中，他曾多次与试图摆脱战争的帝国等级并肩作战，比如有天生的调解人黑森的格奥尔格侯爵（Landgraf Georg von Hessen，1605—1661）① 或劳恩堡的弗朗茨·阿尔布雷希特（Franz Albrecht von Lauenburg，1598—1642）②，后者出身帝国诸侯之家，其兄尤利乌斯（Julius）为皇帝效力。正如对瓦伦斯坦怀有绝对善意的历史学家所假定的

① 格奥尔格侯爵二世：1626—1661 年间的黑森-达姆施塔特侯爵，三十年战争期间表现较为中立。——译者注

② 弗朗茨·阿尔布雷希特：萨克森-劳恩堡王子，军事将领。三十年战争期间，他曾先后为帝国和萨克森选帝侯国效力，在此期间与瓦伦斯坦建立了合作互信的关系。——译者注

那样，与帝国等级的交往确实没能使瓦伦斯坦转变为帝国爱国者，而是毫无疑问地成了一位富有经验的帝国政治家。相应地，瓦伦斯坦在第一个统帅任期内说出“人们只需要一个皇帝”的名言，反对选帝侯干政，而在第二个统帅任期内，瓦伦斯坦却提出选帝侯可以从其他王室中选举皇帝。人们由此可以了解到帝国联邦制度的一些情况，或许也能知晓第三方即一些帝国等级对和平的追求。

新闻界则认为瓦伦斯坦被杀导致错失和平，并对此表达了极大的哀叹。一些定期出版的报纸显然在刺杀之前已经掌握了有望成功
183 的萨克森密谈的信息，并知道瓦伦斯坦阵营里存在和平阻力，“因为他应当倾向于促成和平”。媒体期望值非常高，甚至已经把与萨克森选帝侯间的联系当作带来和平的事实进行报道。期望越大，对公认的“和平家”的意外死亡就越痛苦——这并不仅仅是事后草拟的宣传稿，而是真正被视为错失了和平良机。不管人们怎么看待瓦伦斯坦被暗杀，纽伦堡外交家们都表示，瓦伦斯坦之死没能让人们接近那件最为关切的大事，“即和平”。瓦伦斯坦死后，市面上流传着多份记载着“瓦伦斯坦和平条款”的清单，但即便其背后暗藏着一厢情愿的想法，也表明人们在大统帅身故后相信他曾做出过摆脱战争的尝试。皇帝亲手铲除了本方的首席谈判代表，明确表明他不想对和约有任何了解，也说明瓦伦斯坦孤注一掷尝试和谈的真实性。瓦伦斯坦的惨死恰恰认证了他由战争策动者到和平人士的转变。

没有“最后一分钟的和平”

大众传媒将瓦伦斯坦封为“和平英雄”不仅没有错，而且事实上，就在瓦伦斯坦生命结束前不久，皇帝费迪南二世似乎仍然有意 184
愿达成和平协议。几乎没有人注意到，正是《列支敦士登报告》（*Liechtenstein-Gutachten*）直言不讳地劝谏皇帝，按照国家至上原则除掉瓦伦斯坦，从而掌控军队并在财政上自救，最终可以尽快敦促双方缔结和约。且该报告认为，不管怎样，事态如果不如皇帝所愿，也会按照他力所能及的方向发展。鉴于敌人众多，不这么做的话有可能“地位”不保，那才是最大的祸患。这份报告从内政上的国家至上原则出发，最为直接地劝皇帝干掉不听话的大统帅，但即便如此，它还是依据必要的国家外交原则，强烈呼吁皇帝立刻进行妥协性和谈。这是朝廷实际上亟须和谈且将其视为真正利益之所在的有力证明，但矛盾的是，出于其他原因却需要同时消灭最有希望的和平缔造者。事实上，两个原本互相排斥的行为最终同时发生了。

1634 年 2 月 25 日，瓦伦斯坦的生命走到了终点。就在此前几周内，曾陷入僵局、未能开启布雷斯劳和谈的预备会议重新启动，因战争而满目疮痍的萨克森选帝侯国和地位岌岌可危的帝国在战争爆发前的最后一分钟开始正式谈判。当维也纳出于军事原因决定干掉瓦伦斯坦时，新的曙光乍现，差点把 1635 年签署的《布拉格和约》（*Reichsfrieden von Prag*）[1] 整整提前一年订立。在维也纳和

---

① 即 1635 年 5 月 30 日缔结的《布拉格和约》，这是皇帝费迪南二世携天主教同盟与新教选帝侯萨克森选帝侯之间缔结的和约，终结了新教帝国等级与皇帝之间的战争。——译者注

185 德累斯顿的帝国等级们的发起下，皇帝和萨克森选帝侯同意安排直接的双边和谈，并指派已取得部分成果的首席谈判代表瓦伦斯坦和他的理想搭档阿尼姆出面。此时，勃兰登堡的多数顾问还倾向于继续和瑞典合作，为了拉勃兰登堡入伙，阿尼姆亲自去找勃兰登堡选帝侯，劝说他改变主意。勃兰登堡选帝侯犹豫地答应，在必要时放弃更严苛的和谈条件，与萨克森联手。阿尼姆这才搞清楚，德累斯顿的选帝侯到底愿意走多远。因为阿尼姆了解他战场上的老伙计瓦伦斯坦，这才向他的主子担保谈判策略中的各种可能性。在 2 月份的 7 天之内，至少有 14 条有案可查的指导意见和询问在双方之间来回反复，阿尼姆巧舌如簧，就一些可接受的条件进行了巧妙的谈判。其中最重要的是为布雷斯劳和谈拟定的、且已经与瓦伦斯坦谈好的基本要素，即至少重新修订宗教、领土和帝国政策的部分条款，并重建帝国和平与宗教和平。一旦瓦伦斯坦有意与萨克森以及瑞典签订合约并与皇帝脱钩（这意味着改换门庭），阿尼姆就会引导他走上更好的道路。首先是与皇帝缔结帝国和约，接着达成普遍和平——这便是萨克森人的“路线图”。这也恰好和瓦伦斯坦忠于皇帝的 A 计划一致。如果这样都不能建立和平的话，那么怎样才有
186 可能呢？阿尼姆已经拿到了谈判代表的出行文书以及 1634 年 2 月 18 日的最后一波会谈指示。然而，在他抵达之前，瓦伦斯坦却死了。

德累斯顿方面向他的谈判使者发出了无条件争取和平的信号，这在谈判中是相当罕见的。即使选帝侯在紧急状况下不得不拿起“武器自救”，他也有意与皇帝缔约，以恢复帝国内部的和平作为“普遍和平”之先声，而“永久的战争”是万万要不得的。在进一

步的指示中，萨克森选帝侯再次表示不想打“永远的战争”。虽说皇帝粗暴地切断了沟通路径，但他知道这些情况吗？

不过多亏了萨克森人煽风点火下的大众传媒以及持续的外交斡旋，与瓦伦斯坦被谋杀的轰动性息息相关的和平议题始终热度未散。在《布拉格和约》的前史中，有一些有趣的关联和一致之处。命运没有赐予这位战争策动者成为和平缔造者的幸运。几乎没有人怀疑他想要缔造和平的想法。他不需要人们将其帝国和平主义的动机称颂得太过高尚和人道，但他不应当因为不忘获取利益和补偿而受到指责。对于结果而言，动机并不重要；对于民众而言，最终重获和平才重要。但这难道不是瓦伦斯坦 16 年戎马倥偬的真正动机吗？他难道不想给自己的战争荣耀再加上人们热切盼望的和平使者的桂冠吗？是否有人想过，“弗里德兰”[①] 这个统治者的名字给重视 187
征兆的瓦伦斯坦和他身后的历史记忆指出了一条道路？

就这样，瓦伦斯坦终其一生还是败在了战争与和平的行动领域。但是，和平的议题、策略和条件却预示了布拉格和平、威斯特伐利亚和平以及整个和平谈判。因此，已经成为神话的瓦伦斯坦形象给日后的历史留下了矛盾的双重遗产：除了存在至今的常备军外，还有在他身后才上演的和平政策的总乐章。

---

① 德语 Friedland，字面意思是和平之邦、宁静之地。——译者注

189 # 第六章　1635年的布拉格

——成就了和平，触发了战争

▶《神圣罗马帝国的媾和》——1635年布拉格和谈时的传单 190

传单上画着皇帝和萨克森选帝侯，两人身穿礼服，作为缔约双方面对面地坐着。他们中间的两位女性形象象征着帝国与和平。这意味着，皇帝和选帝侯不仅在缔结双边和约，而且作为帝国的最高管理者建立了帝国的和平。这张传单仿佛预示了今后的发展。

191 1635 年，皇帝费迪南二世和萨克森选帝侯约翰·格奥尔格签订了《布拉格和约》，这成为德意志帝国史上的一块里程碑。在欧洲当时的情形下，这份德意志内部和约没能结束战争，战争紧接着进入了最后一个毁灭性的阶段。尽管如此，《布拉格和约》还是将瓦伦斯坦未竟的和平事业与最终成功的《威斯特伐利亚和约》连接起来，是这场“战争的战争”里所有创新性和平举措中最杰出、最值得纪念的成果，给人们多方探索并进入新领域创造了条件。

与传统的条约相比，这份和约是一份缔造帝国和平的特殊和约。可见，战争危机确实富有创造才能，逼得政治家们采取全新的方法。

重建帝国和平

萨克森与古斯塔夫·阿道夫的结盟本就只是半个联盟，因为，萨克森手中同时还握着一张返回帝国的回程票。原因在于，瑞典与其他帝国诸侯签订的结盟协定中一些措辞，仿佛在质疑诸侯们帝国联合体成员的身份。与此相对照，萨克森签署的协定的政治表达较为谨慎，读起来更像一份为维持邦国和平而签订的纯粹军事交换的协议，如 1631 年的《科斯维希协定》（*das Abkommen von Coswig*）。
192 协定中的措辞是，瑞典和萨克森联盟愿齐心协力对抗蒂利，但限制在“只有面临敌人侵犯之危险时”——这样的表达避免了具有法律约束力的联盟术语。而对于奥克森斯切尔纳在国王死后赖以巩固瑞典政治的“海尔布琅同盟”，萨克森政界则敬而远之。加入瑞典-德意志联邦是萨克森绝对不考虑的选项。萨克森选帝侯国不是一个寻常国家，而是帝国的成员和最重要的德意志帝国等级——相应地，它也是这么做的。萨克森只想在瑞典那里搭伙一阵子，直到朝廷受到痛苦但必要的军事教训。萨克森选帝侯不仅是德意志帝国中最后一个离开的，也是第一个回归的。

当瑞典帝国首相奥克森斯切尔纳致力于将新教帝国等级聚集在其周围，并尝试夺取宗教和帝国政治的领导地位时，萨克森选帝侯格奥尔格绝不允许这样的事情发生。皇帝此时被引入歧途，而一个被外国势力统治的帝国不可能真正成为他更好的选择。于是，格奥尔格选帝侯重新开启了与皇帝的外交官、中间人的接触和试探，而这些联络其实从来没有中断过。瑞典人试图提醒偏航的萨克森选帝侯要注意名誉，否则就控告他对联盟不忠，但德累斯顿的外交官却冷淡以对，声称联盟只是与古斯塔夫个人缔结的，古斯塔夫死后没 193
有其他任何约定，萨克森方不再负有义务。

萨克森向皇帝靠拢，提出了一个不可妥协的条件，即要求皇帝废除《归还敕令》。当这一条在试探性谈判中得到认可时，和谈便得以成行，最后在上萨克森的易北河畔皮尔纳（Pirna an der Elbe）达成了初步和约。维也纳朝廷对“皮尔纳照会”稍作了改动，且撤回了部分被萨克森拒绝的修改条款。萨克森方面和解愿望强烈，人们也不愿意看到和谈失败。于是，1635 年 5 月 30 日，皇帝费迪南二世与萨克森选帝侯约翰·格奥尔格一世在布拉格缔结了和约。

在三十年战争时期，《布拉格和约》对和平作出了重要贡献，但它既不能被归入国际法范畴，也不能被归入帝国法范畴。这是一份双边条约，结束了缔约双方未宣战的战争状态，但签约的一方是没有主权的萨克森，所以它不是国与国之间的和约。它也不是帝国会议上磋商并通过的和约，同样也不是像《奥格斯堡宗教和约》那

样由专门委员会认证的和约。它不是与统治者握手言和的叛乱者的
投降条约，而是将同一级别的对手美化成权利平等的双方。然而，
这份和约中不仅有针对缔约方萨克森选帝侯国的条款，也涉及所有
新教帝国等级和整个帝国。相应地，其他与皇帝发生冲突的帝国等
194 级也被要求加入《布拉格和约》，除去少数例外，大多数帝国等级
顺利地照做了。这样一来，萨克森选帝侯国不仅为自己，也凭借选
帝侯的地位和新教帝国等级之首的威望合法地代表整个帝国，与皇
帝签订了和约。一开始，皇帝费迪南只愿和萨克森选帝侯国单独缔
约，孤立帝国内的其他敌人，但德累斯顿人不同意，他们坚持两两
签订帝国和约，并一力贯彻。这样的状况超出了所有的帝国法律，
因此不得不作为战争灾难中无判例的紧急措施合法化了。事实上，
为拯救帝国宪法，人们已经违反了帝国宪法。

这是萨克森选帝侯的特殊和约。他的初衷是，尽可能不受阻碍
地接纳尽可能多的需要赦免的帝国等级，从而扩大和平的范围。这
是一种新型的和平协定。在以前的战争冲突中，区域扩张的趋势是
致命的，此时却起到了促进和平的作用。虽说和平进程未能在接踵
而来的欧洲各国中推进，但帝国内部的和平得以恢复。而两人面对
面策划和谈一事，则经由当时的印刷媒体呈现在公众面前。萨克森
选帝侯国取得了自《奥格斯堡宗教和约》以来最大的和平成就，这
一功绩也在一幅展现《布拉格和约》的铜版画中，通过直观的图像
语言得到了生动的体现：戴着皇冠的“皇帝”（Caesar）和身着选帝
侯礼服的“萨克索”（Saxo）分别坐在以女性形象出现的“神圣罗
195 马帝国”的右侧和左侧，她脚下是手执棕榈叶拂尘的象征和平的“帕

克斯”（Pax）[①]。这表达得再清楚不过了。如果人们翻阅一下和约的文本，或许能读出更多的含义。

和约文本中基本上是促进帝国统一的语言，强调了两位负责此事的君主。这不是简单的皇帝和选帝侯之间的合作，而是帝国的“首脑”与“神圣罗马帝国的主要支柱”的合作——这是对选帝侯褒扬性的尊称，他们在“这么多长期存在的战争”之后在帝国重新建立“稳固的和平”。与战前时期较为平和的语言不同，人们现在必须将帝国从最终的灭亡中拯救出来。和平条约为国家及其人民的利益服务，最重要的是，为了帝国的利益和“德意志民族的荣耀”一次又一次地服务。在和约的文本中，帝国得到了充满感情色彩的语句的支撑，如“期盼已久的、亲爱的德意志民族祖国的和平”，其煽情程度较之《奥格斯堡宗教和约》更甚。祖国始终是那个全德意志的祖国，德意志民族则成了帝国统一的补充概念和交互概念，而帝国的传统称谓“神圣”或“罗马”则逐渐淡薄、退场。人们乐意为之努力的、帝国成员间原有的德意志“信任”应当得到恢复，为此，皇帝信誓旦旦地承诺，除了权利和宪法外，还要保护“自由”和“特权”，而作为回报，选帝侯和帝国等级应“向一切有罪之人传播恭顺的尊敬、荣誉、顺从、爱和忠诚”。因此，围绕皇帝 196
和帝国的补充说辞充满了高辨识度的主导概念，从语言上支撑了帝国内的和平。

《奥格斯堡宗教和约》中的教派伙伴关系，有利于与帝国相关概念的形塑和宗教规则的程式化，与之不同的是，《布拉格和约》

---

① Pax，拉丁语，意为和平。——译者注

中萨克森选帝侯作为新教阵营的首领以及皇帝作为天主教首领的地位被降低了——只有一点未能达成，即萨克森始终坚定不移地致力于争取最优条件（Lieblingspetitum），而作为奥地利邦君的皇帝则同意在自己的邦国中给新教腾出一块生活空间。与以往一样，人们没能在皮尔纳和布拉格就这一点达成一致。该条约并不是简单地忽略了这一无可争议的点，也不只是将它转移到附加声明中，而是在文件中用书面语言再次详细地讲述规则需求是怎么来的，作为必备故事之补充——即选帝侯不停地作出新的尝试，努力为波希米亚人争取，而皇帝却岿然不动，不肯在这一点上屈服。选帝侯尝试了一切方法，用他的原话讲就是："（我）在各种不同动机的指引下热心地催促，无论如何都不愿放弃"，却"不情愿地听到了"皇帝的严词拒绝。但事情就是这样。两位教派首领将自己为本派别付出的努力记载下来，还好没有危及和约本身。这是一种非凡的外交手段：
197 通过接受条约中的分歧，不失脸面地实现和平。总的来说，谈判双方明显将政治上达成一致的和平需求置于教派利益之上。

然而，该条约会如何处理《奥格斯堡宗教和约》及备受抗议的、皇帝和天主教对《归还敕令》的极端解释？对这两个概念的解释说明要比上述更多，但在围绕修道院、教堂和主教所有权的最突出、最受争议的一点上，双方达成了妥协。对于先前已被新教征收的教产，"被高度奉行的宗教和约"里有"白纸黑字"的规定，而人们对这些基本规定的接纳，也再次间接证明了《奥格斯堡宗教和约》本身的有效性。针对此后新教徒的合法财产变更以及对天主教徒和《归还敕令》而言非法的教会财产变更，该条约引入了一个描述精确的妥协性规则。1627 年之前，即修正主义敕令颁布前属于新教的财产，可以在接下来的 40 年里保持不变。为了让这些规则在质疑者看来不像最终方案，平权委员会应当重新达成一致；如果没有成功的话，一切则维持 1627 年的情况不变。悄无声息地免除《归还敕令》，实际上就是将其废除了——这是萨克森选帝侯国取得的最大的谈判成功。

《布拉格和约》一如既往地以《奥格斯堡宗教和约》作为其政治和法律基础，但规定了“正常年”，让这个貌似无解的争端重燃 198
和解的希望。萨克森选帝侯及其德累斯顿的顾问们无疑将自己视为该和平手段的发明人和发起者，他们一步一步地说服自己的新教小弟相信这种方法，尤其是在《归还敕令》颁布后。相反地，帝国方面最初认为该方法完全不合适且予以摈弃，后来却在和平需求日渐强烈的情况下也走上了这条解决冲突之路。选帝侯致力于推动此事，并非不假思索、只图作为和平推动者被载入史册的虚名。在进入布拉格谈判初步阶段前的很长一段时间里，人们对于一个正确的或者至少可妥协的日期有各自的设想，但双方的设想相去甚远。新教方面希望早日回到对他们有利的战前状态，而皇帝方面则想选一个尽量接近《归还敕令》颁布的时间，这样他们至少可以保住从之前的诉讼和战争中的所得。最终，人们就 1627 年达成一致，将其作为重新调整教会财产状态的起点，该年份则更加接近皇帝的设想，而非新教的意愿。1627 年 11 月 12 日这一不凑整的日期是一个充满象征意义的日期，它或许保全了皇帝的荣誉，因为在这一天，选帝侯同意皇帝在教产问题上行使最高裁决者的职权，即使皇帝不得不叫停他的《归还敕令》，修正内容错误的判决。从那以后，人们进一步讨论 1627 年这个特殊的年份，再次修订后离皇帝定的日

期反而远了一些。就这样，萨克森外交官找到了一个解决冲突的方
199 案并予以执行，“正常年”这一政治法律概念被载入史册，并致力于建立和平。在此基础上，《布拉格和约》将保护“宗教和世俗和平”的职责托付给皇帝，让其重新履行一系列帝国职责中的核心部分。

然而这并不是结局

此时，通过宗教妥协恢复帝国的政治统一有了一个明确且实际的短期目标：从欧洲强国的占领下获得解放，尤其是从一直占据德意志半壁江山的瑞典人那里。和约也应对瑞典人开放，然而，考虑到该条约的民族主义文风，这是很难想象的。但是，该条约禁止一切包括天主教同盟在内的特别联盟，将两个教派的帝国等级都聚集到皇帝以及新召集的皇家帝国军身后。

一些同时代人和历史学家已经看到了“布拉格军队改革”背后帝国力量的加强，无论是希望的还是怀疑的。不过，即便如此，中央集权国家、“绝对主义”议程或潜在发展都谈不上。虽然新的帝
200 国军队接受皇帝的最高统率，但很快又出现了一些规定，即三位武装的世俗选帝侯——萨克森、巴伐利亚和勃兰登堡选帝侯分别被任命为各自军队的将军，这样一来，军队在组织上根本没有太大变化，这也符合实际执行情况。君主主义倾向主要适用于皇帝第一个阶段的胜利以及由此产生的1629年《归还敕令》，而这个法令刚刚被纠正，不再适用于1635年前后的情况。《布拉格和约》在很多方面已经预示着威斯特伐利亚和平，皇帝的地位得到了加强，但尽管如此，它还是没能开辟出一条替代性的建构国家之路，却充当了一

个转折点，标志着转向双方的让步和共识，以及帝国的普世权力和宗教权力间的合作。

事实上，以上的一切都有助于建立对占领国的威胁。正如一句流行语所说，帝国的每个人都“不该休息和庆祝”，直到人人都拿回属于自己的东西。这并不一定意味着在另一个前线阵地打仗。又是萨克森，受皇帝委任担任执行《布拉格和约》的全权代表，在多个层面上努力协调，向前盟友瑞典人解释《布拉格和约》，要求他们最好在完成各自事业后自愿离开。事实并不像听起来那么单纯，因为萨克森选帝侯向他们提供了好几倍的金钱补偿，就像 1648 年瑞典拿到的赔偿款那样。克里斯蒂娜女王和斯德哥尔摩的议会已经完全准备好终结这场深入遥远国度的战争冒险。甚至瑞典首相奥克森斯切尔纳开始时也完全没有反对，但他却被来自法国的支持和鼓 201
励改变了主意。瑞典军方领导层并不想知道和约的内容，因此拒绝了萨克森的提议。若该提议被采纳，不仅对德意志，而且对瑞典军队和国家都要好得多。

现在，萨克森也别无选择，只能站在皇帝和帝国一方继续战争。如果 1636 年帝国联军能够在勃兰登堡的维特施托克战役这一决定性大战中打赢瑞典人，那么，《布拉格和约》可能就是战争结束的开始。但仗打输了，只留下了开头所描述的乱葬坑。瑞典公开接受法国支持，占领并肆意破坏德意志北部一半以上的领土长达 10 年之久。首当其冲的则是萨克森。萨克森选帝侯带领他的邦国顺利地熬过了战争的第一个 10 年，现在却陷入战争的旋涡，并受到双重摧残：在《布拉格和约》之前，萨克森被表现完全不像帝国军的帝国军蹂躏，之后被服务于瑞典的军队破坏。两者均严重损毁了萨克森丰富的城市景观，且以典型的战争节奏进行轮番破坏——常规的包围、炮击、纵火，接下来是和解与破坏欲下降，复又对妇女儿童无节制地疯狂施暴。萨克森的政客们拯救了帝国，却没能保全自己的邦国。由于生存基础遭到破坏，萨克森失去了近一半的人口。

202 相应地，获悉《布拉格和约》即将来临且最终得以签订的人们感到非常失望。一直消息灵通的哈佩，曾热切地接受了整个战争期间的每一个和平谣言，并一再“急切地期盼珍贵的、亲爱的和平”。他跟进萨克森和皇帝间的谈判进展，并在 1635 年 6 月缔结和约后要求举办一个公开的致谢庆典，在庆典上祈求上天的垂怜，让其他诸侯和帝国等级也愿意接受和约。但是，人们期待的是“普世和平”，而这位编年史学家则有了不好的预感，即局部和平“可能产生更大更多的战争”，因为人们“对这种和平感到更加郁闷、震惊，而不是喜悦”。亲爱的和平是用语言宣布的，但人们还没有来得及享受“和平的硕果”（fructus pacis），就很快听说了敌人入侵的消息，1635 年 9 月，敌人真的来了：“瑞典军队”又一次肆无忌惮地劫掠，“不肯接受和平”。

战祸殃及整个德意志。在战争最后一个漫长的阶段，哈布斯堡、法国、瑞典这三大普世强国完全被激发出清晰可辨的战争暴力，如怪兽般再一次扑向百姓。它不仅延续了上一段战争暴力，而且更疯狂、更残暴。于是，把外国势力驱赶出去，由内而外达成欧洲和平，对于德意志而言便显得愈发急迫。鉴于这一点迟迟没有实现，人类乃至整个文明和中欧的政治经济文化如何才能在这场“战争的战争”中幸存下来的问题也因此变得更加紧迫。

依靠移民和机构幸存下来 203

“11 月 12 日，一名陌生女子来到门前”，1636 年埃尔兴根修道院的厨房主管伯岑哈特记载道，那位女子说，“教堂的高级教士或者某位僧侣应当马上赶往乌尔姆城，因为一封重要的委托书即将到达那里，为教堂服务之人，也就是说周边所有高级教士都将聚集到那里。如果大酒窖技师在场，他可以出席，要么就是修道院院长亲自前往，然而两位高级教士均不在家。人们给了那个女子面包等一些吃的东西。之后，人们把她和一位普通僧侣一起送往乌尔姆。那个可恶的女人却很快在塔尔芬根（Thalfingen）[①] 附近和他分开，这样人们就再也看不到她了。四月里，教士回来了，一脸不高兴。那个心眼很坏却饥肠辘辘的女人不过是为了要口吃的。神呐，有什么不能怪到饥饿头上！”

显然，在当时的环境下，这位编年史学家对这种狡猾的生存技术表示理解。毕竟，饥饿是真实的，去乌尔姆的步行道路也很遥远，行政区和教士大会也真的举行了，该编年史的其他章节对此有过记载。这个非常真实的愚人节玩笑的笑点，来自人们脑海里和脚下这个战争社会的机动性。而此情此景下，将战火中依然运行的公共机构作为借口，倒也可信。很多机构在战争中依旧运作着。此 204
时，移民和沟通、融合和机构标志着一种非常有效的生存策略。

西班牙统治时期的尼德兰，曾是大规模战争移民的先驱。受迫害的宗教改革者从尼德兰逃往德意志北部，小部分人逃往德意志西

① 塔尔芬根是埃尔兴根下属的一个小镇。——译者注

部。北部新教国家逐渐形成，同哈布斯堡家族治下的天主教南方发生了某种教派上的人口交流，产生的经济利益也使独立的尼德兰受益。最引人注目的宗教移民则是 15 万名来自波希米亚的新教居民上演的一出“出埃及记”（Exodus），其中包括捷克人和德意志人，他们被当作政治难民、被驱逐者，大多数则作为宗教难民越过国界。彼时，波希米亚战败，祸不单行的是，在《归还敕令》实施的年代，新教徒被无情地天主教化，波希米亚再无新教徒的容身之处。他们中的大部分人在萨克森定居，沿着波希米亚边境，从易北河谷到德累斯顿住下来，也有人在埃尔茨山脉、齐陶（Zittauer Land）[1] 以及卢萨蒂亚安家。这样的定居情况，仿佛表明了他们想在情况好转时返回故土的意愿。那时的一个中心是皮尔纳，也就是布拉格和谈试探性会谈的举办地，尽管萨克森选帝侯付出过努力，但成功的希望却与《布拉格和约》一起被埋葬。波希米亚移民受到信仰相近的萨克森人的欢迎和萨克森政府的支持，比如借助教会提
205 供资金并允许他们用捷克语布道。邦内的分配不均、劳动力市场的竞争带来了一些地区性的问题和防卫反应，但在当时这种反应是有限的。这种细致的融合取得了成功，就像后来流亡德意志各邦的法国胡格诺派教徒那样，融合跨越世代，直至语言上完全同化，而融合也丰富了德国的波希米亚工艺和音乐文化。然而，最重要的是，国家对融合的支持保护了战火中的人们免受迫害。

在帝国的其他地方，不断变化的战争局势也产生了战争难民，主要是教会人士和教育工作者，但并未形成真正的难民潮。大规模

---

① 位于萨克森最东南，现在是德国、波兰和捷克三国交界处。——译者注

的移民运动是由整个地区与战争有关的经济损失造成的。当然，移至人烟稀少地区也没那么快，虽然有空间给移民居住，但基础设施和生存环境还无法如此迅速地恢复。例如，施瓦本汝拉山脉（Schwäbische Alb）[①] 的一些地区就是这种情况，那里受损严重，但最终来自蒂罗尔（Tirol）的人们还是定居了下来。赔偿和重新安置人口成为一个战后问题，但也可能始于战争期间。移民运动背后的人口机制和旧的欧洲生物-社会的人口管制，因房屋空置和职位空缺造成婚龄下降与后代增多，这些均不利于人的尊严、个体的自我建构等人文主义形象，却帮助苦苦挣扎了三十年的文化幸存下来。

然而，对于一些人的个人生存而言，一种特殊形势下的战争迁移，即临时短距离迁移，提供了一个机会，即所谓的避难（Einflucht）。在军队逼近时，大多数居住在农村的人不得已时试图藏身树林，但最安全的办法还是撤到坚固的城墙后。比如乌尔姆就及时更新了堡垒带，在整个战争期间为本城的无数农村人口和其他人员提供避难所。在场地有限的情况下，往往会优先接纳本教派的信徒，但战争持续的时间越长，不同教派间的友爱互助，就越来越不是一个禁忌，比如天主教教徒会将储备物资存放到邻近的新教帝国城市或行政区城市中。巴伐利亚城市韦姆丁（Wemding）完全是一个笃信天主教的城市，最初吸引的主要是天主教难民。但是，作为军用道路之间的一个盲点，韦姆丁相对安全，于是它越来越多地向其他教派的邻居开放，并最终成为周边地区农民的跨教派避难中 206

① 旧称 Schwäbischer Jura 或 Schwabenalb，南德中部山脉，有一小部分在瑞士。——译者注

心。为此，人们需要一个地区性预警系统，即使是简单的装置也可能有用。雇佣兵哈根多夫对某个村庄针对他这种人的预警装置印象深刻，他在日记中如是写道：在教堂塔楼尖顶悬挂一只篮子，危险来临时，放哨的人会把篮子倒过来，然后所有人开溜。邻里之间对
207 军队过境的预警和报告系统可以互惠地扩展到整个城市链与统治链。在这方面，肩负统治重任的帝国行政区也形成了组织有序的框架。

面对危险，人们可以选择逃跑或者坚守。除了为生存而移民和流动外，在充斥着无休止军事暴力的最后一个漫长的战争阶段，维持文化的另一个重要手段则是政治社会制度的抵抗，这种令人震惊的抵抗最终具有决定意义。曾有传言指出，在混乱的战争中，家庭以及一切社会关系都崩溃了，但许多编年体史书中的记载均反对这一点。在编年体史书中，恰恰是配偶、子女和亲属以及地区共同体间的基本关联变得很明确。这些由人类学和社会设定好的小小单元在战争危险中一次又一次地证明了其力量，这样的经验正是在这场“战争的战争”中不能被忽略的。除此之外，帝国的全套政治系统基本存在，在战争混乱中继续运转。城镇当局和各领地庄园试图保全其成员免于毁灭，如设法储存紧急供应品和生产资料，特别是谷物的种子，以便未来继续发展经济。安德希斯修道院院长是一位领主，在敌人进犯的紧急情况下，毫不介意将农民的牲口安置在修道院的十字形回廊中，并将圣所作为人们的藏身之处。政治组织也与军事指挥官达成了妥协。“保护措施”（Salva Guardia）是与军方合作的一种仪式化形式。双方上层商定，军方提供安全通行证或保护
208 卫队以抵御抢劫，民方支付一笔费用，这通常会带来一个双赢局

面，因为保护者会得到供养。针对法兰克尼亚伯国霍恩洛厄（die Fränkische Grafschaft Hohenlohe）的一项个案研究，揭示了整个战争时期持续运转的国家和教会管理的成就，这种管理有助于放下战争经历，并得出结论：“政府和教会的存续得益于战前建立良好的秩序，人们应当恢复这种秩序。”

这一经验可以加以推广。领土的组织，即邦国、领地和城市的划分受战争影响而有所推迟，却在这场毁灭性战争中保存下来，这并不是理所当然的。保留下来的一系列文件见证了他们在战争中的活动，在某些地方，随着战争带来的挑战越来越大，人们也能清楚地看到邦国的组织能力、行政能力日益增强。此外，整个地区的合作形式可以借鉴传统的帝国行政区之间的团结互助模式，在这些行政区中，“多君主的”施瓦本行政区和法兰克尼亚行政区在实施上级的任务中发挥着极其重要的作用。当 1640 年在雷根斯堡重新召开第一届帝国大会时，尽管时隔四分之一个世纪，人们还是很清楚应如何操作，并按照既定的形式组织选帝侯议团（Kurfürstenkolleg）、诸侯议团（Fürstenrat）和帝国城市议团（Städtekollegium）开会。其他的文化，有的在大灾难中无声无息地陨落，其昔日文明仅残存片段；而与此不同的是，德意志帝国却凭借其高度发达的文字和其受到法律保障的制度，维持了其文化的 209
连续性，并将一些因三十年的疯狂而岌岌可危的事业继续下去。但现在，真的是时候结束了，况且，结束战争的决定性动力亦来自帝国的机构。

第七章　现已忍无可忍

——德意志入局和威斯特伐利亚体系的形成

▶奥格斯堡和平之车

在这张奥格斯堡印刷的版画中，一副车驾正驶向《威斯特伐利亚和约》。驾车的不再是凯旋的统帅，而是以女性形象出现的和平。车驾经过刻着和谈核心概念的立柱，越过手持武器的战神玛尔斯。马的身上挂着纹章，象征着新的欧洲国际体系。强国之车的形象是非常有表现力的，我们将在本章的文本中详细讨论。

213 为了完成真正终结战争的威斯特伐利亚和平大业，欧洲大国花了四年时间。其中有诸多原因，而在文件版本的《威斯特伐利亚和约文书》（*Acta Pacis Westphalicae*）中，仅完整的皇帝通信系列就有 10 卷，囊括了所有的原因。帝国摆开了战场，却更加迫切地需要和平，并且……

求救

……不能再等了。诸侯和帝国等级正敦促平易近人的皇位继承人费迪南三世，如有必要，哪怕不惜一切代价，也要最终缔结和约。最后，巴伐利亚选帝侯马克西米利安向皇帝发出最后通牒：为了帝国，应当断绝与一直打仗的西班牙的联系，方能实现和平。他认为，将波罗的海拱手让出，虽然算是往瑞典人手中放了一把打开帝国的危险钥匙，却获得了萨克森的约翰·格奥尔格从旁协助。但是，为了亲爱的和平，除了通过谈判尽可能地缩小瑞典人的疆域，并同意受损失的当地邦君进行各种形式的交易之外，并没有什么可
214 做的——即使这样会对萨克森不利。阿尔滕堡和其他帝国等级一再强烈要求快速达成和平协议。在感到绝望时，一个接一个的帝国等级实施停火、缔结特别和约，甚至像巴伐利亚那样，致力于与国内的篡位者进行联盟谈判。

由于皇帝的所有支持被切断，也为邦国和民众考虑，萨克森甚至退出了战争。在第一次拉拢尝试中，瑞典人没能成功地把这个受到威胁的邦国中立化，因为在最后时刻，这位不太好相处的选帝侯借口可能会“产生误会”而拒绝了瑞典人。瑞典陆军元帅托尔斯滕森（Lennart Torstenson，1603—1651）向他推荐了一份有利于新

教事业的协定，约翰·格奥尔格却宣称这是一个有损名誉的指控，称他此前履行选帝侯的职责并非为了新教利益。但是，当瑞典人已经来到邦都德累斯顿城下时，萨克森人只能于 1645 年 9 月 6 日在易北河畔郊区的教堂签订停战协定。这份协定，拔高一些来讲，作为《克茨申布罗达和约》（*Friede von Kötzschenbroda*）被载入记忆文化，因为瑞典占领萨克森部分领土向萨克森施压，给这个邦国带来了暂时的和平——最终的和约则是《艾伦堡和约》（Frieden von Eilenburg）。为了争取萨克森的支持，瑞典人特别考虑到了选帝侯对皇帝、对帝国的义务，甚至不惜违反外国军队过境权，答应萨克森军队可以继续在帝国军服役。尽管如此，维也纳方面的密使还是试图阻止，但却徒劳无功。萨克森人的特殊和约应该“在达成全面和平协议之前一直有效”，从而作为一个预备阶段，无缝衔接到《威斯特伐利亚和约》。即使是日期的设定也象征了最后 215
的结局：4 月初签的字，日期却往前写到 3 月 31 日，因为那时 4 月是“如此不稳定的月份”。

越来越多的帝国等级愈加坚定地认为，他们不应该把一切都寄希望于欧洲大国间无实质性进展的谈判上，并决定自己前往奥斯纳布吕克。不过，皇帝一开始不肯让人夺走独一无二的谈判领导权，拒绝批准其他帝国成员加入。但是，帝国大区决意派法兰克尼亚帝国行政区代表，接着又派出施瓦本帝国行政区代表前往奥斯纳布吕克，而这一未经授权的“入局”也为帝国等级打开了谈判之门。

在明斯特，皇帝与法国和天主教国家谈判，而在奥斯纳布吕克，皇帝的谈判对象则是瑞典人和新教国家。帝国等级们参与了两个城市的会谈，他们喜欢在半道上的伦格里希（Lengerich）约见，彼此间按照与帝国会议类似的形式进行讨论。对帝国问题负责的使者们给谈判注入了新的动力，并主要就各自的宪法和宗教问题达成了共识。在谈判最后一年的年初，一个跨教派的“第三方”联合起来形成一个“联合体”（Konjunktion），他们是：新教方面的萨克森选帝侯国、勃兰登堡选帝侯国、斯特拉斯堡、恩斯特系萨克森诸邦国，以及在帝国中担任要职的美因茨选帝侯国、巴伐利亚选帝侯国和当时很有争议的约翰·菲利普·冯·舍恩伯恩（Johann Philipp von Schönborn，1605—1673）①。他们最后完全大权在握，不允许再
216 有任何的借口和迟疑，直至 1648 年 10 月 24 日真正缔结和约。但是，在这场漫长战争的漫长和谈中，除了细枝末节，到底谈了些什么呢？

欧洲建构国家之战的结局

波希米亚起义宣告了这场全欧洲的建构国家之战的开始，尼德兰独立战争又使其进一步白热化。在这场战争中，个别等级对哈布斯堡成为普世大国的追求提出了反对。从一开始，拥有黎塞留的法国和 17 世纪 30 年代起拥有古斯塔夫·阿道夫的瑞典同时参与角逐，各自怀着对本国一统欧洲、建立普世政权的目标，与哈布斯堡王朝进行对抗。然而，这三个候选国中，并没有谁能够赢得这场争夺统一的欧洲领导权的斗争。一个妥协的方案呼之欲出。然而，只要欧洲通过什么方式建构国家的根本问题没有定论，妥协方案就只能停留在试探或最多停战的阶段，直到下一次战争开火。

---

① 曾先后担任美因茨选帝侯兼大主教（自 1647 年起）、维尔茨堡采邑主教（自 1642 年起）和沃尔姆斯主教（自 1663 年起）。——译者注

因为，只要领导位置虚位以待，等级森严的欧洲理想仍然存在于政治秩序理念中，就会有人一次又一次地去争夺这个位子。欧洲需要一条创造性的出路，一套与普世等级制不同的规范，需要改变 217
范式。当时的政治理论已经致力于此：如让·博丹、托马斯·霍布斯和胡果·格老秀斯等开创的哲学国家理念、政治主导思想，首先是主权、国家至上主义和国际法，让人们最终以复数形式思考“国家”（Staat）这一概念。普世君主制的概念失去了其积极意义，现在几乎成了一个贬义词。于是，平等共存的理念出现了，那些理论著作使欧洲的新秩序合法化。一切欧洲国家均无须臣服于某个政治机构，它们必须互相承认，不得干涉彼此的内政。正是这种新模式，没有把国与国之间的并立视为必须铲除的无政府状态，而是作为一种合法的欧洲秩序，才使得在此基础上走向全面和平成为可能。

这次“平权活动”就是威斯特伐利亚和会，它在四年的时间里通过面对面的谈判、考究的仪式，尤其是程式化的条约文案，正规地践行了新的秩序。因为，首要的缔约方即哈布斯堡皇帝，一方面与法国国王谈判，另一方面与瑞典国王谈判，他们作为曾经的普世君主候选人都作出了让步，不得不相应地减少各自对统治权的要求。在同时发布的条约序言中，他们均以不幸卷入战争的同等级君主身份出现，回顾了战争历程。

具体地说，为了达成和约，三位决赛选手不得不降低各自对几
乎完全被占领的德意志进行普世统治的要求，仅满足于顺手捞走一 218
些利益。法国获得了莱茵河畔的一些土地和阿尔萨斯的 10 个帝国城市，但有很多附加条款的限制，因此没有人知道，这些领土是不

是真的在国际法意义上被割让了——从安全政策上讲，这是一种危险的先行达到和平的方法。瑞典得到了一些沿海城市和邦国，但并未将它们从帝国割让出去，而是瑞典加入了帝国，并在帝国会议上代表它们——这是一种温和且更值得推广的吞并形式。然而，皇帝想要为帝国和奥地利求得和平，只能跟西班牙分道扬镳，后者放走了尼德兰，却又不得不继续跟法国打了 10 年仗。比起获得的莱茵河畔的土地，法国媒体庆祝更多的则是哈布斯堡普世大国分崩离析并被拆成一个个小国的事实。对于皇帝的声誉和德意志民族帝国的重新繁荣而言，这样的限制也是一种收获。

大众媒体对《威斯特伐利亚和约》的图片报道喜欢把缔结和约的三个前普世大国按三叶草形状排列，形象地表现了欧洲多国制的核心，同时也尝试了其他的呈现形式。其中最有表现力的是在奥格斯堡印刷的《和平之车》（*Friedenswagen*）。一辆并非由胜利者而是由和平女神驾驶的马车，滚滚驶过被摧毁的军事装备。这一画面形象地象征着《威斯特伐利亚和约》的名言即“和平是万物之中最
219 好的东西”。和平之车扫过数根立柱，立柱上刻着铭文“理性状态”，即国家利益至上主义，以及“大赦”，即条约中的概念，这一概念在当时及此后排除了一切阻碍和平的战争债务争议。这辆车由四匹马拉着，马的胸前各挂着一枚本国的纹章：法国百合、瑞典狮子、帝国之鹰以及西班牙的纹章。尤其和谐的是，拉车的不是三匹而是四匹马，即哈布斯堡家族的德意志支系和西班牙支系的分离已然被包括在内。因此，这幅图片实际象征着四个国家将欧洲这辆破车从破碎的普世大国迷梦中拉出来——强国之车作为欧洲国际体系的象征。图中没有呈现的是尼德兰，它不仅得以独立，而且还获得

了自己的和平条约，象征性地将尼德兰与西班牙以及其他值得缔约的强国等同起来。与此同时，瑞士人则不得不屈就于一项小小的和约条款。然而，荷兰的绘画界则凭借特·博尔奇（Terborch）的宏大油画主宰了记忆文化，这幅油画其实只是展现了特别和约的谈判过程，却成为威斯特伐利亚和平的象征。

就这样，人们作出了反对欧洲走上一国制建国之路的决定，没错，多国制的欧洲作为“威斯特伐利亚体系”进入了国际研究视野，并将欧洲历史推进了现代的门槛。然而，随着《威斯特伐利亚和约》的签订，德意志历史走上了另一条不可逆转的道路。

联邦制帝国宪法的第三条道路 220

为解决建构国家这一建设性难题，帝国找到了介于普世主义和小邦分立主义（Partikularismus）之间的另一条道路。原因是，一方面，拥有皇帝和帝国的德意志人，具有普世主义的传统，且曾经参与过大哈布斯堡的建国尝试。在这场战争中，皇帝与西班牙以及天主教的教派化势力联合起来，使君主制时而占得上风，似乎能够让德意志走上大一统的道路。而另一方面，“建构国家”也以复数形式发生在帝国的领土层面。萨克森、巴伐利亚等大诸侯国和个别帝国成员组成的敌对特别联盟，以及动摇了帝国内部联结的瑞典联盟，或许在三十年战争期间还有其他选择，并且能够像位于帝国边缘、脱离帝国的尼德兰和阿尔卑斯山地区的邦国那样，独立地进入多国制的欧洲体系。然而，德意志历史并没有遵循以上任何一种模式，而是借助于两个层面上的基本的建国思想，摒弃了被臆想出来的、相互排斥的欧洲建国方案。

在帝国权力的上层，欧洲的普世主义必须降低到一个可容忍的程度。但与此同时，以帝国的综合力量来建立一个德意志的整体国
221 家。选举出来的帝国首脑最终被国有化了，成为德意志的职业皇帝，其能力受到《选举让步协议》的调节，且其权力被帝国会议、帝国最高法院等全帝国机构架空。在各地区的底层，德意志大小邦国正是在这场战争中完成了重要的行政任务，但它们仍然通过平行设置的帝国机构与整个帝国系统保持着密切的联系，在这些机构中，各邦国作为帝国等级代表自己，并能一次又一次地共同操控帝国。

德意志的国家成就（Staatsleistungen）和国家扩张（Staatsausbau）是在两个层面上取得的，这两个层面时而彼此竞争，时而互相补充，时而在组织方面互相交织。尽管人们曾为集体安全做出过一些努力，却还是没能为多国制的欧洲发展出跨越式的组织形式，在这一点上，德意志帝国取得了小小的成功。如果说欧洲的一些单个国家具有行政和外交政策上的效率优势的话，那么，德意志这一具有双元国家特性（Doppelstaatlichkeit）的组织则更加复杂，为地区参与、法制以及和平的发展提供了特别的机会。

在三十年战争的外部政治和教派压力下，帝国组织中危机四伏，冲突不断，这一切又一次被摆到了桌面上。但是，时不时反体制行事的帝国在费迪南三世的带领下恢复职责，且在战争中四散的
222 帝国等级也将和平谈判带到帝国大会，并恢复了帝国的团结。为避免将来与皇帝发生冲突，《威斯特伐利亚和约》调整了邦国和帝国等级的权利，并规定了共同承担的机构。随着德意志双元国家特性的正式恢复，和约在作出重要修订后也正式成为帝国宪法。该条约

文案将和约升格为《基本法》，并将它与旧的《基本法》以及《金玺诏书》（*die Goldene Bulle*）共同认证为德意志的宪法。

从根本上说，随着和约而更新的德意志宪法体系是一个联邦制体系，拥有一位立宪制选举出来的皇帝。后来显现出来的联邦制发展苗头，尽管起伏不定，时断时续，但该体系决定了德意志的历史，直至形成今天这样的联邦和州的格局。

皇帝和帝国在奥斯纳布吕克与瑞典商谈的和约《奥斯纳布吕克和平工具》（*Instrumentum Pacis Osnabrugense*，IPO）中的一些条例，与在明斯特同法国签订的版本有部分重复，这成为150年来德意志历史上书面化新宪法的基础。与它对帝国的重要意义相匹配的是，该和约的拉丁文原版和德语译文的印量达到了约2万册的数量级，传播广泛。尤其是综观随后的历史，该条约为德意志由谈判产生的、绵延最久的政治秩序奠定了基础。在此，条约的文本实在值得一看。

一条特有的宪法条款（IPO Ⅷ）预防性地排除了帝国成员之间 223
有关其权利的冲突。为此，诸侯和领主首先确认了其邦国层面上的权利，他们在邦国的政权正是基于此。宪法条款的所有其他条例均涉及帝国权力层面。

帝国等级的联盟权利得以恢复，进而确认了德意志传统的结盟自由。由于当时情况特殊，正在进行一场讨伐占领国的帝国战争，《布拉格和约》取缔了所有的特别联盟，后来，《威斯特伐利亚和约》又将其恢复。就像与皇帝或者外部邻国达成一致、缔结同盟并形成集体安全政策那样，结盟可以用于保护或者强化帝国权力。根据帝国的传统，联盟的目的被设定为防御，即“为了维护安全”，帝国等级可因此而结盟，但出于其他原因则不可以，明确排除反对皇帝或帝国的联盟。结成的联盟必须服务于帝国，对皇权有益，至少不允许其有损皇权。事实上，违反上述规定的行为后来已多次受到惩罚。

其他规定涉及须重新建立或进行改革的帝国行政机关，尤其是帝国会议。所有帝国等级在一切问题上都享有平等的投票权。这一规定针对皇帝的独断专权，同样也针对选帝侯在帝国事务中权力过大，也能防止帝国城市权力过小。目标是帝国等级的平等，但在那
224 样一个等级意识过强的时代，这种目标只能实现一点点。帝国会议的职责得以规定并有所扩大。所有等级代表的核心权利即税收许可权，以及在“绝对主义”邻国面前被压制的立法权，也得到了确立。

那么接下来，《威斯特伐利亚和约》就成了和平史上的一座里程碑。其主要内容是规定了战争或和平的决定权，这一点，无论是英国议会还是后来俾斯麦德国的国会均未曾有过。不是每位帝国等级自身（就像后世误解的那样），而是所有帝国等级一起拥有决定战争与和平的权利。只有皇帝和帝国等级一起，才可以作出发动帝国战争的决议。于是，决定战争或和平这一最高国家权力，便正式归于作为皇帝和帝国等级制度衔接点的帝国会议。

其他条款则规定了有待更新的帝国权力机构，除了皇帝外，还有帝国大区和帝国最高法院。谈判中提到的一些宪法问题未能得到解决。尽管如此，为了实现和平，人们采用了一种行之有效的协定手段，即把尚未敲定的问题记下来，留到以后的会议上讨论。有几个问题在后一次的帝国会议上得以解决，其他问题则始终悬而未

决——这是为通过永久帝国会议从制度上进一步扩大联邦制帝国形式而创建了一种巧妙的法律基础。帝国会议未来的永久性使得这个至高无上的宪法委员会，能够在一个和平转瞬即逝的欧洲迅速对政 225
治军事变迁作出反应。在这个过程中，战争与防御以及整个帝国会议审批之间的联系，增强了帝国的“结构性不可侵犯力”(Nichtangriffsfähigkeit)，给帝国安全上了双保险。凭借其防御规范和多元决策结构，帝国几乎无法攻击任何人，但出于同样的原因，它也不可能轻易地作为一个整体被征服。战争虽然很难从帝国方面爆发，但即便如此，帝国还是未能幸免。想要避免战争，就需要有组织的防御，并采取渐进的安全政策措施，而这些措施则为历史学的和平研究提供了丰富的调查资料。

宗教和平即国家成就

《奥斯纳布吕克和约》的多数条款涉及宗教。由此可以得出结论，《威斯特伐利亚和约》首先是一份宗教和约，它毕竟结束了一场举足轻重的宗教战争。但是，人们忽略了一点，最终克服教派冲突的，正是政治势力和国家调控。相应地，宪法最大的成就在于从政治和法制上完成对教派冲突的规制。宪法第五条规定了新教和天主教宗教派别之间的关系，是迄今为止整个一组条约中最全面的一条——在这一点上，与宪法的政治规定不同，人们完全不指望未来 226
伙伴之间的善意。此外还有第七条，它补充性地澄清了两个新教教派之间的关系，这样，宗教改革派就作为支系被纳入教派体系中。在欧洲最复杂的多教派格局中，教派间教条主义的不容异说从未断绝，人们需要以大量的个别规定作为先决条件，但这一貌似无法想象的难题，却主要借助于两项天才般简单的政治-法律基本条款得以成功解决，即“正常年”和“平等”。两者已经在这场战争中相遇了，现在人们已经找到了其持续有效的形式。

《布拉格和约》尝试纠正了《归还敕令》，而“正常年”则开启了“教产”分配。引入“正常年”本身，令很多参加威斯特伐利亚和谈的人豁然开朗，但 1627 年这个年份却引起了极大争议，谈判因而被搁浅。萨克森人将“正常年”作为解决冲突的办法引入并在《布拉格和约》中实施，虽然所有人都质疑 1627 年这个年份，但却没有人撼动这一原则，此后，人们选择了一个新的、更有效的年份。萨克森代表团迟到了，不过来得还算及时，得以给卡在教派极端境况中的谈判注入了新的动力。皇帝的全权代表、特劳特曼斯多夫的马克西米利安试图通过拓展他的指示全权来进行调解，但在发
227 现其毫无希望后放弃了。他立刻与刚刚抵达的、温和的萨克森人进行商量，讨论一个双方都能接受的、解决宗教问题的方案，得到了好几个可以放入后续谈判的新思路，尤其是定一个“新的”正常年。人们向刚抵达的专家提出问题，问他们哪一年可以让双方同意。使者们本能地提出了一个此前从未被考虑过的年份——1624 年。这个年份不在指示中，选帝侯也是事后才表示支持的，所以，人们是怎么想到这一年的，至今令人费解。也许他们简单计算了一下新教方面提出的 1618—1620 年与天主教方面提出的 1627—1630 年的中位数吧。无论如何，这是一个真正公正的日期，因为双方听到后都立刻暴怒，同时，没有人在四分之一个世纪后还能确切地知道，1624 年 1 月 1 日的世界是什么样的。但正因如此，这一年是一个未被动用过的、不具有派别隐含意义的年份。特劳特曼斯多夫伯

爵接受了这个日期，偶尔也会弃用它，但这个年份依然存在于讨论中，人们围绕其变体 1622 年年中或 1625 年年中展开讨论。最后，它出现在条约里：1624 年，且出现了不少于 47 次。

颇具讽刺意味的是，新皇帝费迪南三世已经变得非常好说话了。他虽然希望 1627 年这一可靠的年份作为重新调整条约的妥协，但在给特劳特曼斯多夫的秘密指示中，他已经答应，在新教帝国等级不达目的就让和谈失败的极端紧急情况下，可以屈服于他们提出的极端要求——1618 年，当然要加上各种各样的限制条件。如果这样的话，天主教阵营里的极端分子会怎样面对这种挑衅呢？他们可 228
比愿意妥协的皇帝更加挑剔，人们已经在用各种方式敦促他们接受 1624 年这一年份了。萨克森的君主或许看在与教会选帝侯同事们的共事之谊上，设身处地地体谅对方教派的心境，因而萨克森提出的建议并非从新教利益的立场出发，而是从帝国和平的立场出发，因为外交官们经过长期的谈判和交流已经知道，什么样的内容才能让各自的谈判对手接受。萨克森的超党派性和在颇受欢迎的帝国斡旋中练就的移情能力，是其外交人员能够作出精确判断的深层次原因。萨克森外交官在抵达奥斯纳布吕克那天，就已经提出了那个最终决定了几个世纪教派地图的年份。

多年来，邦君的教派决定权（即“法律改革”）使得教派关系始终处在动荡之中。虽然《布拉格和约》再次正式确认了该权利，但“正常年”的规定却令它名存实亡。因为臣民们可以援引“正常年”之前的教派状态，并保持其教会关系。“正常年”尤其适用于当时的混合教派地区，也非常适用于日后想改变教派的邦君。例如在信仰新教的萨克森选帝侯国，选帝侯“强壮者”奥古斯特

(August der Starke) 1697 年改宗天主教时，他的民众不需要跟着他改变信仰。没错，统治者不允许对 1624 年后引入的教会制度作
229 丝毫改变，所以在这种情况下，如果邦君想改宗，那么就需要花费大量精力让等级们同意他建一个“宫廷教堂”。如果没有其他任何协议或者人们不愿动用补充性的移民权，那么，从那以后人们是天主教徒或是新教徒就已经定下来了，因为在“正常年”1624 年，相应的地区已有过天主教或新教的公共宗教活动。这显然不符合当代人对自由选择宗教信仰的要求，但通过冻结现状并从法律上规定整个德意志的教派地图，平息了诸多不可解决的冲突。除此之外，别无他法。

另一方面，“平等”原则在战争之前未能实现，现在才得以确立。具体而言，这意味着未来在法律上平等的两个宗教派别受到承认，它们在帝国委员会中权利平等，双方尽可能席位相等，但无论如何都不允许他们在决议程序中以多数票否定对方。而在涉及教派关键问题时，则不得不“部分”对“部分”，即在帝国会议组织新教团体和天主教团体，商讨解决方案。其实，在敏感的宗教问题上，人们早该想到这种避免因多数派胜利而发生冲突的办法了，而且人们在战争之前就已经想到了。因为当时的办法只是聚合的程序平等，按照克莱斯尔的设想，这种程序平等可以使教派政治领域不至于爆发战争。

230 天主教同盟和新教联盟两个教派结盟仿佛去军事化了，并成为政治宗教派别团体，其作用类似于帝国会议的议会党团(Fraktion)。宗教改革者们曾在新教联盟中与路德宗信徒同舟共济，也被归入了新教团体。这些措施最终并未导致在多教派的德意志发

生宗教冲突的结局。这些措施不是武力措施，而是在帝国最高法院和帝国委员会层面解决问题。这是《威斯特伐利亚和约》最大的功绩之一，它将长期深陷教条主义、不容异教的教派最终纳入政治-法律秩序，从而在这个推动宗教改革、建构教派的核心国家永远遏制了宗教战争。帝国管理机构总是能消除战争复发的危险，而在此后的德意志，“宗教战争”一词便成了一个贬义词。

该和约的一些特别条款呈现了具有纪念价值的、为和平而妥协的高超技巧。通常被误认为僵化的帝国体系，以惊人的灵活性成功解决了普法尔茨选帝侯的地位问题，这一问题始终是和平之路上的绊脚石。在一系列领土恢复案例中，应众多强大支持者的要求，恢复已被革出社会的弗里德里希五世的普法尔茨王朝是最困难的。一方面，不可能恢复莱茵普法尔茨却不归还选帝侯的头衔；另一方面，也不可能剥夺巴伐利亚的马克西米利安的选帝侯身份；但更不可能的是，动摇 1356 年《金玺诏书》所规定的七位皇帝候选者的神圣数字，这七个人则分别是美因茨、特里尔和科隆的三位大主教 231
与具有象征性宫廷要职的四位诸侯，即司膳（Truchseß）、元帅（Marschall）、财务官（Kämmerer）和掌酒官（Mundschenk）。当然，为什么不可能呢？如果没有别的办法，那么就不得不首次破坏这一限定的数字，为普法尔茨造出第八个选帝侯头衔。巴伐利亚能保住自己的选帝侯头衔，而被废黜的“冬王”之子卡尔·路德维希则获得莱茵普法尔茨封地，获封选帝侯头衔。在排位意识很强的选帝侯议团里，卡尔·路德维希的座次只能往后排一排，但作为安慰，他递补了新设的“帝国司库”（Reichsschatzamt）一职，该职位使得他在下一次选举皇帝时也有一个宫廷要职。半个世纪后，递补上来的另一位汉诺威选帝侯，即世界强国领导人英格兰国王乔治一世（König Georg Ⅰ. von England），还与普法尔茨人因排位和官职吵得不可开交，这一点足以表明，在那个年代，地位和仪式问题里充斥着太多矛盾与冲突。《威斯特伐利亚和约》表明，通过创造性的和平尝试可以解决这些问题。同时，这成为后来成功恢复选帝侯议团教派平衡的关键第一步，该平衡曾一度被巴伐利亚的天主教选帝侯的选票打破。

另一条妥协性的规定调和了帝国城市奥格斯堡城内悬而未决、且在战争中引发了多次争端的教派状况。对于这个在德国宗教史上富有象征意义的大都市而言，该条约恰恰为整个帝国的“平等”建立了一个缩小的城市模型：所有职位，从城门守将到行会的手工业者，均按照教派分散开来，以便两个教派共存于一个城市。从此以
232 后，奥格斯堡的新教公民能够以这种方式保留他们在战争中饱受威胁的教派认同，他们便一年一度地庆祝“感恩节日”（Dankfest），该节日在经过跨教派的扩展后成为一个城市节日——“和平节”（Friedensfest），至今仍在庆祝。

此外，1648 年的妥协困境中产生了“奥斯纳布吕克交替制”（Osnabrücker Alternation），它实际上给各教会提出了一项真正难以置信的任务：他们需要从布伦瑞克王室（das Brauschweigische Haus）中挑选出一位天主教的采邑主教或一位新教诸侯交替担任“主教”。而教会确实这么做了，他们并不理会罗马因选举新教主教而对他们的责备。这一事实说明，帝国教会认为对影响和平的宪法忠诚比遵守教会法更为重要。

可教皇并不这么想。为反对 1648 年的政治宗教和约，罗马教

廷发表了一份万众瞩目的抗议，不承认《威斯特伐利亚和约》。在和谈过程中，罗马教皇的使节法比奥·齐吉（Fabio Chigi，1599—1667），也即后来的教皇亚历山大七世，就作为和谈斡旋人在明斯特的谈判中发挥了作用，但主要只是在天主教诸侯之间进行调解。教皇绝不愿意看到与“异教徒”达成最终的和平，并对归还已被天主教收入囊中的主管教区和其他教产提出了律法上的抗议，先是以私下公证的形式，但最后还是公之于众。罗马教廷或许有其他的行为选择，也并不想危及和约本身，但由于不承认和约，罗马教皇最终还是与欧洲国际法体系划清了界线。虽然他与德意志皇帝、天主教诸侯，尤其是采邑主教管辖区之间有着千丝万缕的联系，但此后 233
他还是一次又一次站到了德意志宪法的对立面。而在冲突发生时，忠于宪法的帝国教会通常都能遵守维护和平的帝国法。

就这样，1648 年被推翻的普世主义有了两个实际上的继承者：在多国制的欧洲建立独立国家，以及在帝国内建立联邦性质的双元国家制度。后者因负责跨教派的冲突调解，得到了进一步的加强。威斯特伐利亚体系包含两个持续有效的秩序纲领。两份纲领中的哪一份更适合和平或者更有利于解决今天的问题，还需要讨论。在两个建立国家的工地上，人们能找到对和平举足轻重的提示。三十年来，建立国家的大工地上产生的一系列和平萌芽，有没有可能汇聚到《威斯特伐利亚和约》并继续发挥作用呢？

终章　三十年战争能否给终结战争带来启示

▶《和平＝幸福　战争＝痛苦》，1648 年 236

树状的葡萄藤蔓将两个寓意形象分在两侧。左侧的背景是井然有序的风景，缠绕的葡萄藤下可以看到一个带着翅膀的和平之神，一手扶着丰饶角，一手握着棕榈叶拂尘；右侧光秃秃的树枝下，战神玛尔斯拿着武器袋、火炬，头顶是战争的风暴。这张传单将两种文化状态进行了对照，并认为和平是更好的选择。树干上挂着神圣罗马帝国、法国和瑞典等《威斯特伐利亚和约》主要签字国的徽章，为这一选择作出了担保。

237 希罗多德被视为欧洲史学的先驱，他记载历史，让光荣的过去不被遗忘且保持鲜活。但历史几乎只是由战争和战争英雄构成的，这种情况一直持续到不久前。难怪新的“非英雄”世代更愿意转向其他主题。希罗多德的接班人修昔底德在他的《伯罗奔尼撒战争史》中已经质问了战争的诱因和缘由，而这场伯罗奔尼撒战争打了27年，也接近30年了。随后，在这种观点下，一项新的历史学的和平研究重新聚焦欧洲战争，但现在的目的是，通过研究战争的原因来帮助人们避免战争。这是为战争与和平带来一整套全新见解的重要一步，也为特别不太平的近代早期带来有承载力的整体结果。那是一个向新趋势发展的时代，人们的出发点不再是必须被铲除的战争，而是亟待建立的和平。从这个角度出发，人们将政治-实践问题抛给了历史学，该问题是：这份“一切和约之和约”（der Friede aller Frieden）是否准备好了思想、方法或手段，帮助人们结束已走入死胡同的当代战争和冲突？历史学家不必过多地将《威斯特伐利亚和约》与其战争背景割裂开来看，但随着侧重点的更新，整个三十年战争史又呈现出另一番光景，令人震惊。

238 这本关于“战争的战争”的著作将和平置于所有论述的中心。本书没有在催生战争的前史和寻找战争原因、纷争中耽误时间，并且对战争和战役史保持克制。但是，它却并不是贸然将《威斯特伐利亚和约》作为解决冲突的对比性背景加以分析的。相反，这部全新的、有几分别出心裁的历史是从这场战争灾难的巨大和平需求中衍生出来的，从头开始追踪战争进程中的和平尝试与和平机会。

在引言中，本书讲述了在巨大的时空跨度和近一半德意志人口损失的情况下，如何衡量战争恐怖及其造成的影响，并由此提出问题：真的没有人能阻止这种情况吗？饥荒、瘟疫和战争暴力构成了死亡三角，编年史学家视其为整个文化的生存威胁，着眼未来时则质疑到底还会不会有未来。而位于死亡三角顶端的战争暴力强度大、后果严重，令以上问题愈加迫切。最后，面对异常可怕的儿童命运、备受珍视的女性贞洁以及不带有任何爱国成分或宗教意义的士兵死亡，本书又提出了一个问题：一个高度发达的文化怎么会容忍这种打击整个族群、违背自身文化准绳和价值观的侵犯？在这个问题上，当时所有的神学教派都失灵了，它们把战争归咎于上帝对一切的惩罚，而不是像当时常见的那样认为这是需要与之斗争的魔鬼的杰作。直到最后，教会才规劝当权者应当遵循基督教的和平信 239
条。另外，在整个中欧文明行将因战火而崩溃之前，就真的没有人干预过吗？

事实上人们从一开始便制订了计划，寻求机会并有所行动，这一点令人震惊。如人们致力于从政治方面阻止战争，似乎有了和平的可能，却还是错失了机会。这项和平事业贯穿战争的始终，而对于通往威斯特伐利亚和平之路上最有希望的站点，本书均进行了近距离的考察。值得铭记的是，1619 年几乎接近成功的《埃格尔和约》，如果成功的话，它必定能将德意志的战争扼杀在萌芽时（第一章）；值得回忆的还有 1629 年的《吕贝克和约》，它给予帝国一个战争间歇期，有可能就此轻而易举地完全结束战争（第三章）；或许，还值得怀念的是 1635 年伟大的《布拉格和约》，这份和约由皈依和平的瓦伦斯坦推动，立足于更全面的欧洲全局观，目的是把德意志从厄运连连的战争危局中解救出来，从而将《威斯特伐利亚和约》提前 10 年（第五章和第六章）。然而，这些契机和其他种种行动均未能阻止或结束这场大战，但它们并未因此变得毫无价值，反而具有重要的试验价值——有的是根据试验规则“试错”，有的则成为最终和平的基石。最后，人们对沿途出现的观察和反思进行甄选，进行某种系统的汇编，并追问其是否具备和平史的潜质。其
240 中一些内容仅对结束当时的战争至关重要，很多内容则汇入了战争与和平以及国际法的发展轨道，而另一些和平知识或许对解决我们当代的冲突和一切战争有所裨益。

和平活动家与时间窗口

“男人创造历史”，19 世纪激进的普鲁士历史学家海因里希·冯·特赖奇克（Heinrich von Treitschke，1834—1896）的这句话一度令人耳熟能详。不过，这句话早就没人引用，也早就不是一句正面论断了，原因很好理解。比如，三位真正在历史上权势熏天的女性统治者即英格兰女王伊丽莎白一世、维也纳的女王玛丽亚·特蕾西亚和俄国女沙皇叶卡捷琳娜二世主导了近代早期，这一点有些荒谬。此外还有很多女性风云人物，如 1648 年前后在政治上固执己见的黑森女伯爵阿马莉·伊丽莎白（Amalie Elisabeth，1602—1651）等。完全撇开性别因素，确切地说，是某些社会群体、社会结构和政治进程创造了历史，而不是个人。但有时，的确是人推动了历史。三十年战争中充斥着这样的人物，本书也必须考虑到这一点。因为，显然谁在危机和冲突中掌握权柄，从古至今都是至关重要的。而在是否可以避免战争这一备受争议的问题上，个人层面恰
241 恰起着重新建构的关键作用。维也纳皇廷的三位和平活动家中，颇有影响力的盖茨科夫勒在“掷出窗外”事件前一年去世，首席顾问

克莱斯尔在事件发生几周后被政变推翻，而距开始仅一步之遥的埃格尔谈判最终因皇帝马蒂亚斯的驾崩而灰飞烟灭。接手政权的是两拨人，一方是好战的费迪南二世及其追随者，另一方是围绕“冬王”弗里德里希五世的激进团体，随后出现了更多的死亡和卫戍更替，和谈的时间窗口关闭了。人们几乎可以想见，如果没有这些接二连三的个人层面上的倒霉事，三十年战争或许根本打不起来。对于谈判而言，个人状况和幸运时机的重要性是不可低估的。

无独有偶，另一个在不恰当时机死亡的，是已转变为和平活动家的瓦伦斯坦。维也纳朝廷有两层诉求：其一，通过铲除军队主帅，将瓦伦斯坦的军队国有化（第三章）；其二，通过同一个人即指定的谈判代表瓦伦斯坦，与萨克森达成和平。事实上，这两者是互相排斥的，但就像第五章中所述，两件事令人难以置信地平行进行着。谋杀任务早了几天完成，于是和平遭了殃。这是失败、倒霉和谬误？在这一点上，德意志中部的媒体试图化不利为有利——第二年，皇帝与萨克森订立和约，媒体将其报道为死去的和平缔造者留下的遗产。

然而，从另一方面来讲，个人层面上也有创造机会、促进和平的机会。比如萨克森选帝侯约翰·格奥尔格，他始终热爱帝国，在教派政治方面态度温和，致力于达成谅解与和平。在整个战争期 242
间，他统治着当时最强大且富有影响力的选帝侯国，长期积极支持他的有舍恩菲尔德的卡斯帕等一众幕僚。还有，威斯特伐利亚和谈时，萨克森使团里颇有权威的约翰内斯·洛伊贝尔博士（Dr. Johannes Leuber），他是主要的冲突调解剂——“正常年”1624年的发明者。此外，还有瓦伦斯坦与效力于萨克森的阿尼姆总司令之间独特的关系：一对彼此交好的敌人成了谈判伙伴，若是瓦伦斯坦能活下来的话，他们俩定能成功实现和平。

说实话，一些乱世枭雄死去的时间恰到好处，避免造成更多损害，从而给和平带来一线生机。对于法国而言，这一点适用于皇帝亨利四世，他在史书中因结束了法兰西宗教战争而获得荣耀，实至名归，令人印象深刻。但是，大约在三十年战争打响前 10 年，他想要利用某次地区冲突来重启与哈布斯堡王朝的普世大国之争。不过，亨利四世恰巧因暗杀而殒命，这对于德意志的和平而言是一大幸事。而在战争中，古斯塔夫·阿道夫在吕岑意外战死，将这位双重意识形态的哥特主义新教战争策动者带离了战争剧场的舞台。这给瑞典的主和派以及踌躇不定的奥克森斯切尔纳开启了另一种选项——不过，这一选项却被强大的瑞典将领以及法国人颇有吸引力的结盟提议斩断了。

243 一桩桩个人层面或时间上无法控制的事情碰到一起，形成了有利或不利的巧合，产生了一个平衡的结果，它能帮助人们从一定程度上理解为何种种阻止战争的和平努力均付诸东流，却无法给出一个通用的解释。要解答这个问题，就需要人们从一个完全不同的层面去考虑。

对秩序政治之利益冲突的误解

萨克森的谈判政策表明，他们已经清楚地认识到，波希米亚起义并不真正涉及宗教问题，而是一场政治冲突。抵制任何一场宗教战争的初衷使得这位新教斡旋人，在笃信天主教的维也纳朝廷和信奉新教的波希米亚等级之间采取中立的政治立场（第一章）。尽管萨克森统治者约翰·格奥尔格一世采取了这种从政治角度出发的正确解读模式，但他仍然将其视为一场政治叛乱，需要以尽可能和平的方式解决。但他没有看到的是，波希米亚起义与平行进行的尼德兰起义一样，是以建立国家为目标的。只有认识到波希米亚起义的真正目标，才能实现可持续的妥协和平，从而促成所谓的小国家的建立，比如在哈布斯堡王朝的选帝制度下给予小国更多的自治权（第二章）。

战争的真正目的往往不是一开始就公开表达的，而是隐藏在冲 244
突的准备阶段和周边，或以符号进行编码。当然，战争的真正目的应被记录下来，成为可持续和平规定的先决条件。在这场“战争的战争”中，一个事关欧洲方向抉择的因素加大了认知难度，而只有在基本的历史维度内回顾历史时才能充分认识到这一抉择，即这场战争尚未最终解决的问题是，欧洲的国家建构将会走普世主义的道路还是建立独立主权国家。从德意志的小范围来看，有一条折中道路，即将两种选项嵌入同一个政治体系，并分别设置邦层级和全国层级。这场战争捍卫了这一联邦制度，《威斯特伐利亚和约》也对其加以保障。而在欧洲，条约致力于建立一个集体安全制度，但很难付诸实践。欧洲开始寄希望于建立独立主权国家。

和平条约将决定德意志和欧洲其他国家截然不同的基本道路，在最终的条约宣布、一切尘埃落定前，所有单独订立的和约都还只是没有期限保障的前期成果。唯有承认这一一锤定音的秩序政治成就的伟大之处，方能理解人们为何能容忍这场将整个文化逼到毁灭边缘的战争。

因为协调一致的欧洲秩序不可能用一份份单独的和约加以解
决，而是需要调动一切力量。方向性的抉择需要一场盛大的和会， 245

无数的单个问题则不需要。原因是，只有在和会上，平行且互相配合的双边条约，即曾经的普世主义者皇帝，法国、瑞典国王与已获得独立的尼德兰以及条约中提到的几个大国共同缔结的条约，才能建立欧洲的国际体系，也称“威斯特伐利亚体系”。

然而，在这一切发生之前，和会花了两年时间才开始，开会开了四年，与此同时，战争并没有停火，而是不受限制地继续进行。在这个过程中，杀气腾腾的战斗进行到最后，仿佛每个人都想打赢德意志这个普世大国，令后者愈加荒芜。如果人们考虑到这一点，那么，备受赞誉的和平典范《威斯特伐利亚和约》只是好在其结果，而不是其拖拖拉拉的实现过程。《吕贝克和约》和相对坎坷的《布拉格和约》均在几周内签订，而《威斯特伐利亚和约》即使涉及的维度更为宽广，也无法解释谈判为何拖延了近五年之久，反而体现出某些参与者缺乏和平意愿。此处或许也能看到一个减速陷阱。如果不停火，但在威斯特伐利亚给谈判者开辟出一个非军事区，并给予良好的照料，完全将战争疾苦从谈判者视野中清除——这样做无法促进以结果为导向的工作的顺利进行。在安全地带，人们更愿意长时间试探而非认真谈判，直到才华卓越的皇帝特使特劳特曼斯多夫伯爵的到来。他知道，皇帝和帝国的情况到底是怎样
246 的，并且在审慎地咨询后第一次提交了条约草案。这份草案离最终的结果一点都不远，但是它一下子就遭到了拒绝，特劳特曼斯多夫伯爵心灰意冷，重新启程离去。于是，西格丽德·韦斯特法尔（Sigrid Westphal，1963—　）[1] 提出“允许加入”这一概念，即本

① 西格丽德·韦斯特法尔：奥斯纳布吕克大学近代早期史教授。——译者注

书中用的“入局”一词，强调了人们被迫允许真正受影响的地方代表加入和谈，一点一点地通过跨教派的“第三方”处理完悬而未决的问题——这是成功缔结《威斯特伐利亚和约》的决定性一步。比如，在纽伦堡召开的一次附属大会上，帝国等级按规定将500万帝国塔勒作为约定好的赔款分配给瑞典，从而将德意志从外国军队的占领中解放出来。这是欧洲团结的重大成就，虽然现在鲜有人提及。

本书突出强调了对和平具有双重重要意义的机构，这一点对于帝国而言意义非凡（第六章）。一方面，各种机构坚定不移地持续运转，在支离破碎的世界中造出一个供人支撑的扶手，让人们得以幸存下去；另一方面，机构本身也化身为和平的积极元素，以令人惊讶的方式敦促和平（第七章），并将德意志民族之帝国带入有序的战后局势中。此外，也有一些与帝国等级、帝国大区和帝国法院完全不同的机构。或许被部分国有化了的“常备军”可以算进去，与自由散漫的半私人部队不同，他们是有组织的联络对象，构成了各政权谈判时的生存筹码。人们尤其不该忘记的是拥有站点和时间表的高度组织化的帝国邮政，由于战争对信息的高度需求，它作为 247
唯一的信息机构甚至经历了一波迅速的发展。帝国的联邦制度在这场战争中坚持下来并历经考验，扛过信息闭塞时期所有的恶意诽谤，最终得以顺利运行。作为欧洲建立单个主权国家之外的另一条建构国家之路，德国的联邦制度完全没有被高估。英国科学家布伦丹·西姆斯（Brendan Simms，1967—　）[1] 领导的一个国际工作组

① 布伦丹·西姆斯：剑桥大学国际关系史教授。——译者注

甚至建议将《威斯特伐利亚和约》中的联邦模式作为解决当前中东冲突的方案——即使该模式被人们不经意间理解为欧洲模式，尽管它只在德意志帝国得到了实现。

和平语言与和平实践

事实上，这场“战争的战争”不仅涉及欧洲的国家新秩序，也保障了德意志不同形式的秩序。这并没有改变追求和平的重要意义，而和平追求长期以来被限定得太过狭窄。如果说这一决定欧洲此后几百年政治方向的抉择不够伟大的话，那么一系列和平化的道路、做法和伎俩肯定会取得成功。这些促进和平的方法始终值得怀
248 念，它们有的进入了《威斯特伐利亚和约》，有的成为外交手段或者进入了国际法。值得一提的是，人们至今仍然能在谈判实践与和平政策工具中找到上述方法的影子，而其他方法则可能经由熟知历史的政治顾问之手，成为外交技巧。本书精选了一小部分在这场战争中开辟出的道路和影响和平的创举，并披露出来，下文将侧重其和平潜力并一一罗列出来。

其中，最基本的是伴随着政治活动的和平语言。从“掷出窗外”事件后的首批外交信函文本研究结果中人们可以认识到，双方通过最小化对抗、最大化所有共性和成绩，从而实行绥靖策略。除了保护所谓信息不通畅的合作伙伴等旧策略外，萨克森调解员还寄希望于夸大合作及谈判意愿，并放大已谈成的内容。在埃格尔和谈的准备阶段，普法尔茨的新教联盟领导人意外来访，在向慕尼黑的天主教同盟统帅汇报此消息时，和平语言这种有利于和平的交流方式脱颖而出，至今仍受到尊重。帝国的和平语言兴起于 16 世纪，

在整个战争期间受到办公处和外交官们的维护，在战争后很快又被重新接纳。它主要用在与国内和平相关的整合概念上。这些充满感情的目标概念围绕着维护帝国宪法、恢复“旧德意志信任”和帝国 249 成员间的和谐展开。这种整合性语言的意义在于消除宗教干扰因素对帝国和平的影响。该语言可以同时被新教和天主教方面接受，但其目的通常绝不是将另一方排除在帝国协会之外，而恰恰相反，是为了在双方各有教派特殊利益的情况下，强调其原有的归属和对帝国的忠诚。

在《布拉格和约》中，这种整合性的套话添上了几分政治色彩（第六章）。一方面，和约语言在宪法法律层面平衡了帝国的双元国家制度，即在尊重帝国元首的套话和强调帝国等级自由之间达成平衡；另一方面，受局势所迫提出了具有民族爱国意识的解放计划，但避免了军事上的战争威胁或最后通牒，正如当时宣战书中常见的那样。《威斯特伐利亚和约》原文是拉丁文，由几个欧洲主权国家与其德意志“盟友”正式缔结，虽然条约中主要是对德意志进行规定的内容，但几乎没有给充满民族意识的帝国和平语言提供空间。

但是，1648 年和约更多地发展了几个世纪以来国与国之间的和平形式。在流血事件发生后，上帝感化了统治者的心，使之转向和平——将这样的和平提议归功于上帝可以避免一切尘世的追问，比如如何一步步滑向战争、谁更迫切地需要结束战争等问题。在这场战争中，交战各方的统治者及其拥有所有头衔的继承者们跨越两个世代的叙事，赋予和平以超越个人的有效性。

三个此后几乎一直出现的核心条款值得人们特别关注：一是 250
“永久条款”（Ewigkeitsklausel），即《威斯特伐利亚和约》中的

"永久和平"（Pax perpetua）。它将没有期限的和平与暂时约定的停火区别开来，如当时尼德兰和西班牙的停火在 12 年后的 1621 年到期后重新开打，其参战人员还额外给三十年战争煽风点火。瓦伦斯坦主导下的几次和谈停火，均以几周为限。不过，威斯特伐利亚和平似乎离"永久"还很远，正如它经常被嘲笑的那样，原因是往往只过了几年下一次战争又开始了，然后再"永久"结束，如此循环往复。但在实践中未能兑现的"永久"主张的意义在于，它把和平而不是战争标记为值得追求的人类的正常状态。"永久条款"的标准意义还包括其对国际法的贡献。几乎以后所有的和约都明确追溯并援引《威斯特伐利亚和约》，宣布其有效性或欲恢复之。但如果以后的和约内容一再重新划分欧洲版图，到底意味着什么呢？例如在路易十四恢复普世君主制后发动了"第二次三十年战争"，从 1667 年断断续续打到了 1697 年。显然，威斯特伐利亚体系即多国制秩序本身，借助《雷斯威克和约》（*Friedensvertrag von Ryswik*）[1] 得到了保障，经受住了近代早期的所有战争。

二是"归还条款"（Restitutionsklausel），它规定恢复战前状况
251 是一条基本原则，其具体的实施和限制细节由条约内容加以规范。除了规定好的"正常年"1624 年是恢复宗教状况的例外，人们将 1618 年视为标准度量，为退还被占领土和重新任命受到大赦的普法尔茨与梅克伦堡诸侯奠定了基础。于是，重新分配所有重要的领土，似乎只是修正了与美好、和平的旧时代之间的偏差。这也是此后乐于使用且易于接受的和平表现形式。

---

①《雷斯威克和约》：1699 年 9 月 20 日，法国、西班牙、大不列颠在荷兰雷斯威克签订的和约，从而结束了普法尔茨继承战争。——译者注

第三项条款，有时被称为“赦免条款”，但更确切地说，应按照条约概念称之为“遗忘条款”（Oblivionsklausel）。它规定了所有人的相互义务，即将战争中发生在彼此身上的一切深深地埋进永久的宽恕和遗忘中。它实际上也是一项反战争罪责条款，在 1919 年《凡尔赛和约》签订之前，这一条款或多或少都得到了明确的遵守。《凡尔赛和约》要求德国赔款的理由是德国的战争罪责，而 1648 年赔偿给瑞典的金钱和土地则被视为报销战争费用，从而报答瑞典人对帝国的“帮助”。因为有“遗忘条款”的存在，所有与战争相关的法律程序都被排除在外，连起诉战犯都不行了。另一方面，放弃一切关于战争罪责的讨论肯定有利于激发各方面的和平意愿。

从 1648 年起，近代的各项和约使得缔约伙伴之间开始出现更多的情绪高昂的和平与友谊话语。缔约各方的“安全”（securitas）， 252
实际上是指互相提防对方。不久前，研究发现，该义项第一次出现在《奥格斯堡宗教和约》中，1648 年时被用来描述和平目的，当前也用于欧洲主权国家之间。在 17 世纪和 18 世纪，“安全”则越来越多地被当作帝国和欧洲为确保和平而采取防御措施的理由，时至今日，这一概念仍然存在，如“安全政策”。

人们利用时间走了技巧高超的一步棋，为自己创造出一个和平机会。“归还”跳过了战争岁月，“遗忘”删除了战争的过往，“永久条款”欲将和平状态永恒地延续至未来。“正常年”规定的不是现在的状态，而是查明了过去某个协调一致的标准年份，《布拉格和约》规定它为 1627 年，《威斯特伐利亚和约》则改为 1624 年，即在要求 1618 年或 1629 年的利益派别之间，取了一个能让双方达成共识的中间值作为妥协的年份。除了一些尚待清理的干扰因素外，偏偏是这种数值上的建构成为维护宗教政治和平最成功的手段。

一个特别精巧的和平诡计通过时间限制封锁了条约的修订，从而推迟了最后的决议。一般而言，帝国的机构，尤其是最高法院、永久帝国会议等喜欢搁置有损和平的冲突，直至棘手情况自行消
253 失，如对手死去或者皇帝要求支援的战争结束。《奥格斯堡宗教和约》苛求基要主义神学家接受两个教派在政治-法律上的平等地位，并规定其为宗教重新统一前的临时方案，以减少其负面影响。但反修正条例却声称，在此之前，该方案得保持原样不变。它果然撑过了整个三十年战争，并在《威斯特伐利亚和约》中凭借必要的修订和“改动”得到了明确的确认。如果这些和约还有效的话，那么这一点始终适用。时至今日，教派在德国的政治-法律中的地位还是得追溯到这一和平伎俩，它或许也能帮助其他宗教的基要主义者除掉和平障碍。在《布拉格和约》中，人们运用相同的拖延方法，废除了皇帝 1629 年的《归还敕令》。《归还敕令》并没有危及宗教和平，但人们却说它易引发冲突，为了保全皇帝，故而仅将其免除 40 年，然后再次征求意见。而《威斯特伐利亚和约》就已经不提这茬了。

谈论分裂的人，不愿让人想到整合性的和平方案，而事实往往就是如此。两级政府之间的基本权利分离已成为帝国联邦制的标志，并且在自《布拉格和约》以降的和约中获得了新的平衡和保障。正是在这个基础上，远超战争的合作取得了成功。就单个的分离模式而言，《威斯特伐利亚和约》中颇有争议的领土割让问题也得到了皆大欢喜的解决——普法尔茨伯爵重新得到了莱茵普法尔
254 茨，巴伐利亚选帝侯则保住了上普法尔茨。举例来说，在帝国内，

王朝的分裂阻止了萨克森继承战争，而在欧洲，后来大型的遗产分割结束了西班牙王位继承战。这种改良形式使半割让地区在国家法上享有双重地位，是非常实用的和平促进措施，但长远来看，它在阿尔萨斯遭受了惊人的失败，在帝国北部的实践还过得去，但后来也被废除了。

分裂原则最大的应用领域则在宗教方面，自从教派产生分离后，宗教领域有着诸多对峙的宗教派别，其中，政治上可控的有两个。正是这些组织结成了联盟、派别，最后形成了新教团体和天主教团体，从而使这些宗教派别具有谈判能力并被纳入宪法。1648年，在“聚合”及最后的“平等”概念下，人们在帝国委员会中和允许两种教派并存的城镇里建立起维持和平的平衡，通过数量上的平等、配额或程序规则，防止一方强势压倒另一方的冲突性争夺的出现。另一个变体是用于无法分裂情况下的交替制，其中最大胆的是荒诞地要求在天主教和新教之间轮流选择奥斯纳布吕克的主教亦即统治者，令人惊讶的是这项苛求竟然得到认可，即便有一次一群天主教主教区修道院修士们选举出来的新教主教还是个襁褓中的婴儿。一般情况下，这种交替制对于仅一次性分配的帝国职位或仪式性的特权，的确是一种有效的化解争议的手段。其前提是信任对方会坚持轮换制，而这种信任很大程度上是1648年德意志重新建立 255
的法制安全所赋予的。

最后，应当对和平追求者出色的灵活性和创造性给予高度评价。人们发现萨克森政府长于周旋，几乎要成功地阻止战争，也应看到瓦伦斯坦在正式谈判前的即兴创作和私人倡议。两者都是和平有望成功的助推者。在《布拉格和约》中，只有就严重分歧达成不同寻常且公开记录在册的共识，方能就其余要点达成一致，并签署和约。1648 年和会期间，只有过渡到磋商阶段并达成具有约束力的决议，才能最终形成一个再也不受任何一方挑战的和约文本。而冲破选帝侯的七人之限则更适合作为一个象征，即在战争极端危急的时候，即便是“圣牛”[1] 也能宰杀。

欧洲和平文化的工地

那么，这场“战争的战争”能否给出如何实现和平的启示呢？乍一听，就这样一场三十年都没和解的战争提出这种问题，似乎太荒谬了。它似乎是一场战争的反例，人们可以从中更多地了解什么事情不该做。正是这场战争的持续时间和影响范围以及贯穿始终、
256 从未停止的和平尝试，却让它成了最大的和平工地。人们运来了建筑材料，备好了种种建筑技巧，最后建成了一个由多主权国家构成的欧洲建筑群，拱卫着一个双元制的联邦国家。但即使是这份“一切和约之和约”，一开始也只有外壳，人们用一系列和平庆典，心怀希望和感激之情，庆祝其新房封顶，其中，至今仍在举办的奥格斯堡和平庆典最为突出。在帝国内，其他的制度扩张则一步步走向完善，形塑着今后整个德意志的历史：有一位早期立宪制的皇帝作为帝国首脑、首次以永久帝国会议形式持续运作的议会、新的确保和平与法制的帝国司法权（其顶端分别是帝国皇室法院和帝国最高法院），以及与邦国共同承担地区管理和阶梯式防御体系的帝国大区。现已成为议会军的帝国军队和联邦制的组织形式所带来的“结

[1] 此处直译，德语中的“圣牛”（heilige Kuh）意为神圣不可侵犯的东西。——译者注

构性不可侵犯力”，使得帝国稳定了 150 年。而这种“结构性不可
侵犯力”，从积极意义上来说受到双元决策权的军事牵制，从消极
意义上来说则是被联邦制等级化的安全体制所掣肘。帝国制度对欧
洲国家制度产生了干扰，一些帝国成员也具有双重地位，其中首推
从世袭领土崛起的奥地利王室的选帝侯制度，以及后来努力过或成 257
功与其他欧洲大国组成君合国的大选帝侯们，如巴伐利亚、萨克
森、汉诺威和勃兰登堡-普鲁士。鉴于以上情况，欧洲战争也可以
被带回“帝国基本法意义上的和平帝国”（赫尔穆特·诺伊豪斯
语）。

另一方面，《威斯特伐利亚和约》决定了单个主权国家的发展
方向，“集体安全体系”确切地说还不是一个目标导向化的研究模
型，欧洲的国家建构尚未完成。然而，国家建构的不完善应当对
“近代早期的动荡”负有责任。原因是：其一，国与国的并立虽被
提升至准则层面，但还不够稳定，如路易十四新普世主义的倒退，
欧洲各国一起动用了军事暴力反抗才阻止了他，还有擅长战争的普
鲁士国王弗里德里希闯入了国家体系内部，推迟了国家建构；其
二，国家的制度自治仍存在赤字。国家政权属于统治者，却听任某
个军阀调遣常备军，独断专行，不受控制，但凡有一点点不确定因
素，王权的更替就会导致继承战争的爆发。与帝国内不同，欧洲范
围内的教派对立并不合法，加之侵略性的重商主义新经济政策很快
席卷而来，次要利益冲突频仍，尚未独立的国家理性背负起更沉重
的负担。因此，1648 年开启的公认的欧洲多国制时代恰好导致了
一个穷兵黩武的早期国家时代。

然而，战争频仍的地区也不得不签订大量和约，于是，这场 258

“战争的战争”的经验以及写入《威斯特伐利亚和约》的种种尝试和部分解决方案，已汇入和平经验的蓄水池。它是一份“和约的和约”，因为往回看，它解决了一场战争灾难，而往后看，它也成了未来欧洲和约的模板。典范的前言和反复出现且持续发挥作用的条款已然证明了这一点，此外，还有一些原则性的内容。

除了战争，和约的签订更是一个巨大的媒体事件，其文字和图片不仅在德意志战场上决定了公众感知，留下了深深的印记，而且正如海因茨·杜赫哈特（Heinz Duchhardt）的研究所指出的，媒体事件使和约签订之年变成了全欧洲的“头条新闻年”。甚至在印刷业中，和平条约以令人惊讶的密集程度传播，公众影响力持续攀升。1998 年周年纪念时，已有 42 种不同版本的条约文本为人所知，但更多的还在后面——人们很快查明，共存在 74 个版本。值得注意的是，从拉丁文原版译入的德语版本中，有很大一部分不仅作学术和法律用途，而且满足了政治的实际需求。皇帝的维也纳版本和大主教的美因茨版本等几个主要版本逐渐演变成一个由德意志官方语言书写的半官方版本。评论文章和其他欧洲语言的译本接踵而
259 至，就这样为基本的欧洲和约建立起了一个信息灵通、有出版业支持的公众群体。其他欧洲和约也自有其必要性，却完全无法超越这一和约所确立的准则。它们依照这一范例炮制出自己的条约文本，这些文本又被次第发表并评论，好似欧洲人追求永久和平道路上的一座座里程碑，而永久和平的必要条件则是后来康德试图界定的。

此外，这些和平条约也被纳入近代早期的条约集，就这样有了条约语料库，供政治家、法学家和外交官使用。专家本雅明·杜尔斯特（Benjamin Durst）认为，以上做法大大有助于推导出尚未成

形的国际法，并通过反复出现的推动者将国家体系视为国家体系，这一观点令人信服。和平世代累积延续了欧洲的和平话语，排除了那些完全不同且不成功的实践，并创造出自成一体的和平文化。多项研究项目致力于此。这些工作包括厘清和平文化的承担者及其翻译成就，即创造了通行于欧洲的跨语际和平语言，也包括积累法学和外交学的和平知识，如怎样选择谈判地点，条约应如何措辞，有着怎样的应用和象征意义。因为，欧洲外交以和平外交的形象出 260
现，而和平则作为欧洲准则奏效，并非理所当然，在万不得已时，和平之准则也有悖于欧洲近代的现实情况，被邪恶地中断了几次。

从整个国家法兼外交视角衡量政治文化是否适用于和平，需要将视野扩大到整个文化范畴，而位列最后的艺术所达成的和平成就绝非不值一提。因为除了社会、政治制度外，音乐、绘画和诗歌带走了这场人类灾难，并阻止了人类文化的崩坏。三十年战争期间，来自意大利的音乐革命以海因里希·许茨（Heinrich Schütz）和小乐匠的形象在教堂音乐领域产生了重要的共鸣。这一时期领先欧洲的西班牙、弗兰德-尼德兰绘画双双登顶艺术之巅，丝毫不受两国交战的影响。除了当前的其他骑士画像和战役场景外，迭戈·委拉斯开兹凭借著名的描绘和解场景的油画《布列达的投降》(*Die Übergabe von Breda*）率先达成了和平，格拉尔德·特鲍赫则画出了尼德兰在明斯特的和谈过程，而首位艺术史学家约阿希姆·冯·桑德拉特（Joachim von Sandrart，1606—1688）则独一无二地在画中记录下了纽伦堡执行大会的闭幕宴会，即人们真正建立和平的大会。总而言之，尽管有战争的存在，宗教、神话以及肖像画、室内画、风景画和静物画构成的日常生活“正常”题材依然占据主导地

261 位，维持了文化的延续性。德意志的视觉艺术作品主要是铜版画，通过记录和评论的形式伴随着整个战争。随着战争持续时间越来越长，铜版画也开始表达对和平的渴望，比如把手持丰饶象征的和平女神放在手握武器的战神玛尔斯对面，显示出前者是更好的选择。

而最后，诗人控诉着德意志文化的灭顶之灾，却用精巧的艺术消除了这一危机，令人印象最为深刻。其时，诗人刷新了语言和诗学，并发展出一个独立的时代风格，即德语文学史上介于宫廷情诗-工匠诗歌（Minne- und Meistersang）和魏玛古典主义（Weimarer Klassik）之间的艺术高峰——巴洛克文学在这场战争中令人难以置信地蓬勃发展。与音乐和建筑的晚期巴洛克风格不同，文学以先锋的姿态走在最前沿。马丁·奥皮茨的诗学规则、坚韧不拔(Constantia)① 的主导美德以及牧羊人②般的兴高采烈和人生乐趣，都是人们放下战争的风流解药。这些作品的基调始终是对和平的渴望，直到人们最终“在欢呼和平”的德意志达到了目标。

另一个不可模仿、独一无二的高峰是君特·格拉斯，他在短篇小说《相聚在特尔格特》（*Das Treffen in Telgte*）中让多位巴洛克诗人聚在一起，讨论美学和政治学之间的张力并一起呼吁和平，从而行云流水般表达了所有的内容。这是当代唯一一部不纠结于战争事件而是坚持和平求索的文学作品——在另一个层面上，这也是本
262 书的目标。如果巴洛克诗人自己成为讨论主题的行为主体，那就十分有意义了。自 1947 年以来，“四七社”（Gruppe 47）共同塑造了

---

① 这一概念源自尼德兰语文学家、人文主义者、新斯多噶主义奠基人尤斯图斯·利普修斯（Justus Lipsius）的著作《坚韧不拔》（*De Constantia*）。——译者注

② 指巴洛克时期的牧羊人小说。——译者注

德国战后文学的发展道路，人们可以将这部作品当作关于“四七社”聚会的一部重点短篇小说来读。这或许正是《相聚在特尔格特》创作的初衷。但它不仅是一部重点小说，而且是一场过去和现在之间的游戏，写作技艺精湛，读来精彩绝伦，除了聚会本身是虚构的之外，它几乎只是把历史上的真实姓名、诗句和事件串在了一起。组织者在召集会议时的意图也是：“于 1647 年在明斯特和奥斯纳布吕克之间的某地举行聚会，是时，战争已历经二十九个春秋，而和谈依旧没有结果。此举要不惜一切代价，目的是赋予我们仅存的纽带亦即德意志主流语言以新的价值；也是为了参与政界的讨论，即使属‘边缘人’议政也罢。”[1]这段读起来好似诗人“入局”威斯特伐利亚和谈，他们在靠近第三方使者会议地点伦格里希的特尔格特开会，而伦格里希和特尔格特在地理上均位于两个和会城市之间。

格拉斯喜欢在叙事中连带讲述食物在生活中的作用，通过战争题材，他有充分的机会进行观察和讽刺。由于饱受饥荒之苦，诗人们满足于喝汤，但当这种情况可能再度发生时，其中一位诗人认为，人们也不该夸大其词。据说，明斯特和会附近的几位艺术资助者为诗人集会赞助了一场丰盛的宴会；然而当人们一阵风卷残云后，和平诗人们才尴尬地得知，这顿饭实际上是他们中间的一位抢
来的，他正是尚在积极作战的年轻诗人格里美尔斯豪森，烤肉和美 263
酒都是他用恶劣的暴行从瑞典人的车上抢来的。呼吁和平的工作不得不一次又一次地被打断，因为厨房里总是不合时宜地传来喊叫

[1] 本段译文参考了［德］君特·格拉斯：《相聚在特尔格特》，黄明嘉译，上海译文出版社 2008 年版，第 21 页。——译者注

声——这是全世界所有会议的典型经验，在明斯特也有很多类似情况吗？一方面，如果附近真正的和会外交官没受到良好的照顾，他们或许会更快得出结论；而另一方面，瓦伦斯坦慷慨的待客之道实在不符合这个时代的饮食状况，但却增进了对手达成和平妥协的意愿。长远来看，特权阶层的菜谱为欧洲人的口味形成打下了基础。特尔格特的旅馆由格里美尔斯豪森长篇小说的主角库拉舍经营，颇有几分讽刺性的影射，而最后，格拉斯却让它付之一炬，它辉煌的故事及其宣言一道化成青烟，飘散而去。但叙述者向我们保证，没有人受到伤害，所有人都已回到家中。事实上，真正的诗人从未离开家乡，他们留在家中创作，其作品使得巴洛克文学脱颖而出，虚构聚会这一技巧则凸显了以维护德语纯洁性（Sprachpflege）与和平政策而闻名的巴洛克时期的重要意义。

即便是小说中诗人们的交往也不是虚构的，人们在战争中就已经组织了五个语言协会（Sprachgesellschaft）①。其中最著名的有安哈特·克滕公爵路德维希（Fürst Ludwig von Anhalt-Köthen）1617 年创立的“丰收学会”（Fruchtbringende Gesellschaft），因其会徽为棕榈树，故也被称为“棕榈团”（Palmenorden）。1644 年帝
264 国城市纽伦堡成立了“佩洛尼茨河畔的花卉协会”（Pegnesische Blumenorden）②。紧随其后的是战后成立的一些协会，如“易北天

① 17 世纪初，德语再度陷入混乱，上流社会和学者均不使用德语，加之三十年战争期间大量外来语进入德语，造成德语语法和词汇一片混乱。当时的有识之士认识到，民族语言是维系民族统一的最后一根纽带，维护德语的纯洁性刻不容缓。在这样的背景下，以“丰收学会”为代表的多个语言学会应运而生。——译者注

② 又名“值得称赞的佩洛尼茨河畔牧人花卉协会”，由格奥尔格·菲利普·哈尔斯多尔夫（Georg Philipp Harsdörffer）及其朋友共同成立。参见安书祉：《德国文学史·第一卷》，译林出版社 2006 年版，第 244 页。——译者注

鹅协会”（Elbschwanenorden）等。它们产生了远超战争的持续影响。除了国家、教会和社会机构，文化机构也作出了贡献，如联邦式的教育基础设施建设在各邦的大学中达到了巅峰，其中的大部分挽救了饱受战乱摧残的德意志民族之帝国，使之没有陷入混乱而灭亡。那么，这一切是否也有助于其他国家，并防止最糟糕的情况发生呢？

如此漫长的欧洲和平塑造在多大程度上适合跨文化转移，始终是一个值得思考的问题。即使是面对奥斯曼帝国高度发达的文化，以及其分裂后成立的国家和完全异质的文化，也不应仓促推荐之。诚然，在《威斯特伐利亚和约》订立的两个世代后，奥斯曼人已经于 1699 年签署了《卡洛维茨条约》（*Frieden von Karlowitz*）[①]，采纳了欧洲国家的国际法实践。然而，对整个近代早期的欧洲文化及对哺育和平知识至关重要的印刷媒体，却直到几个世纪之后才被接受，因此，与欧洲其他地区不同，印刷媒体无法在近代早期的奥斯曼帝国发挥效用，也无法产生深远影响。正是从这个角度来看，三十年和平大工地的和平文化尚未成形和标准化，却已经得到了创造性的规划、尝试和整合，事实上已经是一个更有用的模式，用于建设其他的包括欧洲之外的和平工地，并获得了促进和平的启示。

促进和平的启示是什么？或许需要寻求建议的人和给出建议的 265
人自己发现。从欧洲的历史经验来看，笔者寄希望于联邦制的国家模式、法律规范下的宗教捆绑制度带来的政治稳定、文化抵抗以及整合性的和平语言。对于个别难题，列出的一些非常有创意的妥协

① 即 1699 年 1 月 26 日由奥斯曼帝国与神圣罗马帝国、波兰、威尼斯共和国等国签署的和约，从而终结了大土耳其战争。——译者注

方案和解决办法或许可以提供一些灵感。为了加快和平进程，则需要积极的和平行动者与和平派，如帝国等级、政论家和诗人中追求和平的派别，他们是政治利益代表，也是当地饱受战争疾苦的百姓直接的传声筒。就这样，这场“战争的战争”最终画上了句号，或许，那些已经知道如何做到这一点的人能够在类似的情况下更快地实现和平。

附录　原始资料和文献报告

以下原始资料和文献报告遵循各章中的文本依次展开。同时，该报告还客观地囊括了相关文献证据。报告中的说明旨在帮助读者找到重要的原始资料引文，主要就书中提到的文献及其在阅读文本中的重要性给出提示，并进一步延伸对该主题的兴趣。该选辑包括和平史的核心信息，除了几部经典作品外，主要将最新的、引发过和平史学科讨论的表述和论点考虑在内。该原始资料和文献报告由赖因哈德·费迪南德·尼斯讷（Reinhard Ferdinand Nießner）与笔者共同编写。

开篇　战争灾难的三种衡量角度和一个质问

历史学的"空间转向"提议，可以对恐怖的战争剧场进行一次空间上的测量。尽管存在政治方法论上的问题，但首次尝试的历史地理学成果为今后的研究奠定了不可或缺的基础：Günther Franz，*Der Dreißigjährige Krieg und das deutsche Volk. Untersuchungen zur Bevölkerungsund Agrargeschichte*，Jena 1940。这里采用的是战后修订版，有多幅修改过的地图。最后确定年份的是第 4 版：Stuttgart/New York 1979。关于作者和著作的背景，参见：Wolfgang Behringer，*Von Krieg zu Krieg. Neue Perspektiven auf das Buch von Günther Franz » Der Dreißigjjährige Krieg und das deutsche Volk «*（1940），in：Benigna von Krusenstjern/Hans Medick（Hg.），*Zwischen Alltag und Katastrophe. Der Dreißigjährige Krieg aus der Nähe*，Göttingen 1999，S. 543-591。该主题分册包括其他后面引用过的文章，作者分别是：Jan Lindegren（*Schweden*），Peter Burschel（*Söldnertagbuch*），Erich Landsteiner/Andres Weigl

（*Niederösterreich demographisch*），Hans Medick（*Zerstörung Magdeburgs*），Benigna von Krusenstjern（*Tod und Sterben*）und einen Schlusskommentar（Johannes Burkhardt）。另一种重要概念新的原始材料、方法、问题和结论，扩展了以下成果：Werner Lengger，*Leben und Sterben in Schwaben. Studien zur Bevölkerungsentwicklung und Migration zwischen Lech und Iller，Ries und Alpen im 17. Jahrhundert*，2. Bde.，Augsburg 2002。个性化的地区扩展，参见：Reiner Groß，*Von der zweiten Reformation zum Westfälischen Frieden. Kursachsen zwischen Union und Liga*，in：Uwe Niedersen（Hg.），*Reformation in Kirche und Staat. Von den Anfängen bis zur Gegenwart*，Torgau 2017，S. 105 - 162；Michael Herrmann，*Die ländliche Bevö lkerung der Prignitz im Dreißigjährigen Krieg*，in：*Museum des Dreißigjährigen Krieges in Wittstock/Dosse*，Redaktion Katrin Hinze 1998，S. 84 - 92。在关于帝国城市博物馆的温普芬信息中，关于奥格斯堡的，参见：Bernd Roeck，*Eine Stadt in Krieg und Frieden*，2 Bde.，Göttingen 1989；关于马格德堡的，参见：Silvia Serena Tschopp，*Rhetorik des Bildes. Die kommunikative Funktion sprachlicher und graphischer Visualisierung der Publizistik Magdeburgs im Jahre 1631*，in：Johannes Burkhardt/Christine Werkstetter（Hg.），*Kommunikation und Medien in der Frühen Neuzeit*，München 2005，S. 79 - 103。

恐怖的战争特写镜头遵循编年史的描述和文辞。古斯塔夫·弗赖塔格在其编年史中嵌入了文化史记载，并没有使编年史失去其价值。同样，牧师马丁·伯岑格也记下了自己真实的受难故事，在不同的多卷本版本中，人们总能找到这个题为《村庄和他们的神职人员》的故事。有关书中引用的安德烈亚斯·科恩贝格尔牧师和其他法兰克尼亚的战争受害者，地区资料汇编的信息量很大：Robert Unterburger，*Das hässliche Gesicht des Krieges*，in：Heimatkundliche Streifzüge. *Schriftenreihe des Landkreises Roth* 35（2016），S. 66 - 73。关于富格尔家族的引文，参见：*Fugger-Archiv Dillingen 10.1.21. Heimertingen，Amtsprotokolle 1620 - 1649/54*。为考察其代表性，除了反复引用的黑贝勒、弗里泽内格、哈根多夫等名字，也可考虑如下带评论的索引：Benigna von Krusenstjern，*Selbstzeugnisse der Zeit des Dreißigjährigen Krieges*，Berlin 1997。关于其人其事的简短文献摘要富有启发性，让人们可以进行系统评估和有针对性的检查。关于当时的饮食状况，比较有发言权的是担任修道院厨房主管的人，参见：*Schicksale des Klosters Elchingen und seiner Umgebung in der Zeit des dreißigjährigen Krieges*（*1629 - 1645*）. *Aus dem Tagebuche des P. Johannes Bozenhard*，hg. v. Luitpold Brunner，in：*Zeitschrift des historischen Vereins für Schwaben und Neuburg* 3（1876），S. 157 - 282。这本战争新史更大程度上是遵照一位权威人士的记载写的，他那儿的信息至今仍取之不尽。他就是政府官员福尔克马尔·哈佩，可以被视为战争恐怖和时代感知的杰出见证人，同时也因其同理心和人道主义的基本态度给世人留下了深刻印象。关于这一想法，我应当感谢伟大的日常史学家汉斯·梅迪克，他在网络版 *Mitteldeutsche Selbstzeugnisse der Zeit des Dreißigjährigen Krieges* 的框架下发掘并整理了哈佩的《图林根编年史》（http：//www. mdsz. thulb. uni-jena. de/happe/quelle. php）。有关该版本信息，参见：Hans Medick，» *Pathos der Nähe* « *und digitale Editio*。关于三十年战争中的日常宗教维度，可对比如下基本的小册子：Anton Schindling/Matthias Asche（Hg.），*Das Strafgericht Gottes. Kriegserfahrungen und Religion im Heiligen Römischen Reich Deutscher Nation im Zeitalter des Dreißigjährigen Krieges*，Münster 2001。还有图宾根的重点科研项目（SFB）"战争经历——近代的战争和社会"。应对以下两种观点进行区分：是在教派意义上将战争解释为宗教战争，还是在跨教派意义上将战争解释为上帝惩罚人类罪行的活动。在神学编年史中，圣父、圣子、圣灵的"三位一体"及战争、瘟疫和饥荒的"三位一体"的并行不悖无法从字面上实现，但作为潜台词通常是明白无误的。

造成危害的群体，参见：Grimmelshausen，*Der Abentheuerliche Simplicissimus Teutsch und Continuatio des abentheuerlichen Simplicissimi*，hg. v. Rolf Tarot，Tübingen 1967。其中，讲童年的是第一卷第五章，讲兵痞的是第一卷第十五章，讲妇女生存状况的是《痴儿西木传》提到库拉舍的章节，即第五卷第五章，以及 Grimmelshausen，*Landstörzerin Courage*，Wiesbaden 1979. *Rückbezug der Courage auf Simplicissimus* 的第一章和结尾。关于哑女卡特琳，参见：Bertolt Brecht，*Mutter Courage und ihre Kinder*，*11. Szene*. - *Claudia Jarzebowski*，» *Mit weib und kinderlein wider von der statt nach hauß getzogen* «. *Kinder im Dreißigjährigen Krieg*，in：Alexander Denzler u. a.（Hg.），*Kinder und Krieg. Von der Antike bis in die Gegenwart*，Berlin/Boston 2016，S. 219 - 243；Hans Medick，*Der Krieg im Haus? Militärische*

Einquartierungen und Täter-Opfer-Beziehungen in Selbstzeugnissen des Dreißigjährigen Krieges, in: Philipp Batelka u. a. (Hg.), *Zwischen Tätern und Opfer. Gewaltbeziehungen und Gewaltgemeinschaften*, Göttingen 2017, S. 289 - 305。关于宗教和性，以下著作非常重要，因为新教牧师提供了大量的编年史学家，为这场战争打开了新的视角：Wolfgang E. J. Weber, *Luthers bleiche Erben. Kulturgeschichte der evangelischen Geistlichkeit des 17. Jahrhunderts*, Berlin/Boston 2017。违反社会常规的性的新辩论，参见：John R. Yamamoto-Wilson, *Pain, pleasure and perversity. Discourses of suffering in seventeenth-century England*, *Surrey u. a.* 2013。其他性犯罪的形式，参见：Wolfgang Burgdorf, *Die Unsichtbarkeit der Vielfalt. Sexualitäten in der Frühen Neuzeit*, in: *Frühneuzeit-Info* 28 (2017)。关于士兵之死，参见：Alexander Denzler, *Kriegstote in Selbstzeugnissen des Dreißigjährigen Krieges*, in: Martin Clauss/Stefanie Rüther (Hg.), *Vom Umgang mit den Toten. Sterben im Krieg von der Antike bis zur Gegenwart*, Paderborn 2018。关于战役考古学和维斯托克万人坑的科学分析，参见：Sabine Eickhoff/Franz Schopper, *1636-Ihre letzte Schlacht. Leben im Dreißigjährigen Krieg*, Berlin 2012, S. 160。关于士兵详细的个人命运，参见：*Eine deutsch-schwedische Adelsfamilie im Ostseeraum. Das »Geschlechterregister« der Mörner (1468 - 1653)*, hg. v. Herbert J. Langer/Jens E. Olesen, Greifswald 2001, S. 95; Stefanie Haberer, *Ott Heinrich Fugger (1592 - 1644). Biographische Analyse typologischer Handlungsfelder in der Epoche des Dreißigjährigen Krieges*, *Augsburg 2004*, sowie Stefanie Haberer, *Fugger als Offiziere-im Dienst von Kaiser und Reich?* in: Johannes Burkhardt (Hg.), *Die Fugger und das Reich. Eine neue Forschungsperspektive*, Augsburg 2008, S. 229 - 242。有关战争的双刃剑，引用了奥古斯特·冯·俾斯麦的事例，令人想起其家族史上的著名后代：Georg Schmidt, *Das Geschlecht von Bismarck*, Berlin 1908, S. 85 - 95。

第一章　被取消的宗教战争——一场本不该发生的战争为何出现

导入性地“细读”“掷出窗外”事件后布拉格波希米亚等级和维也纳皇廷间的信函往来，可参见有趣的原始资料汇编：Gottfried Lorenz (Hg.), *Quellen zur Vorgeschichteund zu den Anfägen des Dreißigjährigen Krieges*, Darmstadt

1991。其中，具体的引用内容有，关于新视角，参见：Nr. 31 – 33，Nr. 33a，Nr. 40，Nr. 42；关于专家建议，参见：Nr. 34（克莱斯尔）und Nr. 39（佚名）；关于直接居间调停，参见：Nr. 38，Nr. 43 – 48；关于皇帝接受并委托萨克森选帝侯国进行居间调停，参见：Nr. 49（1618 年 12 月 31 日）；关于其推迟，参见：Nr. 52（1619 年 2 月 24 日）；关于英国干涉，参见：Nr. 53。两封波希米亚辩解信函原稿，参见：Peter Milner von Milhausen，*Apologie，Oder Protestation aller Dreyer des Königreichs Böhaimb den Leib/und Bluht unsers Herrn Jesu Christi under baider gestalt empfangender Stände/Auß was für Ursachen Sie haben ein gewisse Defension，und beraitschafft anordnen müssen*，Prag 1618。引文选自：Daniel K. von Karlsberg，*Die Grosse Oder Andere Apologia Der Stände deß Königreichs Böheimb/so den Leib und das Blut unsers Herren und Heylands Jesu Christi unter Beyder Gestallt empfahen. Sambt den darzu gehörigen Beilagen*（...），Prag 1619。关于类别史的分类，参见：Anuschka Tischer，*Offizielle Kriegsbegründungen in der Frühen Neuzeit. Herrscherkommunikation in Europa zwischen Souveränität und korporativem Selbstverständnis*，Münster 2012。对萨克森政治的新观点，主要依据如下发现：Frank Müller，*Kursachsen und der böhmische Aufstand 1618 – 1622*，Münster 1997。关于全面记载和拓展，参见：Johannes Burkhardt，*Der Dreißgjährige Krieg. Einfluss der sächsischen Politik auf die deutsche Geschichte*，in：Dresdner Hefte 56（1998），S. 3 – 12。关于再次强调和平史，参见：Frank Müller，*Der Absturz vom Grat. Die Niederlage der kursächsischen Deeskalationsstrategie nach dem Ausbruch des Dreißigjährigen Krieges*，in：Winfried Schulze（Hg.），*Friedliche Intentionen-Kriegerische Effekte. War der Ausbruch des Dreißigjährigen Krieges unvermeidlich*? St. Katharinen 2002，S. 52 – 70。拓展到整个萨克森的和平政策，参见：Johannes Burkhardt，*Friedensschlüsse auf Sächsisch. Pazifizierende Sprachleistungen eines deutschen Landesstaates in der ersten Hälfte der Frühen Neuzeit*，in：Heinz Duchhardt，Martin Espenhorst（Hg.），*Frieden übersetzen in der Vormoderne. Translationsleistungen in Diplomatie，Medien und Wissenschaft*，Göttingen u. a. 2012，S. 35 – 65。对萨克森政治的其他解读，参见：Axel Gotthard，*»Politice seint wir Bäpstisch«. Kursachsen und der deutsche Protestantismus im* *frühen 17. Jahrhundert*, in：*Zeitschrift für Historische Forschung* 20（1993），S. 275 - 319；Axel Gotthard，*Der deutsche Konfessionskrieg seit 1619-ein Resultat gestörter politischer Kommunikation*，*Historisches Jahrbuch* 122（2002），S. 141 - 172。关于普法尔茨问题的科研目录册，信息量很大，参见：Der Winterkönig. *Friedrich V. von der Pfalz. Bayern und Europa im Zeitalter des Dreißigjährigen Krieges*（*Katalog zur Bayerischen Landesausstellung* 2003），hg. v. Peter Wolf u. a.，Augsburg 2003。关于后来的和平行动的传记速写，参见：Peter Bilhöfer（*Friedrich V. von der Pfalz*）以及 Michael Kaiser（*Pfalzpolitik Maximilians I. von Bayern*）和 Joachim Bahlcke（参见第二章）。以下著作将“光荣和平”证实为和平的阻碍：Christoph Kampmann，*Europa und das Reich im Dreißigjährigen Krieg. Geschichte eines europäischen Konflikts*，Stuttgart 2013。

关于对《奥格斯堡宗教和约》的回顾，可参见涵盖全面的标准专著：Axel Gotthard，*Der Augsburger Religionsfrieden*（= *Reformationsgeschichtliche Studien und Texte*，*Bd.* 148），Münster 2004。此外，亦可参见专题小册子：*Als Frieden möglich war. 450 Jahre Augsburger Religionsfrieden*，Regensburg 2005。指出其做法和意义堪称“奥格斯堡奇迹”的，参见：Johannes Burkhardt，*Geschichte der Frühen Neuzeit*，München 2009，S. 43 - 53，以及 Johannes Burkhardt，*Konfessionsbildung als europäisches Sicherheitsrisiko und die Lösung nach Art des Reiches*，in：Christoph Kampmann/Ulrich Niggemann（Hg.），*Sicherheit in der Frühen Neuzeit. Norm*，*Praxis*，*Repräsentation*，Köln u. a.，S. 181 - 190。关于跨教派的《选举让步协议》，参见：Wolfgang Burgdorf，*Die Wahlkapitulationen der römisch-deutschen Könige und Kaiser 1519 - 1792*，Göttingen 2015，本书引用的是 1562 年和 1575 年的《选举让步协议》。关于 16 世纪宗教派别的术语，参见：Bent Jörgensen，*Konfessionelle Selbst- und Fremdbezeichnungen*，Berlin 2014。关于对“前序冲突”的批判，参见：Johannes Burkhardt，*Das Reformationsjahrhundert. Deutsche Geschichte zwischen Medienrevolution und Institutionenbildung*（*1517 - 1617*），Stuttgart 2002，S. 197 - 199。以下著作为新研究对战争自发性的质疑做了前期的准备工作：Winfried Schulze（Hg.），*Friedliche Intentionen-Kriegerische Effekte. War der Ausbruch des Dreißigjährigen Krieges unvermeidlich*？St. Katharinen 2002。

个别文献分析各势力的作用：波希米亚（Joachim Bahlcke），新教联盟（Gregor Horstkemper），萨克森选帝侯国（Frank Müller），帝国皇家法院（Stefan Ehrenpreis），巴伐利亚（Andreas Edel）以及神职选帝侯（Axel Gotthard）。衡量战争是否能够避免，参见：Volker Press，*Kriege und Krisen. Deutschland 1600-1715*，München 1991。以下著作与本书中颇有代表性的、看待帝国内冲突减少的观点完全吻合：Geoff Mortimer，*The Origins of the Thirty Years War and the Revolt in Bohemia*，*1618*，Basingstoke u. a. 2015，S. 61。以下著作已认识到“聚合”的深远影响：Georg Schmidt，*Der Dreißigjährige Krieg*，München 2010。关于“聚合”的发明者的通信往来，参见：Alexander Sigelen，*Dem ganzen Geschlecht nützlich und rühmlich. Reichspfennigmeister Zacharias Geizkofler zwischen Fürstendienst und Familienpolitik*，Stuttgart 2009。首次披露帝国大区在征税问题上施以援手的是：Fabian Schulze，*Die Reichskreise im Dreißigjährigen Krieg*，München 2018。该举措此后继续实施，在沃尔夫冈·维斯特教授（埃尔朗根-纽伦堡）的纪念文集中，盖茨科夫勒的建议得到了很高的评价。卡梅拉留斯对普法尔茨选帝侯意外造访慕尼黑的描述，可在以下著作中找到：Lorenz（Hg.），*Quellen zur Vorgeschichte*，Nr. 29（2. Februar 1618）。

关于 1600 年前后欧洲的宗教基要主义，可阅读文集：Heinz Schilling（Hg.），*Konfessioneller Fundamentalismus. Religion als politischer Faktor im europäischen Mächtesystem um* 1600，München 2007。以下国际政治史手册以欧洲教派政治网，尤其是富有启发性的加尔文教国际为主题，内容全面：Heinz Schilling，*Konfessionalisierung und Staatsinteressen. Internationale Beziehungen 1559 - 1660*，München u. a. 2007。关于宗教战争的概念和教皇角色的相关文章，参见：Johannes Burkhardt，*Religionskrieg*，in：*Theologische Realenzyklopädie* 28（1997），S. 681 - 687。关于宗教改革周年庆文化下宗教改革周年纪念的语境化以及关于对触发战争影响的衡量，参见：Johannes Burkhardt，*Reformations- und Lutherfeiern*，in：Dieter Düding u. a.（Hg.），*Öffentliche Festkultur. Politische Feste in Deutschland von der Aufklärung bis zum Ersten Weltkrieg*，Reinbek bei Hamburg 1988，S. 212 - 236；Johannes Burkhardt，*Die kriegstreibende Rolle historischer Jubiläen im Dreißigjährigen Krieg und im Ersten Weltkrieg*，in：Johannes Burkhardt（Hg.），*Krieg und Frieden in der historischen Gedächtniskultur*，München 2000，S. 91 - 102。图片可参考：

Johannes Burkhardt，*Reichskriege in der frühneuzeitlichen Bildpublizistik*，in：Rainer A. Müller（Hg.），*Bilder des Reiches*，Sigmaringen 1997，S. 51 – 95。

第二章　建构国家之战——大型工地欧洲

笔者 1992 年提出的概念引发了讨论，关于讨论情况的最新文章，参见：Johannes Burkhardt，*Die These vom Staatsbildungskrieg im Widerstreit der Forschung*，in：Michael Rohrschneider/Anuschka Tischer（Hg.），*Dynamik durch Gewalt? Der Dreißigjährige Krieg（1618 – 1648）als Faktor der Wandlungsprozesse des 17. Jahrhunderts*，Münster 2018，S. 71 – 92。这一论点经过完善后得到了全面发展，参见：Johannes Burkhardt，*Der Dreißigjährige Krieg*，Frankfurt 1992。建构国家之战的构想也可用于教学，精简版参见：Johannes Burkhardt，*Der Dreißigjährige Krieg als frühmoderner Staatsbildungskrieg*，in：*Geschichte in Wissenschaft und Unterricht* 45（1994），S. 479 – 499。关于概念意义的澄清，参见：Johannes Burkhardt，*Wars of states or wars of state-formation?* in：Olaf Asbach/Peter Schröder（Hg.）：*War，the state and international law in seventeenth-century Europe*，Burlington 2010，S. 17 – 34。

关于对三十年战争产生影响的普世主义方案的前史，参见：Heinrich Lutz，*Reformation und Gegenreformation*，München u. a. 1982，sowie Franz Bosbach，*Monarchia Universalis. Ein politischer Leitbegriff der Frühen Neuzeit*，Göttingen 1988。关于波希米亚起义的国家利益至上的潜质，更多内容参见多次再版的经典著作：Moritz Ritter，*Deutsche Geschichte im Zeitalter der Gegenreformation und des Dreißigjährigen Krieges，Bd. 3：Geschichte des Dreißigjährigen Krieges*，Darmstadt 1974。关于帕维尔·斯特兰斯基（Pavel Stránzký）的重要意义，参见：Joachim Bahlcke，*Theatrum Bohemicum. Reformpläne，Verfassungsideen und Bedrohungsperzeptionen am Vorabend des Dreißigjährigen Krieges*，in：Winfried Schulze（Hg.），*Friedliche Intentionen-Kriegerische Effekte. War der Ausbruch des Dreißigjährigen Krieges unvermeidlich?*，St. Katharinen 2002，S. 1 – 20。从等级政治的角度解读，参见：Joachim Bahlcke，*Wird » Behemb ein Hollendisch goubernament «? Das böhmisch-pfälzische Staatsgründungsexperiment in europäischer Perspektive*，in：Der

Winterkönig. *Friedrich V. von der Pfalz. Bayern und Europa im Zeitalter des Dreißigjährigen Krieges*（*Katalog zur Bayerischen Landesausstellung* 2003），hg. v. Peter Wolf u. a.，Augsburg 2003，S. 94－100。威尔赛给普法尔茨皇帝的专家鉴定，德语译文参见：*Secretissima Instructio-Allergeheimste Instruction. Friderico V. Comiti Palatino Electo Regi Bohemiae*，hg. v. Wolfgang E. J. Weber，Augsburg 2002. *Karlheinz Blaschke*，*Sachsen im Dreißigjährigen Krieg*，in：*Sächsische Heimatblätter* 6（1995），S. 329－334。对波希米亚建构国家的总结，参见：Johannes Burkhardt，*Die böhmische Erhebung-Kriegsbeginn 1618*，in：Peter C. Hartmann/Florian Schuller（Hg.），*Der Dreißigjährige Krieg. Facetten einer folgenreichen Epoche*，Regensburg 2010，S. 46－57。

除笔者的著作外，其他关于普世主义之争背景的文献有：Peer Schmidt，*Spanische Universalmonarchie oder »teutsche Libertet«. Das spanische Imperium in der Propaganda des Dreißigjährigen Krieges*，Stuttgart 2001，S. 18，95－163。关于法国的竞争，始终很有启发性的文献是：*Armand Richelieu*，*Politisches Testament und kleinere Schriften*，hg. v. Wilhelm Mommsen，Berlin 1926。以下文学视角的研究也很有启发：Rainer Babel，*Deutschland und Frankreich im Zeichen der habsburgischen Universalmonarchie 1500－1648*，Darmstadt 2005，S. 67－104。关于意大利战场和教皇政治的全面文献，参见：Georg Lutz，*Rom und Europa während des Pon-tifikats Urbans* Ⅷ.，in：Reinhard Elze u. a.（Hg.），*Rom in der Neuzeit. Politische，kirchliche und kulturelle Aspekte*，Wien/Rom 1976，S. 72－166；Guido Braun，*The papacy*，in：Olaf Asbach/Peter Schröder（Hg.），*The Ashgate Research Companion to the Thirty Years' War*，Dorchester 2014，S. 101－113。

对国家建构论点进行理论与和平史归类的著作有：Johannes Burkhardt，*Der mehr als Dreißigjähre Krieg-Theorie des Staatsbildungskrieges*，in：Thomas Jäger/Rasmus Beckmann（Hg.），*Handbuch Kriegstheorien*，Wiesbaden 2011，S. 335－349，以及 Edgar Wolfrum，*Krieg und Frieden in der Neuzeit. Vom Westfälischen Frieden bis zum Zweiten Weltkrieg*，Darmstadt 2003，S. 35－37，67－69。

第三章　瓦伦斯坦——战争策动者及其军事遗产

本章开头对军事史的描述基于以下著作中的调查研究：Johannes Burkhardt，*Der Dreißigjährige Krieg*，Frankfurt am Main 1991，S. 178－224；"常备军"概念位于第 213 页及以后。针对 Bernhard R. Kroener，*Kriegswesen*，*Herrschaft und Gesellschaft 1300－1800. Enzyklopädie deutscher Geschichte* 92，München 2013，S. 36－43 一文提出的质疑，本文列举瓦伦斯坦的相关事例，强调该论点。对于瓦伦斯坦的第一个将军任期，以下著作非常有用：Golo Mann，*Wallenstein*，Frankfurt am Main 1971；对于研究瓦伦斯坦的第二个将军任期，特别有益的是：Robert Rebitsch，*Wallenstein. Biographie eines Machtmenschen*，Wien u. a. 2010。关于列支敦士登的关键上疏，可参见汇编材料：Gottfried Lorenz（Hg.），*Quellen zur Geschichte Wallensteins*，Darmstadt 1987，Nr. 121，本文引用内容在第 370 页。帝国法视角的基本文献有：Christoph Kampmann，*Reichsrebellion und kaiserliche Acht. Politische Strafjustiz im Dreißigjährigen Krieg und das Verfahren gegen Wallenstein 1634*，Münster 1993。

关于瓦伦斯坦的二度出山、编年体史书中的感知以及战争税问题的重要补充，笔者将其归功于以下各领域的专家：Horst Carl，*Logistik in Zeiten des Krieges*，*Vortrag auf dem Symposium »Wallenstein. Mensch. Mythos. Memoria«* vom 6. bis 9. April 2017；Hans Medick（Hg.），*Volkmar Happe*，*Chronicon Thuringiae*，Teil I，f 68r. und f 135r；Fabian Schulze，*Die Reichskreise im Dreißigjährigen Krieg*，München 2018。对于曼斯菲尔德伯爵和他的整个军事政治团队的概览，以下书目信息量大，评论带有贬义：Jörg-Peter Findeisen，*Der Dreißigjährige Krieg. Eine Epoche in Lebensbildern*，Graz u. a 1998。该书也可用于"战役导航"（引用内容参见第 474 页）。

关于军事影响，参见标准著作：Oskar Regele，*Der österreichische Hofkriegsrat 1556－1848*，Wien 1949. Das Zitat S. 19 以及 Michael Hochedlinger，*Austria's wars of emergence. War*，*state and society in the Habsburg Monarchy 1683－1797*，London 2003，S. 98－111。最后，以下两份三十年战争时期的史料也有关于常备军的内容，它们是战争史上非常富有启发性的材料：Flugschriftensammlung Gustav Freytag Nr. 5446：*Gespräch Hauptmann Schnepfs mit Veit Schrammen und Lentze Kumhold. Vom Unterschied der vorigen und jetzigen Kriege*，Treschau im Klapperthal 1631，以及翻译为中古高

地德语的战争学基础资料，Raymund Montecuccoli，*Trattato della guerra*，*begonnen 1640*，im Original ediert als Bd. 1. *Le opere di Raimondo Montecuccoli*. Trattato della guerra，1988。

在以下著作中继续讨论这个论题：Johannes Burkhardt，*Die Friedlosigkeit der Frühen Neuzeit. Grundlegung einer Theorie der Bellizität Europas*，in：*Zeitschrift für Historische Forschung* 24（1997），S. 509－574。其他关于瓦伦斯坦的例证罗列在第五章的文献附录中。

第四章　古斯塔夫·阿道夫——新教媒体国的哥特移民

关于瑞典国王干预德意志事务的 11 种解释模型，以下著作进行了汇编和归类：Sverker Oredsson，*Geschichtsschreibung und Kult. Gustav Adolf*，*Schweden und der Dreißigjährige Krieg*，Berlin 1994。但颇具代表性的第 12 种大哥特主义的解释模型，尚不为人所知，参见：Johannes Burkhardt，*Reichskriege in der frühneuzeitlichen Bildpublizistik*，in：*Bilder des Reiches. Tagung in Kooperation mit der Schwäbischen Forschungsgemeinschaft und der Professur für Geschichte der Frühen Neuzeit der Katholischen Universität Eichstätt*，hg. v. Rainer A. Müller（Irseer Schriften，Bd. 4），Sigmaringen 1997，S. 51－95. Johannes Burkhardt，*Konfessionsbildung und Staatsbildung. Konkurrierende Begründungen für die Bellizität Europas?*，in：Andreas Holzem（Hg.），*Krieg und Christentum. Religiöse Gewalttheorien in der Kriegserfahrung des Westens*，Paderborn 2009，S. 527－553. Thomas Brockmann，*Dynastie*，*Kaiseramt und Konfession. Politik und Ordnungsvorstellungen Ferdinands Ⅱ. im Dreißigjährigen Krieg*，München u a. 2011，关于《归还敕令》的内容主要在第 359－389 页。Johannes Burkhardt，*Die kriegstreibende Rolle historischer Jubiläen im Dreißigjährigen Krieg und im Ersten Weltkrieg*，in：Johannes Burkhardt（Hg.），*Krieg und Frieden in der historischen Gedächtniskultur*，München 2000，S. 91－102。关于罗马方面的文件操纵，参见：Georg Lutz，*Rom und Europa während des Pontifikats Urbans* Ⅷ.，in：Reinhard Elze u. a.（Hg.），*Rom in der Neuzeit. Politische*，*kirchliche und kulturelle Aspekte*，Wien/Rom 1976，S. 72－166。

关于当时约翰·马格努斯对瑞典哥特主义的文学-历史地理呈现，参见：Inken Schmidt-Voges，*De anitqua claritate et clara antiquitate Gothorum*.

Gotizismus als Identitätsmodell im frühneuzeitlichen Schweden, Frankfurt am Main 2004。关于大哥特主义在普世主义意义上的实现，参见：Johannes Burkhardt, *Der Dreißigjährige Krieg*, Frankfurt am Main 1992, S. 57 - 60; Johannes Burkhardt, *Gustav* Ⅱ. *Adolf im Dreißigjährigen Krieg. Ein Gotenkönig als Kaiser?* in: *Damals* 8 (2010), S. 32 - 39。在宗教、经济和政治三方面解读的虚拟论辩框架下，维斯托克的三十年战争博物馆设计了一个试听小站，重印了以下文章：Johannes Burkhardt, *Warum hat Gustav Adolf in den Dreißigjährigen Krieg eingegriffen? Der Schwedische Krieg 1630 - 1635*, in: Peter C. Hartmann/Florian Schuller (Hg.), *Der Dreißigjährige Krieg. Facetten einer folgenreichen Epoche*, Regensburg 2010, S. 94 - 107。该解读方式的其他论据有：Andreas Zellhuber, *Der gotische Weg in den deutschen Krieg. Gustav Adolf und der schwedische Gotizismus*, Augsburg 2002。从不同意义上论述，参见：Erik Ringmar, *Identiy, interest and action. A cultural explanation of Sveden's intervention in the Thirty Years War*, Cambridge u. a. 1996。林马尔认为，哥特主义曾经是加强民族国家认同和欧洲认同的意识形态，而瑞典学术界讨论过的帝国主义扩张的“破坏性帝国主义”意识形态格局太小。本书未采用此观点。

关于古斯塔夫二世死后未能利用的和平机会，参见对其他事务感兴趣的出版业的反应：Hans Medick, *Im Druck des Ereignisses. Zeitzeugnisse zur Schlacht bei Lützen 1632 in ihrer medialen Dynamik*, in: *Zeitschrift für Historische Forschung* 44 (2017), S. 409 - 440。关于莱比锡会议的新曙光，参见：Fabian Schulze, *Der Leipziger Konvent von 1631. Zur Rolle der Reichskreise im Selbstbehauptungskampf der protestantischen Reichsstände*, in: Michael Rohrschneider/Anuschka Tischer (Hg.), *Dynamik durch Gewalt? Der Dreißigjährige Krieg (1618 - 1648) als Faktor der Wandlungsprozesse des 17. Jahrhunderts*, Münster 2018, S. 135 - 160。关于中立态度的接受困境，参见以下包括理论和实践的宏大著作：Axel Gotthard, *Der liebe vnd werthe Fried. Kriegskonzepte und Neutralitätsvorstellungen in der Frühen Neuzeit*, Wien 2014, S. 353 - 875。

第五章　转向和平——瓦伦斯坦的另一面及其遗业

关于引言中的平行事例，参见：Otto von Bismarck，*Gedanken und Erinnerungen*，Berlin 1998，有关香槟早餐的故事见第十九章。重新强调俾斯麦的黩武，参见：Josef Becker（Hg.），*Bismarcks spanische »Diversion« 1870 und der preußisch-deutsche Reichsgründungskrieg. Quellen zur Vor- und Nachgeschichte der Hohenzollern-Kandidatur für den Thron in Madrid 1866–1932，3 Bde.*，Paderborn u. a. 2003–2007. Josef Becker in der Festschrift für Wolfgang E. J. Weber，*Geschichte des Wissens*，hg. v. Mark Häberlein，Augsburg 2015。关于弗里德里希二世的最新评价，参见：Volker Press，*Friedrich der Große als Reichspolitiker*，in：*Volker Press*，*Das Alte Reich. Ausgewählte Aufsätze*. In *Verbindung mit Stephanie Blankenhorn* u. a. hg. v. Johannes Kunisch，Berlin 1997，S. 260–288。以及 Johannes Burkhardt，*Wie ein verlorener Krieg zum Sieg umgeschrieben wurde*，in：*Sprache. Macht. Frieden. Augsburger Beiträge zur historischen Friedens- und Konfliktforschung*，hg. v. Johannes Burkhardt u. a.，Augsburg 2014，S. 265–308。引文参见：Johannes Burkhardt，*Deutsche Geschichte in der Frühen Neuzeit*，München 2009，S. 108。以下内容有一定的局限性：Michael Rohrschneider，*Österreich und der Immerwährende Reichstag*，Göttingen 2014，besonders S. 55，303。关于欧根亲王，参见：Bernhard Kroener 的著作；关于其一生，参见：Max Braubach，*Versailles und Wien von Ludwig XV. bis Kaunitz. Die Vorstadien der diplomatischen Revolution*，Röhrscheid 1952，以及 Johannes Burkhardt，*Vollendung und Neuorientierung des frühmodernen Reiches 1648–1763*（*Gebhardt Handbuch der Deutschen Geschichte* 11），Stuttgart 2006，S. 379。对瓦伦斯坦叙事处理方式的思考，参见：Hayden White，*Auch Klio dichtet oder die Fiktion des Faktischen*，Stuttgart 1991；Reinhart Koselleck，*Standortbindung und Zeitlichkeit. Ein Beitrag zur historiographischen Erschließung der geschichtlichen Welt*，in：Ders./Wolfgang J. Mommsen/Jörn Rüsen（Hg.），*Objektivität und Parteilichkeit in der Geschichtswissenschaft*，München 1977，S. 17–46，hier：S. 45。

对瓦伦斯坦形象的阐释，参见：Joachim Bahlcke/Christoph Kampmann（Hg.），*Wallensteinbilder im Widerstreit. Eine historische Symbolfigur in Geschichtsschreibung und Literatur vom 17. bis zum 20. Jahrhundert*，Köln

2011。尽管题目意有所指，实际上是全面的全景展示：Inger Schuberth/Maik Reichel（Hg.），*Die blut'ge Affair' bei Lützen. Wallensteins Wende*，Wettin-Löbejün 2012。关于 1626 年被阻止的土耳其战争，参见：Ferenc Majoros/Bernd Rill，*Das Osmanische Reich 1300 -1922. Die Geschichte einer Großmacht*，Hamburg 2011，S. 262 - 272。本书引用的是第 272 页的内容。但“双线作战的战争”根本不止发生了一次，而是在 17 世纪 90 年代成为现实难题。关于危险的干涉，参见：Maria Baramova，*Non-splendid isolation：The Ottoman Empire and the Thirty Years' War*，in：Olaf Asbach/Peter Schröder（Hg.），*The Ashgate Research Companion to the Thirty Years' War*，Dorchester 2014，S. 115 - 124。关于瓦伦斯坦在下萨克森行政区的所作所为，参见：Fabian Schulze，*Die Reichskreise im Dreißigjährigen Krieg*，München 2018。关于《吕贝克和约》的激情讲述，参见：Golo Mann，*Wallenstein. Sein Leben*，Frankfurt am Main 1972，S. 508 - 518。更激动人心的论述，参见：Hellmut Diwald，*Wallenstein. Eine Biographie*，Frankfurt am Main 1975。关于吕贝克和谈的文件选编，参见：Gottfried Lorenz（Hg.），*Quellen zur Geschichte Wallensteins*，Darmstadt 1987，Nr. 55/56（包含费迪南二世的全权和指示），Nr. 57（对瓦伦斯坦的评价），Nr. 58（和平条约），vgl. Nr. 45（丹麦人的想象）。详细展示占星术和疾病的是：Hans-Christian Huf，*Mit Gottes Segen in die Hölle. Der Dreißigjährige Krieg*，München 2003，S. 48 - 77，328 - 343。关于瓦伦斯坦和平外交的基础，基于史料的经典陈述，参见：Leopold von Ranke，*Geschichte Wallensteins*，Sämtliche Werke，Bd. 23，Leipzig 1872，S. 187 - 200，256 - 261。参见下文的分析：Gerrit Walther，*Biographie als Experiment*，in：Bahlcke/Kampmann（Hg.），*Wallensteinbilder im Widerstreit*，S. 245 -261。

关于阿尼姆，参见：Jörg Peter Findeisen，*Der Dreißigjährige Krieg. Eine Epoche in Lebensbildern*，Graz 1998，S. 294 - 302。关于谈判文件，参见：Gottfried Lorenz（Hg.），*Quellen zur Geschichte Wallensteins*，Darmstadt 1987，Nr. 122（1634 年 1 月 12 日的《比尔森保证书》），Nr. 121（《列支敦士登报告》），Nr. 130（给阿尼姆的指示），引文出自第 370 页及以后。帝国法对统帅“声名狼藉的叛变”的基本评价，参见：Christoph Kampmann，*Reichsrebellion und kaiserliche Acht. Politische Strafjustiz im Dreißigjährigen Krieg und das Verfahren gegen Wallenstein 1634*，Münster 1993，S. 222 - 227。

关于辩解和论战，以下书目很有启发性：Heinrich Ritter von Srbik，*Wallensteins Ende*，Wien 1920，Wien 1952。对于诽谤性小册子 *Chaos perduellonis*（Wien 1634）的作者，斯尔比克先查出来是约瑟夫·魏因加特纳，但后来确认是政界野心家约翰·普茨·冯·阿德勒斯图恩。对暗杀的媒体反应，参见：Silvia Serena Tschopp，*Albrecht von Wallensteins Ende im Spiegel der zeitgenössischen Flugblattpublizistik*，in：*Zeitschrift für Historische Forschung* 24（1997），S. 25－43；Hans Medick，*Wallensteins Tod. Auf den medialen Schlachtfeldern des Dreißigjährigen Krieges*，in：*Daphnis. Zeitschrift für Mittlere Deutsche Literatur und Kultur in der Frühen Neuzeit* 37（2008），S. 111－130。1634 年 2 月 3 日的报道，参见：Ordentliche wöchentliche Zeitungen，Frankfurt 1634（Nr. 9. Zentrale wissenschaftliche Einrichtung deutscher Presseforschung Z1/1634/9）。

第六章　1635 年的布拉格——成就了和平，触发了战争

萨克森国家档案馆藏的 1635 年 5 月 30 日《布拉格和约》的手写版文本，已由美因茨欧洲史研究所数字化，在线可查看其原版和平行转录版：http：//www. ieg-friedensvertraege. de/treaty/1635％20V％2030％20Friedensvertrag％20von％20Prag％20（Dresden）/t-325－1-de. html? h＝4。该文件无须翻译，因为和约是由两个帝国成员即皇帝费迪南二世和萨克森选帝侯格奥尔格一世用德语起草并写成文件的。不过当然，人们也能从相关的印刷版条约中集中找到该和约，如 *Theatrum Europaeum*，*Lünigs Reichsarchiv* 或 *Dumont*。本书引用的大部分和约内容引自条约的序言和结尾，并将其用易读易懂的德语复述出来。《布拉格和约》的完整版，参见：Kathrin Bierther（Bearb.），*Die Politik Maximilians I. von Bayern und seiner Verbündeten 1618－1651. Tl. 2/Bd. 10，4 Briefe und Akten zur Geschichte des Dreißigjährigen Krieges：Der Prager Frieden von 1635*，München/Wien 1997，S. 1606－1631。此处使用的概念中，关于选帝侯史的，参见：Axel Gotthard，*Säulen des Reiches. Die Kurfürsten im frühneuzeitlichen Reichsverband*，2 Bde.，Husum 1999。关于"正常年"的历史的，参见：Ralf-Peter Fuchs，*Ein ›Medium zum Frieden‹. Die Normaljahrsregelung und die Beendigung des Dreißigjährigen Krieges*，München 2010，S. 99－118。

关于战争漫长的最后一阶段的恐怖，参见：Peter Englund，*Die*

Verwüstung Deutschlands. Eine Geschichte des Dreißigjährigen Krieges, Stuttgart [3]1998，hier besonders S. 181 - 187。对萨克森狭长地带的严重破坏，可参见本文引用的 Reiner Groß 的专业文献，也可参见一本不是很严格的学术著作，该书也对 19 世纪的乡土文献作出了令人印象深刻的评价：Christian Kuhnert，*Kursachsen im Dreißigjähren Krieg*，Dresden 2010。关于编年体史书中的负面评价，参见：Volkmar Happe，*ChroniconThuringae*，Teil I，f. 397r，引自在线版本：*Mitteldeutsche Selbstzeugnisse der Zeit des Dreißigjährigen Krieges*：http：//www. mdsz. thulb. unina. de/sz/print. php? seite1 =1&seite2 = 870&szid=10&teil=I&folio=。

厨房主管的逸事摘自：*Schicksale des Klosters Elchingen und seiner Umgebung in der Zeit des dreißigjährigen Krieges（1629 - 1645）. Aus dem Tagebuche des P. Johannes Bozenhard*，hg. v. Luitpold Brunner，in：*Zeitschrift des historischen Vereins für Schwaben und Neuburg* 3（1876），S. 157 - 282，hier S. 238。关于整体的移民研究，参见：Ulrich Niggemann，*Migration in der Frühen Neuzeit. Ein Literaturbericht*，in：*Zeitschrift für Historische Forschung* 43（2016），S. 293 - 321。关于波希米亚移民，参见：Frank Metasch，*Exulanten in Dresden. Einwanderung und Integration von Glaubensflüchtlingen im 17. und 18. Jahrhundert*，Leipzig 2011，以及 Frank Metasch，*Für den Glauben auf die Straße. Konfessionsmigranten in Kursachsen und in der Oberlausitz*，in：Winfried Müller/Swen Steinberg（Hg.），*Menschen unterwegs. Die via regia und ihre Akteure*，Dresden 2011，S. 204 - 211。关于逃亡的案例，参见：Leo Hintermayr，*Wemding im Dreißigjährigen Krieg*，Wemding 1989。关于对行政制度成就的个案分析，参见：Frank Kleinehagenbrock，*Die Grafschaft Hohenlohe im Dreißigjährigen Krieg. Eine erfahrungsgeschichtliche Untersuchung zu Herrschaft und Untertanen*，Stuttgart 2003。关于对会议过程的详细记述，参见：Kathrin Bierther，*Der Regensburger Reichstag von 1640/41*，Lassleben 1971。

第七章　现已忍无可忍——德意志入局和威斯特伐利亚体系的形成

《威斯特伐利亚和约》基本史料版本，参见：*Acta Pacis Westphalicae*。方便可靠的文字版本，参见：*Instrumenta Pacis Westphalicae. Die Westfälischen*

Friedensverträge 1648. Quellen zur neueren Geschichte, hg. v. Ernst Walder, *Historisches Institut der Universität Bern*, Heft 12/13, bearb. v. Konrad Müller, Bern/Frankfurt am Main 1975。该平装本小册子包含拉丁文原文的条约文本，皇帝和瑞典之间的条约是 Instrumentum Pacis Osnabrugense (IPO)，皇帝和法国之间的是 Instrumentum Pacis Monasteriense (IPM)，两者均有额外的现代德语译本。

1998 年周年纪念之际出版的两部大型文集包含了重要的研究文献：Heinz Duchhardt (Hg.), *Der Westfälische Friede. Diplomatie-politische Zäsur-kulturelles Umfeld-Rezeptionsgeschichte*, Münster 1998；Klaus Bußmann/Heinz Schilling (Hg.), *1648 Krieg und Frieden in Europa*, 2 Bde., Münster 1998。该领域主题及相关题材的完整专家文集，参见：Heinz Duchhardt, *Frieden im Europa der Vormoderne. Ausgewählte Aufsätze 1979 - 2011*, Paderborn/München 2012。以教学为目的进行阐释的研究报告，参见：Johannes Burkhardt, *Das größte Friedenswerk der Neuzeit. Der Westfälische Frieden in neuer Perspektive*, in: *Geschichte in Wissenschaft und Unterricht* 49 (1998), S. 592 - 618。对十周年纪念总结，参见：Inken Schmidt-Voges/Siegrid Westphal (Hg.), *Pax perpetua. Neuere Forschungen zum Frieden in der Frühen Neuzeit*, München 2010。

关于准备工作阶段，参见：Heinz Duchhardt, *Kötzschenbroda 1645-ein historisches Ereignis im Kontext des Krieges und im Urteil der Nachwelt*, in: *Sächsische Heimatblätter* 41 (1995), S. 323 - 329; Hans Joachim Schreckenbach, *Kursachsen auf dem Westfälischen Friedenskongreß*, Masch. Diss., Leipzig 1952。关于萨克森对瑞典人取得领土一事的立场，参见：APW, Serie 3a, Bd. 1, 1, Protokolle Bd. 1: *Die Beratungen der kurfürstlichen Kurie 1: 1645 - 1647*, Münster 1972, Nr. 92, Sitzung vom 13. Juli 1646, S. 631, in: Nr. 105。105 号文件建议，应如何按照帝国宪法和执行秩序将瑞典作为帝国等级融入帝国（第 649 页）。还有：Maria-Elisabeth Brunert, *Zum reichspolitischen Engagement Sachsen-Altenburgs am Ende des Dreißigjährigen Krieges*, in: *Neues Archiv für Sächsische Geschichte* 78 (2007), S. 49 - 92。关于帝国等级加入和第三方加速和谈，很具有启发性的文献是：Siegrid Westphal, *Der Westfälische Friede*, München 2015。

关于“威斯特伐利亚体系”概念的起源和讨论，参见：Lynn H. Miller，*Global order. Values and power in international politics*. Boulder u. a. 1995；Gert Krell，*Weltbilder und Weltordnung. Einführung in die Theorie der internationalen Beziehungen*，Baden-Baden [4]2009. Kritisch abwägend：*Heinz Duchhardt*，» *Westphalian System* «. *Zur Problematik einer Denkfigur*，in：*Historische Zeitschrift* 269（1999），S. 305－315。持赞成立场的，参见：Johannes Burkhardt，*Die These vom Staatsbildungskrieg im Widerstreit der Forschung*，in：Michael Rohrschneider/Anuschka Tischer（Hg.），*Dynamik durch Gewalt? Der Dreißigjährige Krieg（1618－1648）als Faktor der Wandlungsprozesse des 17. Jahrhunderts*，Münster 2018，S. 71－92，hier S. 90。批判性补充的，参见：Michael Rohrschneider，*Der gescheiterte Friede von Münster. Spaniens Ringen mit Frankreich auf dem Westfälischen Friedenskongress（1643－1649）*，Münster 2007。关于插图中的大国马车，参见：Johannes Burkhardt，*Auf dem Wege zu einer Bildkultur des Staatensystems. Der Westfälische Frieden und die Druckmedien*，in：Heinz Duchhardt（Hg.），*Der Westfälische Friede. Diplomatie-politische Zäsur-kulturelles Umfeld-Rezeptionsgeschichte*，Münster 1998，S. 81－114。

对和平结果的阐述基于笔者自己多年来的史料分析，也基于欧洲史和德意志史两个视角的研究成果。战争与和平交织的欧洲史通过“黩武”理论得到了进一步挖掘，参见：Johannes Burkhardt，*Die Friedlosigkeit der Frühen Neuzeit. Grundlegung einer Theorie der Bellizität Europas*，in：*Zeitschrift für Historische Forschung* 24（1997），S. 509－574。笔者和其他帝国史专家抛弃了对帝国联邦制意义的错误认识，在历史学经典手册中对其进行总结，并在进一步发展中遵守之，参见：Johannes Burkhardt，*Vollendung und Neuorientierung des frühmodernen Reiches 1648－1763*（Gebhardt Handbuch der Deutschen Geschichte 11），Stuttgart 2006，darin § 1 » Die Bedeutung des Westfälischen Friedens für die deutsche Geschichte «，S. 25－54。

关于宗教和平规定的新内容，参见：Ralf-Peter Fuchs，*Ein › Medium zum Frieden ‹. Die Normaljahrsregel und die Beendigung des Dreißigjährigen Krieges*，München 2010；Johannes Burkhardt，*Friedensschlüsse auf Sächsisch. Pazifizierende Sprachleistungen eines deutschen Landesstaates in der ersten*

Hälfte der Frühen Neuzeit，in：Heinz Duchhardt/Martin Espenhorst（Hg.），*Frieden übersetzen in der Vormoderne. Translationsleistungen in Diplomatie, Medien und Wissenschaft*，Göttingen u. a. 2012，S. 35－65；Hans Joachim Schreckenbach，*Doktor Johannes Leuber-Kursächsischer Gesandter beim Westfälischen Friedenskongreß. Eine biographische Skizze*，in：Friedrich Beck u. a.（Hg.），*Archivistica Docet. Beiträge zur Archivwissenschaft und ihres interdisziplinären Umfelds*，Potsdam 1999，S. 323－338。给特劳特曼斯多夫的秘密指示和他的工作总结报告，参见：APW I，1，S. 441，453 f.；Johannes Burkhardt，*Der Dreißigjährige Krieg. Einfluß der sächsischen Politik auf die deutsche Geschichte*，in：*Dresdner Hefte. Beiträge zur Kulturgeschichte* 56（1998），S. 3－12。

终章　三十年战争能否给终结战争带来启示

最后的论述描述了笔者推动并施行的历史学和平研究的“转向”，即从研究战争的起因转向研究和平的成就。近代早期总结性的历史-系统战争类型学的早期研究，参见：Johannes Burkhardt，*Die Friedlosigkeit der Frühen Neuzeit*，in：*Grundlegung einer Theorie der Bellizität Europas*，in：*Zeitschrift für Historische Forschung* 24（1997），S. 509－574。总结性文献，参见：Johannes Burkhardt，*Der mehr als Dreißigjährige Krieg. Theorie des Staatsbildungskrieges*，in：Thomas Jäger/Rasmus Beckmann（Hg.），*Handbuch Kriegstheorien*，Wiesbaden 2011，S. 335－349。一些相应的新思路，参见：Johannes Burkhardt，*Die Entfesselung des Friedens. Für einen Aufbruch der historischen Friedensforschung*，in：Inken Schmidt-Voges/Sigrid Westphal（Hg.），*Pax perpetua. Neuere Forschungen zum Frieden in der Frühen Neuzeit*，München 2010，S. 29－48。

文中提到的历史学经典，参见：Gunther Gottlieb，*Der Dichter und der Geschichtsschreiber：Karl Krolows Zyklus »Herodot oder der Beginn von Geschichte«*，in：Juan José Ferrer u. a.，*Entre los mundos：homenaje a Pedro Barceló. Zwischen den Welten：Festschrift für Pedro Barceló*，Besançon 2017，S. 655－670。“男人创造历史”的引文引自：Heinrich von Treitschke，*Deutsche Geschichte im 19. Jahrhundert*，Bd. 1，Leipzig 1879。该引文被特赖奇克用于各类文章中并以不同的变体出现。有关女君主的文献有：Barbara Stollberg-

Rilinger，*Maria Theresia. Die Kaiserin in ihrer Zeit. Eine Biographie*，München 2017。关于黑森-卡塞尔女伯爵阿马莉·伊丽莎白的有：Kerstin Weiand，*Hessen-Kassel und die Reichsverfassung. Ziel und Prioritäten landgräflicher Politik im Dreißigjährigen Krieg*，Marburg 2009，S. 168 - 172。上文笔者指出了经典作品 Fritz Dickmann，*Der Westfälische Frieden*（1959），4. Aufl. Münster 1977 档案选择的片面性，并反驳了由此产生的对自由主义反帝国政策的过度强调，从而重新为女伯爵进行历史定位。

关于对和平具有重要意义的结果的概要，请参阅本书各章节中的详细阐述和例证。与完全固化的平等主义的国家秩序的观点不同，最新研究表明，即使在 1648 年之后，等级制的排名观念依然存在于国际法关系中，并成为一个灵活的谈判部分，具有重要的政治意义。参见：Regina Dauser，*Ehren-Namen. Herrschertitulaturen im völkerrechtlichen Vertrag，1648 - 1748*（Norm und Struktur，46），Köln 2017。因着重强调第三方的重要作用，特意再提一下这本著作：Siegrid Westphal，*Der Westfälische Frieden*，München 2015。关于战争中的邮政业，参见：Wolfgang Behringer，*Im Zeichen des Merkur. Reichspost und Kommunikationsrevolution in der Frühen Neuzeit*，Göttingen 2003。关于热点话题，参见：Brendan Simms/Michael Axworthy/Patrick Milton，*Ein Westfälischer Friede für Nahost*，in：*Die ZEIT*，Nr. 20 vom 11. Mai 2017。

对于和平语言，第一章和第六章已进行了观察、分析和拓展。补充如下文献：Johannes Burkhardt，*Sprachen des Friedens und Friedenssprache. Die kommunikativen Dimensionen des vormodernen Friedensprozesses*，in：Martin Espenhorst（Hg.），*Frieden durch Sprache? Studien zum kommunikativen Umgang mit Konflikten und Konfliktlösungen*，Göttingen u. a. 2012，S. 7 - 24。书中未详加论述的三项条款来自历史学专业的教学大纲，是笔者广泛考察后从如下著作中筛选出来的：Jörg Fisch，*Krieg und Frieden im Friedensvertrag. Eine universalgeschichtliche Studie über Grundlagen und Formelemente des Friedensschlusses*，Stuttgart 1979。亦参见试读文本：Johannes Burkhardt，*Frühe Neuzeit. 16. - 18. Jahrhundert*（*Grundkurs Geschichte* 3），Königsstein/Ts 1985，S. 166，Quelle 1b。关于未被超越的所有其他考察与和平技巧，参见：Heinz Duchhardt，*Gleichgewicht der Kräfte，Convenance，Europäisches Konzert. Friedenskongresse und Friedensschlüsse vom Zeitalter Ludwigs XIV. bis zum Wiener Kongress*, Darmstadt 1976，以及 Heinz Durchhardt, *Frieden im Europader Vormoderne. Ausgewählte Aufsätze 1979 – 2011*, München u. a. 2012。用概念史一手论据特地说明“安全”这一概念的，参见：Johannes Burkhardt, *Konfessionsbildung als europäisches Sicherheitsrisiko und die Lösung nach Art des Reiches*, in：Christoph Kampmann/Ulrich Niggemann (Hg.), *Sicherheit in der Frühen Neuzeit. Norm, Praxis, Repräsentation*, Köln u. a., S. 181 – 190。

媒体中介和传统教育的发展已经很先进了。因此，美因茨欧洲史研究所、奥格斯堡大学欧洲文化史研究所和斯图加特国家美术馆开展了一项联合研究——“外交和媒体在前现代和平进程中的翻译功绩——欧洲 1450—1789”，发布了一个包含约 2000 条数据的近代欧洲和约数据库，供广大公众使用。有关对和平文化的保障，参见以下数据库：https：//www. historicum. net/themen/friedensvertraege-der-vormoderne/。有关评价和拓展，参见：Heinz Duchhardt/Martin Espenhorst (Hg.)：*Frieden übersetzen in der Vormoderne. Translationsleistungen in Diplomatie, Medien und Wissenschaft*, Göttingen u. a. 2012。关于奥格斯堡大学在联合研究中的子项目，参见以下分册，该册提供了新视角：Johannes Burkhardt/Kay P. Jankrift/Wolfgang E. J. Weber (Hg.), *Sprache. Macht. Frieden. Augsburger Beiträge zur historischen Friedens- und Konfliktforschung*. (*Documenta Augustana Pacis 1*) Augsburg 2014，尤其值得一读的是：German Penzholz/Andrea Schmidt-Rösler, *Die Sprachen des Friedens-eine statistische* Annäherung, S. 309 – 320。

关于《威斯特伐利亚和约》公共影响和媒体效应，参见：Johannes Burkhardt/Stephanie Haberer (Hg.), *Das Friedensfest. Augsburg und die Entwicklung einer neuzeitlichen Toleranz-, Friedens- und Festkultur*, Berlin 2000. Claire Gantet, *Peace Festivals and the Culture of Memory in Early Modern South German Cities*, in：Karin Friedrich (Hg.)：*Festive Culture in Germany and Europe from the Sixteenth to the Twentieth Century*, London 2000, S. 57 – 71. Heinz Duchhardt, *1648-Das Jahr der Schlagzeilen. Europa zwischen Krise und Aufbruch*, Köln/Weimar/Wien 2015。有关条约印刷版本本身，参见：Konrad Repgen unter Mithilfe von Antje Oschmann, *Zeitgenössische lateinische und deutsche Drucke des IPO und IPM*, in：Guido Braun/Antje

Oschmann/Konrad Repgen（Bearb.），*Die Friedensverträge mit Frankreich und Schweden*，*Teilbd*. 2，*Materialien zur Rezeption*.（Acta Pacis Westphalicae（APW）Ⅲ B 1.）Münster 2007，S. 1–123，hier S. 1–3。关于塑造国家体系与和平文化的消极、积极影响，如下著作为研究打开了意想不到的新视角：Benjamin Durst，*Archive des Völkerrechts*. *Gedruckte Sammlungen europäischer Mächteverträge in der Frühen Neuzeit*.（*Colloquia Augustana* 34），Berlin 2016。

关于文化的题外话，参见：Günter Grass，*Das Treffen in Telgte*. *Eine Erzählung und dreiundvierzig Gedichte aus dem Barock*，Darmstdt/Neuwied 1973，6. Aufl. München 1999，das Zitat S. 23f。该版次不包含诗歌附录。完整的巴洛克作品文集，参见：Albrecht Schöne（Hg.）. *Das Zeitalter des Barock*. *Texte und Zeugnisse*，3. Aufl. 1988。关于烹饪艺术的历史状况，参见：Johann Dackard（weland Churf. Sächß. Küchenschreiber zu Dresden）：*New Kunstreich und Nützliches Kochbuch*，Leipzig 1611. *Ein schönes nützliches vnndt köstliches Kochbuch Vor Fürstliche personenn*，herausgegeben von Gerog Jänecke und Josef Mazerath. *Reihe*：*Land kulinarischer Tradition*. *Ernährungsgeschichte in Sachsen*. *Reihe B- Munumenta Saxoniae Culinaria* 3，Ostfildern 2014。也可参考专家约瑟夫·马岑哈特（Josef Mazerath）其他风味史的相关著作。

关于跨文化的对比，参见：Johannes Burkhardt，*Wie heute mit den Türkenkriegen umgehen? Eine neue Einordnung in die Geschichte von Krieg und Frieden in Europa*，in：Wolfgang Zimmermann/Josef Wolf（Hg.），*Die Türkenkriege des 18*. *Jahrhunderts*，Regensburg 2017，S. 15–40。

关于战争与和平在欧洲的进一步发展，参见本附录开始提到的综合性著作：Burkhardt，*Friedlosigkeit*；关于德意志联邦制发展的最佳概览，参见：Albert Funk，*Kleine Geschichte des Föderalismus*. *Vom Fürstenbund zur Bundesrepublik*，Paderborn 2010。在欧洲和奥斯曼历史背景下，从联邦制与和平的角度重新强调《威斯特伐利亚和约》后的德意志史的著作有：Johannes Burkhardt. *Vollendung und Neuorientierung des frühmodernen Reiches 1648–1763*. *Gebhardt*. *Handbuch der deutschen Geschichte*，10. völlig neu bearb. Aufl.，Bd. 11，Stuttgart 2006。

插图来源

开　篇　Rudolf Hungreder，Leinfelden-Echterdingen

第一章　akg-images

第二章　Privatsammlung Frankreich

第三章　akg-images

第四章　ullstein bild / Archiv Gerstenburg

第五章　akg-images / bilwissedition

第六章　Kunstsammlungen der Veste Coburg

第七章　Staats- u. Stadtbibliothek Augsburg（Einblattdr. nach 1500，Nr. 208）

终　章　Kurpfälzisches Museum der Stadt Heidelberg，Inv. Nr. S4820